기자들도 모르는 52가지 언론홍보 비밀

뉴스 현장에서 발로 뛴 공무원의 생생한 기록

기자들도 모르는 52가지 언론홍보 비밀

조경익 지음

뉴스 현장에서 발로 뛴 공무원의 생생한 기록

한울

차 례

제3부

보도가 되게 하는 비법

제4부

서울시 대변인실 사람들

제5부

기자와의 생생 인터뷰

개정판

시작하는 글

우리는 '모바일이 미디어'인 시대를 살고 있습니다. 저는 아침에 일어나 스마트폰의 '모바일 오피스' 앱으로 서울시 관련 뉴스를 봅니다. 사람들은 출근길 지하철에서 스마트폰으로 포털사이트 메인화면에 뜬 기사들을 클릭합니다. 서울시 대변인실은 문자나 카톡으로 기자들의 취재를 지원하고, 신문사는 종이신문으로 채우던 가판을 디지털 가판으로 제공하고 있습니다. 서울시 공무원들은 인터넷에 보도된 특이한 기사를 단톡방에 올려 신속히 공유하고 대응 방향을 결정합니다. 기자는 디지털로 기사를 생산하고, 시청자(독자)는 모바일로 뉴스를 소비합니다.

이런 미디어 트렌드 변화에 맞추어 8년 만에 어렵게 개정판을 썼습니다. 초판을 쓴 다음 해에 저는 승진을 하고 대변인실에서 다른 부서로 자리를 옮겼습니다. 그렇게 언론과 멀어지면서 개정판을 쓸 만한 유익한 경험이 부족했습니다. 가끔 책을 펼쳐볼 때마다 오래된 숫자, 오래된 사례가 눈에 거슬렸습니다. 독자들에게 도움이 되도록 최신 정보를 제공해야 한다는 책임감도 느꼈습니다. 그래서 더 늦기 전에 개정판을 쓰자고 마음을 먹고 실행에 옮겼습니다. 대변인실 직원들에게 그동안의 변화를 묻고, 기자들을 만나 언론 환경이 어떻게 변했는지 이야기를 들었습니다. 한국언론진흥재단 홈페이지를 방문해 개정판 작업에 필요한 자료들을 살펴봤습니다. 무엇보다 대변인실을 떠난 후 사업 부서에서 겪은 언론 경험을 되살렸습니다.

그런 후에 초판 원고를 처음부터 끝까지 한 글자 한 글자 읽으며 필요한 부분을 고쳐 쓰고, 오래된 내용은 삭제하고, 새로운 내용을 추가했습니다. 초판 때와 많이 달라진 통계 자료나 수치는 그 당시와 최근 자료를 함께 적어 비교할 수 있도록 했습니다. 도표도 넣어 독자들의 이해를 돕고자 했습니다. 특히 현직 기자의 조언을 받아 독자들에게 도움이 될 만한 내용을 많이 추가했습니다.

초판과 같이 개정판도 다섯 개 부분으로 구성했습니다. 먼저 제1부 「기자는 누구?」는 큰 가감 없이 내용을 한 편 한 편 다듬었고, 서울시를 출입하는 언론사 현황을 업데이트했습니다. 제2부 「알다가도 모를 언론」은 제가 서울시 대변인실에 근무한 시절의 경험담인데 오래된 사례는 몇 편 빼고, 시기에 관계없이 교훈으로 삼을 만한 사례는 그대로 두었습니다. 그리고 잘못된 보도에 대응하는 방법을 알려달라는 독자들이 있어 글을 추가했습니다. 또한 제가 2012년 대변인실을 떠나 사업 부서에서 정책을 추진하면서 겪은 경험담을 새로 넣었습니다. 초판을 낼 때 추천해 준 책 제목을 안 썼다고 세 번이나 칼럼 기사에 언급하며 은근히 서운함을 표시한 송한수 기자님과의 에피소드도 추가했습니다. 제3부 「보도가 되게 하는 비법」에서는 사람들이 어떤 매체로 뉴스를 많이 보는지, 하루에 얼마나 보는지, 매체별 이용 변화는 어떠한지를 전문 조사 결과를 인용하여 분석해 보았습니다. 언론매체 중 가장 많이 보고 신뢰도가 높은 TV 방송의 시청률도 조금 깊게 들여다봤습니다. 또 초판에 수록한 서울시의 보도자료는 최신 보도자료로 바꾸었습니다. 제4부 「서울시 대변인실 사람들」에는 서울시 대변인의 언론에 대한 생각과 서울시의 언론홍보 역량에 대한 평가를 인터뷰 형식의 글로 추가했습니다. 기자 출신 인터넷뉴스팀장께도 지난 8년간의 미디어 트렌드와 대변인실 근무 형태 변화를 물어봤습니다. 이 책의 제5부 「기자와의 생생 인터뷰」에서는 초판 발행 후에 있었던 방송기자 인터뷰와,

과거 서울시를 출입했다가 최근 다시 서울시에 출입하는 기자와의 인터뷰 내용을 새롭게 추가했습니다.

이렇게 초판보다 더 유익한 개정판을 쓰고 싶어 욕심을 부리는 바람에 책이 두꺼워졌습니다. 초판이 「기자와의 생생 인터뷰」를 제외하고 49편의 글로 구성되어 책 제목을 '49가지 언론홍보 비밀'이라고 했는데, 개정판은 52편이 되어 '52가지 언론홍보 비밀'이 되었습니다. 개정판 원고를 정성 드려 첨삭해 주신 이위재 기자님과 분주한 시간을 쪼개 직접 인터뷰 답변을 써주신 김의승 대변인께 진심으로 감사드립니다. 또한 개정판을 낼 기회를 주신 한울엠플러스(주) 관계자분들께 가장 큰 감사의 말씀을 전합니다. 모쪼록 이 책이 언론으로 정책을 홍보하는 공공기관이나 홍보 부서 종사자들께 작으나마 도움이 되길 바라며, 언론홍보에 관심이 있는 분들께도 유용한 자료가 되길 기대합니다.

2019년 12월 서울시청에서

조경익

초 판

시작하는 글

태어나서 처음으로 책을 냈습니다.

사람이 목표를 설정해서 달성하고 나면 그다음에는 더 높거나 큰 목표를 세우기 마련입니다. 늦은 나이에 미국에서 석사 학위를 받고 2008년 귀국한 후 '이젠 뭘 해야 하나 ……' 한동안 공허한 시간을 보냈습니다. 10년 동안 꿈꿔왔던 미국 유학의 목표를 달성한 후, '이젠 무슨 목표를 가질까' 고민을 많이 했습니다. 어떤 분은 "석사 땄으니, 박사 공부 한번 해봐라" 하시는데, 박사 공부를 아무나 할 수 있겠습니까.

어찌하다 보니 짧은 기간 동안 부서를 세 번이나 옮기면서 (서울시) 대변인실까지 오게 되었습니다. 처음으로 대변인실에 와서 언론을 겪고 보니 재미있더군요. 일을 재미있게 하는 것이 쉽지 않은데, 대변인실에 와서 1년은 재미있고 유익한 시간들이었습니다. 그러는 중에 서울시가 하는 일을 시민들에게 제대로 알리기 위해서는 대변인실 직원뿐만 아니라 일선 부서 공무원들의 언론홍보 감각이 꼭 필요하다는 것을 느꼈습니다. 그래서 아는 직원들에게 언론홍보거리가 생길 때마다 꾸준히 메일을 보내 공유를 했습니다. 메일을 받아본 몇몇 직원께서 "책으로 한번 내보는 것이 어떻겠느냐" 하는 제안을 하시더군요. 몇 달 동안 인생의 다음 목표를 '책 쓰는 것'으로 정해볼까 생각했습니다. 솔직히 저같이 평범한 사람이 어떻게 책을 낼 수 있을까 자신이 없었습니다. 쉬운 일이 아닐 것 같았습니다. 하지만 용기를 내어 해보기로 마음을 먹었습니다. 또 다른 제 인생의 꿈을 찾아 기꺼이 힘든 여정을 택하기로 했습니다. 2010년 말에 언론홍보 분야에서 10년 넘게 일한 공무원 한 분이 책을 내셨는데, 저는 2년 반 정도의 경험과 지식으로 책을 내려니 좀 부끄럽습니다.

이 책은 제가 2009년 3월부터 서울시 대변인실에서 신문과 방송 뉴스를 통해 서울시가 하는 일을 알리고자 노력하면서 겪은 생생한 경험담을 담았습니다. 보수적인 공무원들은 직업의 특성상 언론에 노출되기를 기피하는 경향이 있습니다. 그러나 공무원은 세금으로 일하기에 무슨 일을 하는지 시민에게 보고할 책무가 있습니다. 필요한 정책이나 사업을 널리 알려서 정책 효과를 극대화할 수 있도록 최선을 다해야 합니다. 아무리 일을 열심히 해도 홍보가 제대로 안 되면, 시민이 알지 못하면, 일을 잘못하고 있는 것으로 보입니다. 이러다 보면 언론에 비판 보도가 나게 됩니다. 적극적인 언론홍보가 필요한 이유입니다. 언론을 잘 모르는 공무원들은 이 책을 통해 언론홍보가 무엇인지, 어떻게 하면 본인 업무가 보도될 수 있는지 감각을 얻을 수 있습니다. 공무원들이 언론 감각을 익혔다면 기자들은 이전보다 나아진 여건과 환경에서 정부나 지방자치단체 등 공공정책에 대한 기사를 쓸 수 있을 것입니다. 공무원이 아니더라도 공기업이나 민간기업의 홍보부서 종사자, 언론홍보를 원하는 분들이 알아두면 좋을 만한 내용이라고 말씀드릴 수 있습니다. '서울시'를 여러분이 속한 조직이나 단체로, '대변인실'은 직장의 홍보부서로 바꿔 읽으시면 민간기업에도 적용할 수 있는 사례들이 많습니다. 또한 기자를 꿈꾸는 예비 언론인이나 언론홍보에 관심이 있는 일반 독자들도 한 번 정도는 읽어볼 만한 책이라고 감히 소개합니다. 2010년 12월 초, 초고를 거의 마무리하고 시내 대형 서점에 가서 어떤 언론홍보 책자들이 나와 있는지 둘러봤습니다. 현직 기자, 홍보기획사, 민간기업의 홍보책임자 등이 쓴 홍보책자들이 있더군요. 저 같은 공무원이 쓴 언론홍보 책자는 거의 없어 '나름대로 차별성이 있겠구나' 느꼈습니다.

이 책은 다섯 부분으로 구성되어 있습니다. 1장에서 4장까지는 책 제목처럼 기자들이 잘 알려주지 않는 언론홍보 비밀(?) 49가지를 밝혔습니다. 부분별로 간략히 소개를 드리면, 1장(기자는 누구?)에서는 언론홍보가 왜 필요한지, 기자는 누구이고 어떤 말과 생각을 하는지, 그리고 서울시 뉴스는 누가 어떻게 쓰는지를 설명했습니다. 2장(알다가도 모를 언론)의 내용은 '언론대응과 뉴스 뒷이야기'라고 할 수 있습니다. 내가 하는 일이 갑자기 신문이나 방송에 보도됐을 때 어떻게 해야 하는지 요령을 말씀드렸습니다. 그리고 특정 서울시 뉴스가 왜 보도되었는지, 취재기자는 무슨 생각으로 그런 기사를 썼는지, 서울시는 어떻게 대응했는지를 실제사례를 가지고 풀어봤습니다. 3장(보도가 되게 하는 비법)은 '언론활용'에 대한 내용입니다. 이 책의 가장 중요한 부분으로 '어떻게 하면 여러분이 하는 일을 신문이나 방송 뉴스에 나오게 할 수 있는지' 제 경험을 근거로 알려드렸습니다. 어느 언론홍보 책자마다 감초처럼 등장하는 '보도자료 작성법'에 대해서도 상세하게 설명하고 서울시의 실제 보도자료도 몇 개 삽입했습니다. 4장(서울시 대변인실 사람들)에서는 서울시 대변인실 직원들의 힘들고 어려운 순간들을 담았습니다. 당번 근무를 위해 새벽 5시에 출근하는 일, 시정보도를 놓치면 큰일 나는 뉴스 모니터링, 기자 못지않게 뉴스거리를 찾아내야 하는 압박감, 어찌 보면 긴장 속에 지내다 지쳐버리는 하루살이 인생을 기록했습니다. 마지막 5장(기자와의 생생 인터뷰)은 서울시 출입기자 아홉 명과의 인터뷰 내용을 소개했습니다. 어떻게 기자가 되었는지, 기자는 어떤 직업인지, 그들은 어떤 소신과 철학으로 뉴스를 전하는지, 그리고 기자는 언제 힘들고 언제 기쁜지, 그들의 생생한 목소리를 적었습니다. 또 기자가 본 서울시의 강점과 단점은 무엇인지, 기자가 공무원에게 바라는 점은 무엇인지도 물어봤습니다.

이 책이 나오기까지 도움을 주신 고마운 분들이 아주 많습니다. 무엇보다 저와 흉금 없는 대화를 나눈 서울시 출입기자들이 없었다면 이 책은 나올 수 없었을 것입니다. 인터뷰에 흔쾌히 응해준 아홉 명의 기자를 포함한 서울시 출입기자분들께 진심으로 감사의 말씀을 드립니다. 서울시 대변인실에서 공복(公僕)의 낮은 자세로 묵묵히 일하시는 동료 직원들께도 감사를 드립니다. 특히, 책을 낼 수 있도록 격려하고 응원해 주신 김은국 인터넷뉴스팀장께 깊은 감사의 말씀을 올립니다. 보도자료 작성방법에 대한 많은 자료들과 정보를 주신 언론담당관의 성기연 메시지실장께도 진심으로 고맙다는 말을 전합니다. 책 원고의 교정과 조언을 해주신 서울경제 김능현 기자, 조선일보 이위재 기자, YTN 홍석근 기자에게도 심심한 감사의 말씀을 드립니다. 저의 부족한 원고에 가치를 부여해서 책으로 만들어주신 한울에 가장 큰 감사를 드립니다. 김삼우 편집위원님, 윤순현 과장님, 이소현 선생님께 큰 신세를 졌습니다.

마치 기자가 기사를 쓰듯이 이 책에서 실제 있었던 보도사례를 다룰 때는 객관적이고 공정하게 쓰려고 노력했습니다. 대변인실 직원이기 이전에 공무원으로서의 직업윤리와 양심에 따라 이 책을 썼습니다. 다만 공무원이라는 신분상 표현의 자유에 대해 한계를 느낄 수밖에 없었습니다. 예를 들어, 노무현 전 대통령 추모제를 위한 서울광장 개방 논란은 정치적인 사안이라 글을 쓸 수 없었습니다. 해군 복무 시 천안함과 동급의 군함을 탔기 때문에 언론에 할 말과 쓸 글이 많았는데 그러지 못했습니다. 엄청난 논란을 일으킨 무상급식 문제는 워낙 정치적인 사안이라 함구할 수밖에 없었습니다. 이 책을 읽으시면서 사실과 다른 부분이 있거나 다른 의견이 있으면 저에게 알려주시기 바랍니다. 고맙습니다.

2011년 8월 서울시청에서

조경익

제1부

기자는 누구?

기자란 국민에게 새 소식을 알려주는 메신저로서
국민을 대표해 선발된 사람이다.
기자는 사회에서 그 누구도
가질 수 없는 정보의 접근 및 확산 권한을 갖는다.

기자(記者)는 한자 그대로 풀이하면 기록하는 사람이다.
세상일을 매체를 통해 기록하는 게 주 임무라는 얘기다.
그 기록은 하나하나가 역사적 사실로 남는다.
이것이 바로 기자에게 가장 중요한 덕목이
'팩트 체크(fact check)'인 이유다.

1

언론홍보는 필수과목이다

과거에는 행정기관이 우월한 지위에서 국민을 대상으로 소극적인 공보(公報)를 했습니다. 지금은 공공기관이(특히 지방자치단체는) 시민들과 수평적인 위치에서 적극적인 홍보를 하는 시대입니다. 사회관계망서비스(트위터나 페이스북, 인스타그램을 비롯한 각종 소셜미디어)와 블로그, 유튜브로 시민들과 쌍방향 소통하는 시장, 구청장들이 적지 않습니다. 그만큼 행정의 객체인 시민과의 소통과 참여가 중요해졌기 때문일 것입니다.

홍보 방법이 여러 가지가 있는데, 이 책에서는 언론(미디어)[1]을 통한 홍보, 특히 신문기사나 방송 뉴스 같은 보도에 대해 설명드리겠습니다. 언론홍보를 왜 해야 하나? 언론홍보가 그렇게 중요한가? 이 질문에 우리나라의 수도이자 지방자치단체인 서울특별시를 예로 들어 네 가지 답변을 드립니다.

1 「언론중재 및 피해구제 등에 관한 법률」에 따르면 언론이란 방송, 신문, 잡지 등 정기간행물, 뉴스통신 및 인터넷신문을 말합니다.

01 | 시정(市政)의 인지도와 신뢰도를 높인다

미디어를 통해서 널리 알리는 언론홍보는 광의의 홍보 영역에 속하는데, 협의적인 개념으로 보면 홍보와 언론홍보는 다른 점이 있습니다. (직접)홍보는 주체가 간행물이나 영상물, 인터넷홈페이지 등을 이용해 객체(대중)에게 직접적으로 알리지만, 언론홍보는 언론이라는 매체를 통해 대중에게 간접적으로 알린다는 차이가 있습니다. 홍보는 긍정적인 내용만 다분히 과장하는 측면이 강합니다. 알릴 것은 알리고 피할 것은 피할 수 있습니다. 홍보담당자들은 PR을 "P할 것은 피하고 R릴 것은 알린다"라고 우스개처럼 말합니다.

그러나 언론은 제3자의 입장에서 공정하고 객관적으로 알립니다(보도를 한다는 뜻이죠). 때로는 비판도 가합니다. 이런 측면에서 서울시가 하는 일이 언론을 통해 알려질 때 시민들은 시정을 더 신뢰한다고 볼 수 있습니다. 아무래도 기사를 통해 특정 정책 내용을 접한다면 독자(시민)들은 그냥 광고로 접하는 것보다 더 신뢰하는 경향이 있습니다. 기자가 취재와 판단을 통해 그 정책에 관해 기사를 썼다고 믿기 때문입니다. 그래서 정부 부처나 지자체에선 간혹 언론사에 일정 액수의 협찬금을 내고 기사 형태로 특정 정책 홍보를 요청하는 경우가 있습니다. 과거에 한 부처는 4대강 자전거길 홍보를 위해 수천만 원 예산을 들여 언론사를 통해 공동 기획기사를 곧잘 냈습니다. 적잖은 정부 부처들이 이런 식으로 돈을 내고 지면을 사는 경우가 꽤 있다고 합니다.

02 | 언론홍보는 돈이 들지 않는다

홍보와 언론홍보의 또 다른 차이점이 있습니다. 홍보는 큰 비용이 들지만, 언론홍보는 거의 비용이 들지 않는다는 점입니다. 홍보 수단은 여러 가지가 있겠지만, 상당한 효과를 얻으려면 홍보물의 인쇄와 배포, 홍보영상물의 제작, 홍보기획사 활용 등 적지 않은 예산이 필요합니다. 이에 비해 언론홍보는 예산 없이 성의 있게 만든 두세 장짜리 보도자료만으로도 충분한 홍보효과를 얻을 수가 있습니다. 예산이 넉넉하지 않아 대규모 홍보가 쉽지 않다면 돈을 들이지 않는 언론홍보를 활용하는 것이 좋습니다.

03 | 시정의 지지도를 확보한다

언론에 제대로 보도가 되면 흔히 하는 말로 '뜹니다'. 보도자료를 배포한 담당 공무원은 폭증하는 문의 전화 때문에 일을 할 수 없는 경우도 있다고 합니다. 지상파 TV 방송 메인 뉴스에 나오거나 메이저급 신문에 보도가 되면 그 파급효과는 엄청납니다. 요즘은 스마트폰, 태블릿 PC 등 모바일기기를 이용한 인터넷뉴스 소비가 많아져서 보도 효과는 과거보다 커졌다고 할 수 있습니다.

뉴스는 일반 대중만 보는 것이 아닙니다. 정부와 지방자치단체 공무원, 전문가, 오피니언 리더(opinion leader)들도 봅니다. 시민에게는 서울시가 하는 일을 널리 알릴 수 있고, 전문가나 오피니언 리더에게서는 정책에 대한 지지를 받을 수도 있습니다. 또 하나, 언론에서 배울 수가 있습니다. 여론을 형성하고 전하는 언론의 건전한 비판과 대안 제시는 해당 정책의 미흡한 부분을 보완해 줄 수 있습니다.

04 | 시민의 알권리를 충족시킨다

시정 정보는 특정 계층만 독점해서는 안 됩니다. 시민들은 자기가 낸 세금을 공공기관이 어떻게 쓰는지 알권리가 있습니다. 서울시는 행정의 수요자이자 고객인 시민에게 무슨 일을 하고 있는지 반드시 알려야 할 책무가 있습니다. 이와 같이 시민의 알권리가 충족되고 투명한 행정 서비스가 제공될 때 공공정책의 시민참여도가 높아지고 지방자치의 민주주의가 구현될 수 있습니다.

2

기자들의 여섯 가지 특징

언론(홍보) 부서 종사자가 아니면 사실 기자를 만날 일이 별로 없습니다만, 보도자료를 작성한 뒤 취재에 응대하는 과정에서 어떤 형태로든 기자와 상대를 할 경우 알아두면 좋을 몇 가지를 말씀드립니다.

01 | 기자는 백인백색이다

예전에 어느 서울시의원이 "의원들은 어떤 형태로 정의를 하기가 참 힘든 존재"라는 말을 저에게 한 적이 있습니다. 기자들도 비슷한 부류의 사람이 아닌가 싶습니다. 언론사마다, 기자마다 생각과 판단이 제각각입니다. 기자들 여러 명을 데리고 외부 취재 여행(프레스 투어)을 간 홍보 담당자들 얘기를 들어보면 기자들 통솔하기란 목장에서 양이나 염소 떼 간수하는 것만큼 어렵다고 합니다. 개성이 다들 강해 뭘 하자고 하면 하나로 통일된 의견이 나오는 경우도 드물고, 정해진 공식 일정 외에 다른 자유 일정을 정하려면 취향도 다르고, 그걸 서로 잘 맞추려고 하질 않는다며 하소연합니다.

언론사를 보수 언론, 진보 언론, 중도 성향 등으로 분류할 수 있지만,

기자들은 만날수록 참 이해하기가 쉽지 않다는 생각이 듭니다. 투철한 기자정신으로 깐깐한 기자들이 많지만, 세상과 타협해 펜 끝이 무뎌진 기자도 더러 있습니다.

02 | 기자사회는 군대문화 서열 위주 질서가 강하다

군대보다는 덜 하지만 기자 사회는 상하 관계가 엄한 편입니다. 서울시청에 한 언론사에서 세 명의 기자가 나와 있는 경우가 많은데, 그중 제일 고참 기자를 '1진(陳)'이라고 부릅니다. 그다음은 2진이라고 하고, 3진은 '말진'이라고 부릅니다. 서울신문은 다섯 명 이상이 나와 있어 가장 많기도 하고, 시정이나 자치구 소식을 가장 활발하게 다루는 신문사입니다.

나이보다도 입사 연도에 따라 대우를 받습니다. 기자들끼리 조금 친해지면 후배 기자는 선배 기자를 '선배님'이 아니라 '선배'라고 부르고, 선배 기자는 후배 기자를 '○○ 기자'가 아니라 '○○야'라고 그냥 이름을 부릅니다. 다른 언론사 기자들과의 관계도 마찬가지입니다. 상대 기자의 입사 연도가 빠르면 선배, 늦으면 후배입니다. 또 기자들은 서로 나이가 많든 적든 동기면 대체로 반말을 쓰는 경향이 있습니다. 그러다 보니 네다섯 살 많은 형인데도 동기라고 '○○야'라고 부르기도 하는데 어떨 때는 좀 당혹스럽기도 합니다. 일반적으로 그날그날의 뉴스거리(아이템)는 2·3진 기자가 발제(發題)를 하고 1진 기자가 취재 결정을 합니다. 1진이 마음에 안 들면 그 아이템은 기사가 되지 못합니다. 1진의 권한이 강하다 보니, 과거에는 서울시청에 1진들의 방을 따로 두었던 시절도 있습니다.

03 | 기자는 자기중심적 사고가 강하다

기자들은 학벌 좋은 엘리트 집단이라고 할 수 있습니다. 이른바 '스카이(SKY)' 대학을 나온 기자들이 즐비하고, 조선일보 같은 경우는 소속 취재기자 중 절반 이상이 서울대학교 출신이라고 합니다. 지금은 언론사가 많아지고 다양한 대학을 나온 기자들이 곳곳에 포진해 있긴 하지만, 그래도 주요 언론사에는 여전히 명문대를 나온 기자들이 많은 게 우리나라 현실입니다.

기자는 직업적 자부심으로 언론의 사명을 다하고자 기사를 씁니다. 기자가 제대로 보도해야겠다고 마음먹은 뉴스라면 어지간해서는 편집 방향이나 본인의 생각을 굽히지 않습니다. 기자들은 기자(記者)의 '者'가 '놈 자'라고 자기를 낮추고 겸손해하지만, 어떠한 규제나 간섭을 받지 않으며 자유와 독립이 보장된 언론인이라는 직업 자체의 우월감은 간과할 수 없습니다.[1] "기자는 갑(甲)이 아니냐?"라고 하면 젊은 기자들은 손사래를 치기도 하지만, 기사를 쓰고 말고는 기자 마음이니 갑으로 대우받는다고 볼 수 있습니다. 기자와 홍보 담당자 사이가 좋지 않아 최악으로 치달으면 그 담당자가 있는 기관의 기사는 아예 안 쓰는 경우도 드물게 있습니다. 기삿거리가 되는 보도자료를 내도 기자가 한번 기분이 상해 돌이킬 수 없는 지경에 이르면 기사를 거부하는 것이죠.

1 「언론중재 및 피해구제 등에 관한 법률」 제3조에 "언론의 자유와 독립은 보장된다"라고 명시되어 있습니다.

04 | 가재는 게 편이다: 기자들에겐 동료애라는 게 있다

살아남기 위한 언론사 간의 경쟁은 치열해지고 있습니다. 하지만 나름대로 동종 업계의 규칙을 지키며 공존하고 있습니다. 기자들과 만날 때 다른 기자나 타 언론사에 대한 언급은 하지 않는 것이 좋습니다. 특히 험담은 금물입니다. '특정 기자나 언론사를 어떻게 생각하느냐?'는 질문을 받으면 에둘러대거나 완곡하게 답을 피하는 것이 좋습니다. 기자와 어느 정도의 친분이 쌓이더라도 '누가 그렇다는 얘길 들은 적이 있는 것 같다'는 정도로 말하는 것이 좋습니다.

05 | 기자는 취재 장소를 고를 때 가까운 곳을 좋아한다

하루하루 기사를 써야 하는 기자는 참 바쁩니다. 그래서 취재를 나가더라도 될 수 있으면 가까운 곳으로 가려고 합니다. 먼 데까지 가면 왔다 갔다 하는 시간 때문에 기사 쓸 시간이 부족합니다. 방송기자는 뉴스 제작을 위해 본사에도 들어가야 하고, 카메라기자들은 송출이나 영상 편집 시간을 감안해야 합니다. 취재 지원 때문에 몇 곳을 추천하면 물어보는 질문이 "어디가 제일 가까워요?"입니다. 가능하다면 시청(또는 기자의 출입처)에서 멀리 않는 곳, 방송 뉴스라면 해당 방송국에서 멀지 않은 곳 위주로 현장 섭외를 해주면 좋습니다.

06 | 기자와 인간적인 신뢰를 쌓으면 나쁠 게 없다

기자는 공정하고 객관적으로 기사를 써야 합니다. 또한 인간의 존엄과 가치를 존중해야 하며, 타인의 명예를 훼손해서도 안 됩니다. 그러나 아주 가끔 그렇지 않을 수도 있습니다. 크게는 누군가 언론의 자유와 독립을 침해할 때, 작게는 취재원이 기자를 무시할 때, 기사에 기자의 감정이 들어갈 수 있습니다. 이렇게 되면 안 쓸 비판기사가 써지고, 조그만 비판기사가 커집니다. 하지만 소명의식으로 비판기사를 써야 할 경우, 남에게 상처를 줄 수 있으므로 기자는 늘 마음이 편치 않다고 합니다.

자기가 쓴 기사에 대해 독자나 다른 기자로부터 "좋았다"라는 의견을 들을 때 기자는 보람을 느낀다고 합니다. 기사로 쓰기 어려운 아이템도 취재원이나 홍보 부서 직원이 몇 번을 간절히 부탁하면 그 열의를 생각해서 전혀 기삿거리가 안 된다고 생각해도, 단신으로 써주기도 합니다.

3

기자들이 자주 쓰는 말 1

언론을 접할 때, 기자를 만날 때 알아두면 좋은 몇 가지 용어(은어 포함)를 알려드립니다. 우리나라 언론계에는 일본을 모델로 한 것이 많습니다. 기자단 문화도 그렇고 석간·조간 신문 체제도 일본의 언론문화를 답습한 것입니다. 조선일보나 동아일보처럼 주요 신문은 창간이 일제강점기라, 신문 제작과 관련해 당시에 익힌 일본말 습성이 아직도 이어지고 있습니다.

우선 '엠바고(embargo)'라는 말이 있는데, 이 말은 '보도 시점 지키기' 정도로 이해하시면 됩니다. 예를 들면 보도자료를 배포하면서 "이 보도자료는 2019년 4월 7일 오전 11시 15분 이후에 보도해 주시기 바랍니다"라고 하면 엠바고를 건다는 뜻입니다. 현재 서울시가 제공하는 조간신문용 보도자료의 엠바고는 하루 전 오전 11시 15분입니다. 즉 내일 자 조간 종이신문용 뉴스 기사는 오늘 오전 11시 15분부터 언론사가 인터넷으로 보도할 수 있다는 뜻입니다. 서울시의 경우 11시 15분 정각에 뉴스통신사(이하 '통신사')[1]가 자사

1 「뉴스통신진흥에 관한 법률」에 따르면 뉴스통신사는 '뉴스통신사업자'라고 하는데, 규칙적이고

홈페이지나 인터넷 포털을 통해 처음으로 보도를 합니다. 석간신문용 보도자료는 그날 아침 6시부터 온라인 보도가 가능합니다. 서울시 출입 언론사들은 객관적이고 공정한 보도를 위해 서로 간에 이 엠바고를 지키기로 약속했습니다. 간혹 특정 언론사가 이 엠바고를 깨고 미리 기사를 쓰는 경우가 있는데, 그럴 때는 일정 기간 서울시 '출입 정지'라는 징계를 받을 수 있습니다. 출입기자들이 자체적으로 정한 규정이기 때문입니다.

기자들은 '야마'라는 말을 참 많이 합니다. "그 기사의 야마가 뭐냐?", "이 보도자료의 야마가 무엇이냐?"라고 묻습니다. 야마는 일본말인데 우리말로 '핵심'이라는 뜻입니다. 풀어서 말하자면 '야마'는 보도자료에서 하고 싶은 얘기를 간단하게 요약한 정수를 가리킵니다. 예를 들어 길게 쓴 보도자료라도 핵심 메시지는 한 문장으로 요약할 수 있습니다. 보통 보도자료 제목으로 야마를 뽑는데 그걸 기자들은 궁금해합니다. 야마는 매우 중요하므로 보도자료를 작성할 때 어떤 내용을 야마(핵심)로 잡을지 깊이 고민해야 합니다. 야마가 없거나 부족하면 기사가 안 될 가능성이 높습니다. 그리고 야마는 새로운 것일수록 기삿거리가 됩니다.

기자들이 제일 좋아하는 말은 '특종'입니다. 다른 말로는 '단독보도'라고 합니다. 기자들은 이걸 일본말로 '도꾸다이'라고 자주 부릅니다. 가끔 기자들이 서로 "○○ 기자 오늘 도꾸다이 세게 했네. 축하해!"라는 식으로 대화하는 걸 들을 수 있을 겁니다. 여기서 도꾸다이는 특종을 뜻합니다. 도꾸다이는 단독(單獨)이라는 한자를 일본 식으로 읽은 것입니다.

중단 없이 정확하고 공정하며 객관적인 뉴스 정보를 편집·제작·제공해야 할 책임이 있습니다. 서울시에 출입하는 통신사는 연합뉴스, 뉴시스, 뉴스1 등 3개 사입니다.

어떤 기자라도 출입처에서 모든 언론사에 배포하는 보도자료를 보고 쓰는 기사보다는 나만의 단독기사를 쓰고 싶을 것입니다. 특종을 하면 일부 언론사에서는 특종의 파급효과(예컨대 똑같은 내용의 후속 보도를 몇 개 언론사가 했는가 등)에 따라 포상을 한다고 합니다. 특종은 긍정기사일 수도 있고 비판기사일 수도 있습니다. 서울시 출입기자들 중에도 특종을 잘하는 기자들이 몇 명 있습니다. 특종을 쓴 기자는 기분이 좋지만, 특종을 놓친 기자들은 기분이 좋을 수 없습니다. 언론사 간 경쟁에서 졌기 때문일 것입니다. 출입기자 간 경쟁으로 서울시 기사의 단독보도 건수가 조금씩 늘어나는 추세로 보입니다. 특종기사가 나가면 기사와 관련 있는 부서의 공무원이 혼나기도 합니다. 예를 들어, 평소 친하게 지내는 기자에게 혼자만 알고 있으라고 이야기를 하거나, 관련 자료를 은밀히 건네서 기사가 나는 경우입니다. 기자가 끈질기게 취재해서 중요한 사실을 알아낸 경우도 특종이 됩니다. 고위공직자가 기자와 술 먹으면서 한 이야기가 특종으로 기사가 난 경우도 있습니다. 공무원은 기자 앞에서 입이 무거워야 합니다.

기자들이 제일 듣기 싫어하는 말이 있는데, '물 먹었다'는 말입니다. 낙종(落種)을 했다는 말로 특종을 다른 기자에게 뺏겼다는 뜻입니다. 또는 다른 언론사 기자들은 모두 기사를 썼는데 자기만 모르고 기사를 못 썼다는 뜻이기도 합니다. 특종을 놓친 기자는 데스크(회사의 편집부)의 질책을 받을 수 있습니다.

또 하나, '받아쓰다'라는 말이 있습니다. 모 언론사가 특종을 보도한 경우, 그 특종의 뉴스 가치가 커서 다른 언론사들이 기사화하는 경우가 있습니다. 이럴 경우 '그 기사를 받아쓴다'라고 합니다. 기자는 받아쓰는 것을 좋아하지 않지만, 뉴스로서의 가치가 클 경우에는 받아써야 합니다. 다른 언론사는 관련 기사를 썼는데 자기 언론사만 안 쓸 수 없기 때문이지요. 통신사의 기사를 일반 언론사가 받아쓰는 경우도 자주 있습니다. 통신사(news agency)는 신문이나 방송사에 뉴스를 공급해 주는 언론사이기 때문입니다. 신문, 방송 등의 언론매체가 독자와 시청자에게 뉴스를 전달하는 뉴스 '소매상'이라면, 통신사는 이와 같은 언론매체에 뉴스를 제공하는 뉴스 '도매상'으로 보시면 됩니다. 통신사는 특성상 특종 뉴스와 속보를 많이 만들어 냅니다.

4

기자들이 자주 쓰는 말 2

앞에서 기자들이 일본말을 많이 쓴다고 했는데, 기자들이 자주 쓰는 은어를 알려드리겠습니다(가나다순).

구악 문자 그대로 오래된 악습이나 병폐를 뜻하는데, 보통 뒤에 '기자'를 넣어 '구악 기자'라는 말을 자주 합니다. 지금은 거의 없는 것으로 아는데, 과거에는 기자임을 내세워 공짜 밥이나 술대접 강요, 개인적인 민원 처리 요구, 부당한 압력 행사 등을 일삼는 경우도 있었습니다. 이와 같이 바람직하지 못한 기자를 칭할 때 쓰는 표현입니다.

➡ "구악 기자들이 없어져서 홍보실 입장에서는 편해졌습니다."

당꼬 우리말로는 '담합'으로, 기자들끼리 특정 사안에 대해 기사를 쓰지 않거나, 부정기사를 쓰기로 작정하는 것을 일컫는 말입니다. 당꼬는 사실 경쟁적인 자본주의 사회에선 바람직하지 않은 문화이긴 하지만, 기자들이 서로 특정 기관이나 기업들이 언론을 홀대하거나 부당하게 대할 때 대항하는 차원에서 종종 활용합니다.[1]

➡ "출입기자들끼리 당꼬해서 그 기사 쓰지 않기로 했답니다."

마와리 '돌다'라는 말로 기자가 취재를 위해 사람들을 만나거나 어느 곳을 일정하게 찾아가는 것을 말합니다.

➡ 기자 왈, "서울시청은 (기사) 쓸 게 많아서 마와리 돌기가 쉽지 않아요".

물타기 비판기사가 보도되기 전 취재원 등이 갖은 수단을 동원해 비판의 수위나 내용을 약화하는 것을 말합니다. '마사지'라는 표현도 비슷한 의미입니다.

➡ 기자 왈, "더 세게 조지는 건데 물타기해서 (기사가) 그 정도로 나간 겁니다".

빨대 기자의 정보원을 말합니다. 빨대는 기자에게 단독 보도거리나 고급 정보를 은밀히 알려줍니다. 대형 특종보도는 이런 빨대나 제보를 통해 나는 경우가 아주 많습니다. 영어로 '딥 스로트(deep throat)'라는 표현을 쓰기도 합니다. 딥 스로트는 과거 미국 워터게이트 사건 때 이 기사 보도를 주도한 워싱턴포스트의 밥 우드워드 기자가 보이지 않는 취재원을 "딥 스로트"라고 표현한 데서 유래했습니다.

빨아주다 기자가 특정 조직이나 사안에 대해 호의적으로 기사를 쓰는 것을 말합니다. 반대말은 '조진다'입니다.

➡ 기자 왈, "저번에 제대로 빨아줬으니깐 이번에 한번 조져야죠(농담조)!"

사스마와리 경찰서 출입기자를 말합니다. 수습기자나 신참 기자들이 경찰서 출입기자를 많이 합니다. 다양한 사건·사고, 비리, 고발 등 사회의 어

1 http://www.vop.co.kr/A00001092326.html에 접속하면 국방부가 어떤 행사를 비공개로 진행하자, 국방부 출입 사진기자들이 항의의 뜻으로 카메라를 바닥에 내려놓고 취재를 거부하는 사진을 볼 수 있습니다.

두운 면을 신속하게 취재하므로, 힘들지만 한편으로는 재미있다고 합니다. 사스는 '순사(경찰)', 마와리는 앞에서 말했듯이 '돌다'라는 일본말로 결국 경찰서를 돌아다닌다는 뜻입니다.

➡ "이 기사는 강남 사스마와리가 썼다고 합니다."

우라까이 기자가 추가 취재 없이 보도자료나 통신사의 내용을 그대로 베껴 쓴다는 말입니다. 큰 뉴스거리가 아닐 때 혹은 쓸 기사가 많아서 시간이 없을 때 등 기자들이 가끔(?) 기사 쓰는 방법입니다.

➡ 기자 왈, "(겸연쩍어하며) 그냥 보도자료 우라까이 했습니다".

잔바리 수습기자나 기자 생활을 시작한 지 몇 년 안 된 신참 기자들을 칭하는 부정적인 말입니다. 기자들끼리 쓰는 말이니 일반인이 기자를 이렇게 부르면 안 됩니다.

초쳤다 보도자료나 기사의 내용이 너무 부풀려졌을 때 쓰는 말입니다. 실제 내용은 별 게 아닌데 아주 그럴싸하게 포장을 했다는 말입니다.

➡ 기자 왈, "그 기사는 너무 초를 쳐서 받아쓰기엔 좀 부담스럽네".

총 맞았다 기자가 담당 취재 영역을 벗어난 사안을 취재하게 되었을 때 쓰는 말입니다. 특히 방송기자들이 많이 씁니다.

➡ 사회부 소속 기자인데 갑자기 정치부 뉴스를 취재하게 되었을 때 기자 왈, "저 오늘 총 맞았습니다".

아주 먼 데까지 취재를 가게 되면 '장총 맞았다'고 합니다. 총을 맞았으니 기분이 썩 좋지 않겠죠?

킬(kill)됐다 기자들이 매우 자주 쓰는 은어입니다. 뉴스 가치가 약해 데스크에서 보도하지 않기로 결정했을 때 쓰는 말입니다. 또 기자가 어떤 내용의 기사를 쓰겠다고 발제를 했는데 반영되지 않은 경우에도 쓰는 말입니다.

➡ 기자가 취재원에게(또는 다른 기자에게) 가라사대 "아, 그 건이요? 그게 킬됐습니다".

풀(pool) 많은 언론사의 동시 취재가 곤란할 때 특정 언론사(기자)만 취재하고, 다른 언론사들이 함께 보도하자고 할 때 쓰는 말입니다. 또 다른 뜻은 뉴스 아이템을 특정 언론사에 주지 않고 보도자료로 모든 언론사에 제공한다는 말입니다.

➡ "보신각 제야 타종 촬영은 풀하기로 했습니다."

➡ 기자 왈, "고마운데 그냥 풀로 하시지요!"

기자를 만날 일이 있으면 한번 써먹어 보십시오. 기자가 '오홋' 하며 놀랄 수도 있습니다.

5

기자는 이렇게 기사를 쓴다

서울시청 본관 2층에 기자실이 있고, 기자실 안에는 119개의 부스(booth)와 브리핑룸이 있습니다. 이곳에서 41개[1] 국내 언론사의 기자들[2]이 서울시와 관련된 뉴스 기사를 쓰고 있습니다. 종합일간지, 경제지, 영자신문, TV, 라디오, 통신사 등 웬만한 언론사들은 다 있습니다.

2019년 4월 말 기준으로 보면 서울시 출입기자로 등록된 기자 수는 167명인데, 시청에 고정적으로 출입하는 기자들은 100명 정도 됩니다. 각 언론사마다 출입하는 기자 수는 차이가 있습니다. 보통 언론사별로 두세 명씩 출입하는데, 대여섯 명의 기자가 출입하는 언론사들도 꽤 됩니다. 한국언론진흥재단의 자료에 따르면 국내 언론사 기자 수가 해마다 증가[3]하고

1 2019년 4월 말 기준 서울시 출입 언론사로 등록된 매체 수이며, 이 외에 출입 언론사로 등록하기 위해 상주하는 비등록 언론사들도 있습니다.

2 기자는 크게 펜기자, 사진기자, 영상기자로 나눌 수 있습니다. 펜기자는 신문이나 방송 뉴스를 취재해서 기사를 쓰는 기자이고, 사진기자는 취재현장을 사진으로 찍어 보도하는 기자입니다. 영상기자는 '카메라기자' 또는 '촬영기자'라고도 하는데 어깨에 메는 ENG 카메라로 뉴스 영상을 만들고 편집하는 기자를 말합니다.

3 연도별 기자직 종사자 수(자료: 한국언론진흥재단 홈페이지, '언론산업통계'): 2만 7398명(2013) →

서울시 출입 41개 언론사 현황(2019년 4월 기준)

구분	언론사명
종합신문 (14개)	경향신문, 국민일보, 내일신문(석간), 동아일보, 문화일보(석간), 서울신문, 세계일보, 시정신문, 아시아투데이, 전국매일, 조선일보, 중앙일보, 한겨레, 한국일보
경제신문 (9개)	매일경제, 머니투데이, 서울경제, 아시아경제(석간), 아주경제, 이데일리, 파이낸셜뉴스, 한국경제, 헤럴드경제(석간)
영자신문 (3개)	코리아헤럴드, 코리아타임스, 코리아중앙데일리
방송 (12개)	KBS, MBC, SBS, YTN, MBN, 한국경제TV, OBS, 연합뉴스TV, BBS, CBS, CPBC, tbs
통신사 (3개)	연합뉴스, 뉴시스, 뉴스1

있는데, 서울시 출입기자 수는 이 책을 처음 쓴 2011년의 172명과 비교해 큰 변화가 없습니다.

서울시 출입기자들은 '출입기자단운영위원회'를 만들어 자율적으로 기자실을 운영하고 있습니다. 출입 언론사의 등록 결정, 엠바고를 파기한 언론사에 대한 징계 의결, 서울시의 기자설명회 요청 허용 등 서울시에 대한 객관적이고 공정한 보도를 하기 위해 노력하고 있습니다. 그리고 대부분의 출입처와 마찬가지로 출입기자단을 대표하는 '간사'[4] 기자는 서울시 보도와 관련한 출입기자단의 요청이나 의견을 서울시에 전달하는 소통창구 역할을 하고 있습니다.

'기자들의 여섯 가지 특징' 편에서 말씀을 드린 대로, 언론사별로 출입하는 기자 중 가장 경력이 많은 기자를 '1진 기자'라고 부릅니다. 1진 기자는 보통 기자 생활을 10년 이상 한 고참 기자로, '차장'이라는 직함을 가진

2만 9018명(2014) → 3만 883명(2015) → 3만 647명(2016) → 3만 2243명(2017).

4 서울시 출입 언론사를 대표하는 대표간사가 있고, 방송간사, 경제간사, 현장간사, 영상간사, 총무, 감사와 함께 간사단을 운영하고 있습니다.

서울시청 기자실

경우가 많습니다(일부 언론사의 경우는 부장이 1진으로 나와 있습니다). 1진 기자 다음으로 연차가 높은 기자를 2진, 그다음은 3진 이렇게 표현을 합니다. 연차가 가장 낮은 기자는 '말진'이라고 기자들끼리 부릅니다. 서울시는 다른 출입처(중앙 부처, 지방자치단체, 민간기업 등)에 비해 출입기자 수가 많은 편입니다. 국회, 청와대 다음으로 출입기자가 많은 것으로 알고 있습니다. 기자 수가 많아 기자간담회를 할 때 1진 모임, 2진 모임, 또는 말진 모임 등으로 나누어 하는 경우가 많습니다.

서울시 출입기자들은 월요일부터 목요일까지는 정상 출근을 하는데, 금요일에는 쉬는 기자들이 많아 평소의 3분의 1 정도밖에 안 나옵니다. 토요일은 거의 기자들이 나오질 않고(일요일에 신문이 발행되지 않기 때문에), 일요일에는 월요일 신문기사를 쓰기 위해 일부 기자들이 출근을 합니다. 서울시의 경우 출입기자들의 출퇴근 시간은 일반 직장인과 크게 다르지 않습니다. 보통 아침 8~9시 사이에 출근[5]해서 저녁 6~7시경에 퇴근합니다. 그런데 당번 기자는 일찍 출근을 합니다. 통신사의 당번 기자는 아침 7시 이

전에 출근을 하며, 대부분의 언론사 당번 기자는 7시 30분 전후로 출근합니다. 예전에는 말진 기자가 가장 먼저 출근을 했는데, 요즘은 당번을 정해서로 돌아가며 일찍 나오는 언론사가 적지 않습니다. 기자들은 아침에 상당히 바쁩니다. 대변인실에서 시정 보도 스크랩을 가져다 보고, 그날 아침에 무슨 기사들이 나왔는지 확인합니다. 서울시의 그날 보도 일정을 보고 무슨 기사를 쓸 것인지 발제를 하고, 회의를 하고, 데스크에 보고합니다.

그날 쓸 기사가 결정되면 보도자료를 보거나, 취재원에게 전화를 하고, 관계자 인터뷰도 하면서 기사를 씁니다. 오후에는 데스크 편집회의[6] 결과에 따라 기사 방향을 바꾸거나 분량을 늘리는 등 기사를 보완하는 경우도 있습니다. 오후 4시 반에서 6시 사이는 기자들이 하루 중 가장 바쁜 시간입니다. 기사 마감시간(deadline)이기 때문입니다. 이 시간에 기자에게 전화를 하거나 만나러 가는 것은 피해야 합니다. 기자들도 꼭 필요한 경우가 아니고는 전화를 받지 않습니다. 드물긴 하지만 성질 급하고 참을성 없는 기자들은 이 시간대에 마감하느라 신경이 곤두서 있어서 전화를 하거나 찾아와서 자꾸 뭔가 요청하고 문의하면 버럭 신경질을 내기도 하니 유의해야 합니다.

기자가 한 출입처에 오래 있으면 더 좋은 기사를 쓸 수 있을까요? 서울시 출입기자들은 보통 1년 정도면 다른 곳으로 출입처를 옮깁니다. 방송기자는 신문기자보다 교체되는 주기가 조금 짧습니다. 예전에 이 출입 기간에 대해 기자와 대화를 한 적이 있는데, 같은 출입처에 너무 오래 있으면 좋은 기사가 나오기 어렵다고 합니다. 기자의 전투력(?)이 약해진다고 하네요. 아마 매너리즘(mannerism)에 빠지는 것과 비슷한 모양입니다. 또 아무

5 석간신문 기자는 오전 5~6시에 출근합니다.

6 언론사 편집회의는 보통 하루에 두 번 한다고 합니다. 아침 회의는 주로 그날 쓸 기사를 결정하고, 오후(1~2시경)에는 취재기자들이 쓴 기사를 검토하고 보완합니다.

래도 공보실(또는 홍보 부서) 직원들이나 취재원들이 가까워지면 인지상정상 가끔씩 기사를 쓰기가 곤란한 경우가 생길 수 있다는 것입니다. 비판기사를 쓸 때 좀 적당히 해달라고 하거나 기사가 안 되는 것도 자꾸 써달라고 부탁을 받을 때, 인간적으로 전혀 못 들은 체하기가 쉽지 않다고 합니다. 그래서 기자와 취재원의 관계를 말할 때 '불가근불가원(不可近不可遠)'이라는 말을 합니다. 기자와는 너무 가까워도 안 되고, 너무 멀게 지내도 안 된다는 뜻입니다.

대변인실에 있으면 어느 기자가 오고 어느 기자가 나가는지 압니다. 그런데 서울시 출입기자들끼리는 서로를 잘 모르는 경우가 많습니다. 같은 기자들끼리 서로 친하게 지내면 좋을 법한데, 아무래도 출입하는 기자들이 너무 많아 쉽지 않은 모양입니다. 서울시 기자실은 취재 부스(booth)가 다닥다닥 붙어 있는 모양새가 독서실 같은 분위기입니다. "왜 기자들끼리 서로 잘 알지 못하고 지내냐?"라고 기자들에게 물어보면 그냥 "시청 기자실 분위기는 그렇다"라고 합니다. 자기 부스 주위에 있는 다른 언론사(기자들은 다른 언론사를 '타사'라고 합니다) 기자들만 조금 알고, 멀리 떨어진 기자들은 잘 모른다고 합니다. 안타까운 마음에 "이 문제를 좀 개선하면 좋지 않겠냐?"라고 물어봤더니, "기자들도 노력을 할 필요가 있지만, 대변인실에서도 관심을 갖고 많은 기자들이 모일 수 있는 자리를 자주 만들어달라"라고 하더군요.[7]

7 최근에는 출입기자들과 시 공무원과의 간담회 등 소통 기회가 자주 있고, 출입기자들끼리도 젊은 기자들 중심으로 친하게 지낸다고 합니다.

6

기자가 서울시를 좋아하는 세 가지 이유

기자들은 저마다 출입처가 있습니다. 환경부 소속이다, 경찰기자다, 법조 팀에 있다 등등. 이렇게 출입처가 정해지면 기자들은 출입하는 기관이나 단체에 대한 기사를 주로 씁니다. 일반적으로 종합일간지와 방송사에선 정치부 기자들이 이른바 '잘나가는' 기자들로 통합니다. 정치부 경력이 있다면 그건 회사에서 인정받는 기자로 봐도 무방합니다. 다만 경제신문에선 기획재정부나 금융위원회 같은 굵직한 경제 부처 출입기자들이 우대받는 분위기입니다.

기자에게 제보하면 아무 기사나 다 쓴다고 생각하는데, 그렇지 않고 경찰의 '관할구역'처럼 자기가 담당하는 분야의 기사를 씁니다. 뉴스 제보가 자기가 쓸 만한 기사가 아니라고 판단되면, 해당 부서의 기자에게 전달합니다. 그래서 서울시 출입기자는 서울시 관련 기사만 집중적으로 씁니다. 많은 출입처 중에 기자들이 좋아하는 출입처가 있고, 안 좋아하는 출입처가 있다고 합니다. 서울시에 온 지 얼마 안 되는 기자들에게 "서울시가 어떻습니까?" 물어보면 대부분 "재미있는 곳이다", "생각보다 조직이 크다"라는 이야기들을 많이 합니다. 조금 더 친한 기자들에게 물어보면 흥미로운 답변이 나옵니다. "서울시가 꽤 괜찮은 출입처"라는 것입니다. 과연 기자들이 어떤 기준으로 서울시를 좋은 출입처라고 할까요? 그동안 들은 기자들의 이야기들을 한번 정리해 봤는데, 크게 세 가지 정도로 요약이 됩니다.

01 | '물먹을 일'이 거의 없습니다

앞에서 말씀드린 대로 기자들이 제일 싫어하는 것이 물먹는 일입니다. 서울시가 우리나라 수도이고 가장 규모가 큰 지자체이지만, 신문의 사회면이나 전국면에 기사가 실립니다. 신문 1면을 장식할 만한 톱뉴스가 자주 있는 편이 아니므로, 물먹어서 스트레스받을 일은 별로 없습니다. 그리고 다른 출입처에 비해 하루에 쏟아내는 보도자료가 상당히 많습니다. 이런 서울시의 특성상 출입기자들은 타사 기자들이 '오늘 무슨 기사를 쓰나?'에 크게 촉각을 곤두세울 필요가 별로 없어 보입니다. 서울시 관련 보도는 대부분 기자설명회나 주요 보도자료 위주로 나오는 편입니다. 보도자료를 근거로 쓰니 아무래도 기사 쓰기가 다소 편하지 않을까요? 가끔씩 단독보도가 나오는 경우도 있지만 언론사 데스크나 출입기자들도 크게 신경 쓰지 않는 분위기인 듯합니다(물론 가끔은 출입기자들 사이에 단독보도 경쟁이 있을 때도 있습니다). 이런 기자실 분위기상 방송사의 경우는 상도의(?)를 지켜가며 서로 뉴스 아이템 정보도 교환합니다. 간단히 말해 '가능하면 서로 물 먹이지 말자'는 합의인데요, 지금은 언론사 간의 뉴스 경쟁이 갈수록 치열해져 단독보도가 늘고 있습니다.

02 | 기자들의 출퇴근이 비교적 규칙적입니다

시 출입기자들은 보통 오전 9시 전후에 출근해 저녁 7시면 대부분 퇴근

합니다. 경찰이나 법원 출입기자들은 사건·사고가 터지면 바로 현장에 나가야 하니, 늘 긴장하고 몸이 상당히 피곤하다고 합니다. 마음 편히 못 쉬는 것이지요. 이에 비해 서울시는 갑자기 뭐가 터지는 출입처가 아닙니다. 대변인실에서 주간 보도 일정과 일일 보도 계획을 미리 알려주니 시간에 맞춰 취재를 할 수 있습니다. 또 먼 곳으로 발품을 팔아가며 취재할 일도 많지 않습니다. 담당 지역이 서울시 안이기 때문입니다.

03 | 서울시는 적극적으로 기자들에게 취재 지원을 합니다.

"그렇지 않다"라고 반론을 제기하는 기자도 있습니다만, 서울시만큼 체계적으로 언론홍보를 잘하는 곳이 드물다고 합니다. 무엇보다 매일 10개가 넘는 보도자료를 제공하니 기자들은 뉴스 아이템 때문에 스트레스를 받는 일이 많지 않습니다. 각종 자료 요청, 관계자 인터뷰 소개, 현장 안내 등 기자들의 요구 사항 대부분을 대변인실에서 신속하게 처리해 줍니다. 예전에 서울시에 새로 온 모 방송사 고참 영상기자가 "서울시만큼 섭외 잘해주는 출입처를 본 적이 없다"라고 몇 번을 말한 적이 있습니다. 공식·비공식 자리나 간담회 등의 기회를 통해 많은 고위 공무원을 알고 정보를 얻을 수 있습니다. 그리고 다양한 유형의 민원들도 종종 해결할 수 있습니다. 그러나 2016년 5월 부정 청탁과 금품 수수를 금지하는 '김영란법(부정청탁 및 금품등 수수의 금지에 관한 법률)'이 시행된 후로는 분위기가 많이 바뀌었습니다.

예전에 서울시를 출입했던 모 기자가 "서울시에 있으면 기자의 야성이 무뎌질 수 있으므로 젊은 기자는 오래 있을 곳이 못 된다"라고 이야기를 한 적이 있습니다. 반면에 어느 기자는 "서울시가 대한민국의 3대 출입처"라고 말하더군요. 군대로 치자면 좋은 보직이라고 할 수 있습니다. 둘 다 맞는 말 같은데 곱씹어 볼 의미심장한 말들입니다.

7

기자와 소통하는 좋은 방법

저는 '소통'이라는 말을 들으면 항상 '고통'이 생각납니다. 10년이 지난 이야기입니다. 2008년 6월 미국 유학 후 서울시로 다시 복귀해 기획담당관에서 일했는데, 처음 맡은 업무가 '시민 고객과의 소통 강화 방안 보고서'를 만드는 일이었습니다. 2년 만에 업무에 복귀하자마자 생소한 소통 보고서를 만들려니 막막했습니다. '맨땅에 헤딩'하는 격이었습니다. 도움이 될 만한 책을 도서관에서 빌려보고, 아이디어를 쥐어짜고, 상사에게 수차례 질책을 받은 끝에 겨우 그럴싸한 보고서를 만들었습니다. 제 기억으로 그맘때쯤부터 지자체에 소통이 화두로 떠올랐습니다. 2010년에 서울시는 '홍보기획관'을 '시민소통기획관'으로 개편해 쌍방향 시민 소통을 강화했습니다.

공무원이 소통해야 할 대상이 시민만은 아닙니다. 정책을 시민에게 공정하고 객관적으로 전달하는 언론, 즉 기자도 중요한 소통 대상입니다. 과거에 기자와의 소통이 대변인실과 고위공무원 위주로 이루어졌는데 이제는 과장, 팀장, 주무관 등 실무를 담당하는 공무원에게까지 확대되어야 합니다. 그렇다면 어떻게 소통을 해야 할까요? 기자의 입장에서 보면 진정성을 가지고 편하게 소통하려는 공무원들을 좋아할 것입니다. 내가 하는 일을 자랑하기 위해 언론을 이용하지 마시고, 시민에게 좋은 정보를 제공한다는 마음으로 언론을 활용하시기 바랍니다.

기자와 소통하는 좋은 방법은 기사에 대해 피드백(feedback)을 하는 것입니다. 보도자료를 배포한 후 문의를 하는 기자의 전화를 친절히 받고, 관련 기사를 쓴 기자에게 피드백을 주면 좋습니다. 전화통화가 아니더라도 이메일이나 문자로 '좋은 기사 써주셔서 고맙다'고 말하면 기자가 좋아하지 않을까요? 자기 업무가 아니더라도 관심 있는 기사를 쓴 기자에게 의견을 주는 것도 좋습니다. 박스(box) 기사라고 해서 일반적인 스트레이트 기사와 달리 취재기자의 설명이나 주관적인 생각이 들어간 기사가 있습니다. 기자가 취재 후기를 정리한 칼럼 기사도 있습니다. 이런 기사를 읽고 공감한다거나 다른 생각도 있을 수 있다는 의견을 보내면 좋아할 것입니다. 다시 말씀드리지만 기자는 독자들이 자기 기사에 (긍정적인) 반응을 보일 때 보람을 느낀다고 합니다.

기자와 소통하는 또 다른 방법은 함께 밥을 먹는 것입니다. 기자도 공무원과 밥 먹는 것을 좋아합니다. 출입처의 다양한 정보를 취득하거나 뉴스거리를 찾는 데 도움이 되기 때문입니다. 과거에는 기자들과 술자리, 식사자리가 많았는데 「김영란법」 시행 후 크게 줄었습니다. 그래도 원활한 직무수행을 목적으로 한 간단한 식사 제공[1]은 제재 대상이 아니니 기자와 식사할 수 있습니다. 기자를 만날 때는 기자가 최근에 쓴 기사, 관심 사항, 출신 학교, 출입처 전입일 등의 정보를 미리 알아두면 더 유익한 소통의 기회가 될 수 있습니다.

1 「부정청탁 및 금품등 수수의 금지에 관한 법률」 제8조와 같은 법 시행령 제17조에 따라 "원활한 직무수행 또는 사교·의례를 목적으로 제공하는 3만 원 이내의 식사"는 수수 금지 금품에 해당하지 않습니다.

8

기자와 통화할 땐 당당하게 말하라

어느 날 기자가 전화를 해서 취재 때문에 여러분이 하는 업무에 대해 물어본다고 가정을 하지요. 어떻게 해야 할까요? 대부분의 공무원들은 기자의 전화를 받으면 불편해하고, 되도록 통화를 오래 안 하려고 합니다. 그런데 이런 응대 태도는 별로 바람직하지 않습니다.

소극적으로 피하지 마시고 당당하게 말씀하시기 바랍니다. 기자는 직업 특성상 "왜 그런가요?"라고 끊임없이 물어보는 사람입니다. 그 과정에서 뉴스거리를 감각적으로 찾아냅니다. 기가 막히게 말입니다. 친절하게 물어보기에 별생각 없이 몇 가지 질문에 대답을 했는데 다음 날 조간신문에 관련 기사가 큼지막하게 났습니다. 아마 이런 경험이 있는 분도 계실 겁니다. 기자는 공무원에게 전화할 때 기사에 쓸 자료를 충분히 가지고 있거나 기사를 거의 다 쓴 상태일 수 있습니다. 마지막으로 사실(팩트) 확인을 위해 또는 관련 공무원의 간단한 인터뷰를 따기 위해 전화를 하는 경우도 많습니다.

이런 경우도 있습니다. 잘 안 되는 업무 때문에 은근히 스트레스를 받고 있는데 어느 날 갑자기 출입기자가 전화를 해서 그 업무에 대해 꼬치꼬치 물어봅니다. 사실대로 대답했다간 안 좋은 기사가 날 것 같아 사실을 말하지 않고 적당히 둘러댑니다. 다행히 대응을 잘해 기사가 나오지 않았거나 부정보도는 나지 않았다고 생각할 수도 있지만, 기자가 나중에 진실을 알면 다음 번에는 결코 속아 넘어가지 않을 것입니다.

기자가 전화를 하면 일단 친절하게 응대하는 것이 중요합니다. 왜냐하면 서울시 공무원은 「지방공무원법」 제51조(친절·공정의 의무)에 따라 주민 전체의 봉사자로서 친절하고 공정하게 직무를 수행해야 하기 때문입니다. 귀찮다 싶은 기자가 다소 건방지게 전화를 하더라도 전화를 잘 받으십시오. 그 기자는 오늘 별로 기분이 좋지 않을 확률이 높습니다. 회사 데스크에서 쓰기 싫은 기사를 쓰라는 지시를 받았을 수 있고, 오늘 쓸 기사가 상당히 많아 시간에 쫓기고 있을지도 모릅니다. 전화를 빨리 끊으려는 느낌을 주지 마시고, 성의 있게 답변해 준다는 느낌을 주도록 노력하십시오. 그렇게 하면 긍정적인 기사는 더 좋고 크게 날 것입니다. 혹여 비판기사가 나더라도 친절 덕분에 비판의 정도나 수위를 낮출 수 있습니다. 어느 기자는 보도자료에 담당자라고 적혀 있어 전화를 걸었더니 "왜 나한테 걸었냐?"라는 식으로 응대하기에 신경질이 나서 대변인실과 담당 상급자들에게 전화 걸어 "그럴 거면 보도자료 내지 마라!"라고 역정을 낸 적도 있다고 합니다.

혹 민감하거나 중요한 사안에 대해 질문을 받은 경우에는 바로 답변을 하지 마시고 다시 한번 전화를 해달라고 부탁을 해보시기 바랍니다. 전화를 끊고 팀장, 과장, 국장 등에게 신속히 보고해 대응 방법을 결정하십시오. 대변인실과 상의하는 것도 좋습니다. 어떻게 대처할지 도움을 드릴 것입니다. 진행이 더딘 업무에 대해 전화를 받은 경우에는 거짓말을 하거나 모르쇠로 일관하는 것은 좋지 않습니다. 이미 기자는 사실을 알고 확인 전화를 하는 것일 수도 있습니다. 의외로 이런 경우가 참 많습니다. 이런 경우에는 어느 정도 시인하는 것이 오히려 좋습니다. 솔직하게 답변을 하고 앞으로 어떻게 대처하겠다, 어떻게 문제를 해결하겠다는 점을 충분히 설명해 주시는 것이 중요합니다. 기사가 될 것이라고 예상되는 언론 취재가 있었을 경우에는 대변인실에 '오늘 이런 취재가 있었다'고 알려주시기 바랍니다.

9

기자는 독특한 호칭을 쓴다

한번은 기자들과 저녁을 먹다가 깜짝 놀란 적이 있습니다. 어느 기자가 휴대폰으로 전화를 받았는데, "예 부장, 말씀하세요"라고 하더군요. 부장이면 한참 선배 기자인데, 어떻게 '부장님'이 아니라 '부장'이라고 부를 수 있단 말인가! 혹시 술이 취해서 부장한테 대드는 것인가? 이런저런 생각을 하다가 너무 궁금해서 물어봤습니다. "어떻게 상사한테 '님'이라는 호칭을 안 붙이냐?"라고요. 그랬더니, 자기네 회사는 상사 직함을 그렇게 부른다고 했습니다. "처음에 입사해서 선배 기자에게 '님' 자를 붙여 불렀다가 혼난 적이 있다"라며, 회사 조직문화라고 하더군요.

하도 이해가 안 가 다른 기자들에게도 물어보니, 모든 언론사가 다 그런 것은 아니지만 일부 언론사 기자들은 정말로 직함만 부른다고 합니다. 어느 고참 기자는 이렇게 말하더군요. "부장이라고 할 때 '장(長)'은 '어른, 우두머리'라는 뜻이 있어 이미 존칭이 되어 있다. 그런데 '님'까지 붙이면 마치 '역전앞' 같이 같은 말이 중복되어 맞지 않다"라고요. 또 다른 언론사 기자의 설명을 들어보면 "기자는 연차에 상관없이 그 언론사를 대표해서 취재 현장에 나가는 존재라 취재원과 동등한 관계에서 대화를 해야 해서 그렇기도 하고, 또 그 조직 구성원도 아닌데 존칭을 섞는 건 어딘지 얕잡아 보일 수도 있기 때문"이라고 하더군요.

기자는 평기자 생활을 15년 정도 하면 차장으로 승진을 합니다(요즘은 차장이라는 직위가 없는 언론사도 많습니다). 그다음에는 부장, 그다음에는 부국장, 국장으로 승진을 합니다. 기자들끼리 어느 정도 친분이 있으면 평기자가 차장을 "선배"라고 부릅니다. '차장님'도 아니고, '선배님'도 아니고, 그냥 '선배'입니다. 선배 기자가 후배 기자를 부를 때는 대부분 성은 빼고 이름만 부릅니다. 후배 기자가 나이가 더 많아도 똑같습니다. 예를 들면 "길동아, 너 기사 다 썼냐?" 이렇게 물어본다거나, 제가 "홍길동 기자님 오늘 안 나오셨나요?"라고 물으면 옆자리 선배 기자가 "길동이 야근하고 들어갔습니다" 이렇게 말합니다. 다른 언론사 기자들과의 호칭도 그렇습니다. 서로 통성명하고 연차를 알면 후배 기자는 선배 기자에게 "선배"라고 부릅니다. 선배 기자는 후배 기자가 좀 어렵다 싶으면 "길동 씨" 이렇게 부르고, 친해지면 자기 회사 후배같이 그냥 "길동아" 이렇게 부르기도 합니다.

그러면 대변인실 직원(또는 취재원)은 기자를 어떻게 불러야 할까요? 저는 평기자는 '홍길동 기자님' 이렇게 부르고, 차장이나 부장 기자는 '차장님', '부장님' 이렇게 부릅니다. 대변인실에 처음 왔을 때 평기자를 '홍 기자님' 이렇게 성만 부르면 안 된다고 교육을 받았습니다. 일부 기자들은 이렇게 부르면 기분 나빠한다고 합니다. 윗사람만 그렇게 부르기 때문이라고 합니다. 비록 '님' 자를 붙였더라도 언론 부서 직원이나 취재원이 그렇게 부르면 하대(下待)하는 듯한 느낌을 받는다고 합니다. 그럼 어떻게 불러야 할까요? 직책이 있는 기자는 반드시 직책까지 불러야 합니다, 예를 들면 '홍길동 차장님' 또는 '이순신 부장님', 이렇게요. 직책이 차장인 기자를 그냥 '홍길동 기자님'이라고 부르면 실례가 됩니다.

이런 일을 겪은 적이 있습니다. 대변인실 온 지 얼마 되지 않아 잘 몰라서 한동안 차장 기자를 그냥 "○○○ 기자님"이라고 불렀습니다. 매일 그렇게 인사를 자주 했는데도 친해지기가 힘들었습니다. 그 기자 스타일이 원래 그랬는지 모르지만, 나중에 차장이라는 것을 알고 미안한 마음이 들었습니다.

10

어느 고참 기자의 특강

서울시 대변인실은 직원들의 언론홍보 역량 강화를 위해 2009년 하반기부터 사업 부서를 대상으로 '찾아가는 언론특강'을 한 적이 있습니다. 대변인실의 전문직 직원과 시 출입기자가 직접 부서를 찾아가 언론홍보 요령을 재미있게 설명하는 프로그램입니다. 특강을 들어본 직원들의 반응이 상당히 좋았습니다.

2010년 4월 중순에 시(市) 산하기관 한 곳을 찾아갔는데 MBN의 박종진 기자와 제가 특강을 했습니다. 전문직 직원이 사정이 있어 대신 강의를 하게 되었습니다. 언론홍보의 필요성, 해당 기관의 언론홍보 결과 분석, 언론홍보 요령에 대해 1시간 동안 열심히 설명을 했습니다. 전문적인 지식이 없는지라 대변인실 근무 1년 동안의 경험을 공유하고자 노력했습니다. 제가 먼저 강의를 하고 박종진 기자가 이어서 강의를 했는데, 저는 박종진 기자가 무슨 말을 할지 참 궁금했습니다. 무엇보다도 '언론과 기자'에 대한 저의 생각과 기자의 생각이 다르면 어떡하나 염려했는데, 다행히도 크게 다르지 않았습니다.

박종진 기자는 당시 기자 생활 19년 차로 청와대 출입을 두 번씩이나 하고, 그 후 MBN의 아침 뉴스 앵커도 맡았던 관록 있는 기자였습니다. 제가 강의를 할 때는 한 번도 웃지 않던 직원들이 박종진 앵커 강의 때는 많이 웃었습니다. 그만큼 강의를 재미있게 했다는 말입니다. 박종진 앵커가 유익한 말을 많이 했는데 몇 가지만 간추려서 말씀드립니다. 제 말이 아니고 기자의 말입니다.

공무원에 대한 기자의 파워는 직급이 높을수록 잘 먹힌다고 합니다. 기자들이 제일 무서워하는 직원이 경비(청경)라고 합니다. 일단 들어가야 취재를 하는데 자칫하면 들여보내지 않으니 친절하게 대해야 한다는 것입니다(박종진 앵커는 정말 하위직 공무원에게 친절했습니다). 또 9급 공무원도 조심한다고 합니다. '기자면 다냐!' 이런 식으로 부딪칠 수 있기 때문이라고 합니다. 반대로 직급이 높은 공무원일수록 기자들을 잘 대해준다고 합니다. 경험이 많은 간부 공무원들은 언론의 힘을 잘 알기 때문이지요.

잘못된 보도를 고치는 요령도 알려줬습니다. 우선은 취재기자에게 사실 관계를 객관적으로 상세히 설명하면 보통 정정할 수 있다고 합니다. 이렇게 요청을 했는데도 정정이 안 되면 소송을 걸면 된다고 합니다. 소송 업무는 피소당한 기자가 직접 처리해야 해서, 소송이 걸리면 자료 만들랴 법원 왔다 갔다 하랴 무척 피곤하다고 합니다. 그래서 소송을 걸겠다고 하면 대부분 정정할 수 있다고 합니다.

또 우리나라의 모든 특종(단독보도)은 5년 차 이하의 기자들이 다 낸다고 합니다. 그러니까 젊은 기자를 응대할 때는 유의해야 합니다. 나이가 어려 보인다고 말을 함부로 해서도 안 되고, 감정적으로 대응해도 안 됩니다. 그리고 기자들은 자기만 대우해 주는 것을 좋아한다고 합니다. 박종진 앵커의 말에 따르면 이 기자 저 기자 함께 불러서 밥 사주는 것은 기자에게 별 의미가 없다고 합니다. 여러 언론사 소속의 기자들과 함께 밥을 먹기보다, 특정 언론사 기자 한두 명과 만나 식사를 하며 소통을 하는 것이 훨씬 유익하다고 합니다. 또 시 출입기자들 중 말이 잘 통하거나 기자정신이 투철한 기자 한두 명과 친하게 지내는 것이 좋다고 합니다. 언젠가 분명히 도움을 받을 수 있다고 하네요.

박종진 기자는 제가 대변인실을 떠난 2012년 이후에도 계속 연락을 하는 기자 중 한 명입니다. 서로 나이가 같아 대변인실에 근무했던 동갑내기 직원 몇 명과 함께 '양띠 모임'이라는 친목 모임을 만들어 만나곤 했습니다.

11

기자가 뉴스거리를 찾으면 줘라

대변인실에 근무할 때 기자들로부터 뉴스거리를 달라는 부탁을 자주 들었습니다. 제가 아이템을 잘 주는 직원이어서 그런지 아니면 다른 직원들한테도 그러는지는 잘 모르겠지만, 아무튼 여러 기자로부터 요청을 받았습니다.

기자가 아이템을 찾는 방법은 여러 가지가 있습니다. 주로 현장을 나가거나 발품을 팔아 취재를 하는 경우가 있고, 제보를 받는 경우도 있습니다. 또 누구한테 우연히 들은 이야기가 아이템이 되는 경우도 있고, 이처럼 홍보(언론) 부서 직원으로부터 얻는 경우도 있습니다. 아이템을 잘 찾아내서 자기만의 기사를 쓰는 기자가 유능한 기자겠지요?

기자로부터 아이템을 달라는 부탁을 받을 때면 두 가지 생각이 차례로 떠오릅니다. 먼저 '가능하면 주자'고 생각을 합니다. 그러다가 '아니, 그러면 안 되지' 하며 마음을 바꾸게 됩니다. 나중에 아이템을 준 것이 자칫 문제가 될 수도 있기 때문입니다. 평소 친하게 지내는 기자들이 이런 부탁을 하는데, 면전에서 '없다'고 하기는 쉽지 않습니다. 한편으로는 (저를 좋게 봐주니) 고마운 생각도 들어, 대부분의 경우는 "한번 찾아보겠다"라고 긍정적으로 답을 줍니다. 매일매일 아이템을 찾아야 하는 기자의 입장이 이해가 갑니다. 어느 기자든지 출입처에서 제공받는 보도자료만으로 기사를 쓰고 싶지는 않을 것입니다. 자기만의 기사나 특종을 쓰고 싶어 하겠지요. 제가 기자라도 그럴 것입니다. 이 대목에서 기자와 대변인실 직원의 견해가 부딪치게 됩니다.

대변인실 직원은 서울시 뉴스가 가능한 한 많은 언론매체를 통해 시민에게 알려지도록 일해야 합니다. 그런데 특정 언론사에만 뉴스거리를 주면 아무래도 많은 시민들이 알 수가 없게 되지요. 서울시는 월간·주간·일일 보도 일정에 따라 언론홍보를 하기 때문에 대변인실 일부 직원들은 뉴스거리를 많이 알고 있습니다. 마음만 먹으면 출입기자에게 뉴스거리를 은밀하게 찔러줄 수도 있지만 직업윤리에 어긋나므로 그런 행동을 해서는 안 됩니다. 그래서 저는 가벼운 기획기사용 아이템을 찾아주었습니다. 새로운 뉴스나 이슈가 되는 아이템이 아니라 잘 알려지지 않은 내용, 이미 있어온 사업이나 제도 중에서 얘기가 되겠다고 생각되는 아이템을 알려주었습니다.

2010년 11월 초에 있었던 일입니다. 대변인실 팩스에는 서울 시내에서 발생한 사건·사고 보고가 매일 수시로 들어옵니다. 당번 근무를 하는 날은 그날 큰 사건이나 사고가 있지 않았나 팩스 내용을 수시로 확인해야 합니다. 유심히 살펴보니 지하철역에 폭발물이 설치되어 있다는 신고가 있어 출동했다는 보고가 자주 들어오더군요. 그런데 매번 현장 확인 결과 폭발물이 없었다는 보고가 이어집니다. '이거, 뉴스 되겠다'는 생각이 들었습니다. '최근 지하철역 등 공공장소에 폭발물이 설치됐다는 신고가 많이 들어온다. 그러나 현장에 도착해 보면 폭발물은 없다. 모두가 허위신고다. 이렇게 허위신고를 하면 행정력이 낭비된다. 적지 않은 경찰과 소방 인력이 투입되고, 현장에 있는 시민들은 불안해하고 불편을 겪는다. 또 자칫하면 실제로 폭발물이 설치된 곳으로 늦게 출동할 수 있다. 법에 따라 처벌을 받을 수도 있으므로 허위신고를 하면 안 된다'는 식의 내용으로 말입니다.

며칠이 지나 모 방송기자가 아이템 하나만 달라는 부탁을 하기에 이 이야기를 해줬습니다. 그런데 내키지 않는 눈치였습니다. 아이템을 달라기에 말해줬으니 부탁은 들어준 셈입니다. 또 며칠 후 이번에는 신문기자가 아이템을 하나 급히 달라고 하기에 이 이야기를 또 해줬습니다. 그랬더니 구체적인 자료를 뽑아달라고 하더군요. 속으로 '야, 잘하면 기사가 될 수도 있겠다' 생각하며 관련 부서에 문의를 했습니다. 사실대로 설명을 하고 "보도자료를 만들어줄 수 있겠냐?"라고 물어봤더니, "그런 보도자료 만들어주면 큰일 난다"라고 하더군요.

이해가 안 가서 "무슨 사정이냐"라고 물어봤더니, 2010년 11월 11일에 개최되는 'G20 서울정상회의' 안전문제 때문에 모든 폭발물 설치 신고에 대해서는 신속하고 철저히 대처를 하라는 상부 지시가 내려왔다는 것입니다. "그런 상황에서 허위신고는 처벌받을 수 있다는 보도자료를 뿌리면, 정말 필요한 신고 전화도 안할 수 있기 때문에 그렇게 할 수 없다"라는 것이었습니다. 듣고 보니 해당 부서의 입장을 이해할 수 있었습니다.

뉴스는 타이밍이 아주 중요합니다. 이 아이템은 2010년 10월 말까지는 보도될 수 있었는데, 좀 더 두고 보자며 만지작거리다가 써먹지 못했습니다. 기자에게 줄 만한 아이템은 찾아보면 분명히 있는데, 약하다고 기사가 안 되고, 시기를 놓쳐 뉴스가 안 되고, 생각지도 못한 변수가 생겨 보도가 안 되고 ……, 참 어렵습니다. TV 방송의 메인 뉴스에 나오면 파급력이 아주 크기 때문에 제가 먼저 방송기자들에게 아이템을 찾아준 적이 있었는데, 대부분 선택받지 못했습니다. 메인 뉴스감으로 약하다는 이유였습니다. 그런데 더 어려운 일은 아주 드물기는 하지만 기자가 서울시를 비판하는 아이템을 찾아달라고 하는 때입니다. 대변인실 직원의 입장을 잘 알면서도 이런 부탁을 하면 매우 난처해집니다.

제2부

알다가도 모를 언론

언론은 공정하고

객관적으로 보도를 해야 한다.

인간의 존엄과 가치를 존중해야 하며,

타인의 명예를 훼손해서도 안 된다.

그러나 아주 가끔

그렇지 않을 수도 있다.

12

언론 감각, 경험 없인 절대 못 키운다

직장에서 일을 하다 보면 "거참 감(感)이 없네"라는 말을 듣는 경우가 가끔 있는데, 저는 경험이 부족하면 감이 떨어진다고 생각합니다.

언론 쪽도 마찬가지입니다. 언론 감각과 관련된 몇 가지 사례를 들어보겠습니다. 간혹 "언론홍보를 강화하라"라는 내부 지시가 있으면 많은 보도자료들이 대변인실로 들어옵니다. 그런데 그중에는 기자들 말을 빌리자면 '얘기가 안 되거나 약한' 자료들이 더러 있습니다. 이런 보도자료는 어김없이 보도가 안 되거나 한두 개 신문에만 단신으로 실리고 맙니다. '얘기도 안 되는' 보도자료들이 많아지면, 기자들은 어김없이 "요즘 대변인실 왜 그래요?"라고 묻습니다.

신문기자나 방송기자 모두 일정하게 출입처 기사를 쓰고 내보내야 하니 뉴스거리가 늘 있어야 합니다. 그런데 대변인실이 양질의 보도자료를 못 주고 있다는 불만이지요. 이런 일도 있습니다. 뉴스로서 가치가 높다 싶은 사업들은 사업 부서에서 기자설명회를 하고 보도자료를 배포합니다. 기사를 크게 써달라는 요청이지요. 그런데 기자설명회가 끝나고 일부 기자들이 "이런 설명회를 왜 해요?"라고 묻는 경우가 가끔 있습니다. '얘기가 안 되거나, 다 나온 얘기들이 아니냐'는 말입니다. 이 경우에도 보도된 결과를 보면 여지없이 기대 밖입니다. 최소한 주요 일간지에는 다 실려야 하는데 그렇지 못한 경우가 종종 있습니다.

과장을 조금 보태자면, 대변인실에 2년 정도 근무하면 반(半)기자가 됩니다. 부서에서는 아주 중요한 사업이니 보도가 잘되게 해달라고 요청하지만, 딱 보면 어느 정도 기사 가치가 있는지 압니다. 2010년 밴쿠버 동계올림픽 때 이규혁 스케이트 선수가 이런 말을 했다고 보도된 적이 있습니다, "안 될 것을 알면서도 도전하는 게 슬펐다". 사업 부서에서는 "우리 행사에 방송사 좀 많이 오게 해달라, 기자들에게 얘기 잘 해달라, 이 기사 좀 빼달라, 취재 좀 막아달라" 등 다양한 요청을 하지만, 대변인실도 안 되는 것을 알면서도 기자에게 부탁을 할 때는 참으로 힘듭니다. 보도가 잘 안 되면 "도대체 대변인실은 뭐 하느냐?"라는 소리가 가끔 들리는데 그때는 정말 화가 나기도 합니다.

보도자료를 냈는데 보도가 잘 안 됐으면 반드시 분석을 해야 하며, 보도자료를 어떻게 써야 할지 잘 모르면 미리 대변인실과 상의하는 것이 좋습니다. 대변인실은 단순하게 수동적으로 보도자료만 뿌리는 전달자(messenger)가 아닙니다. 음으로 양으로 기자들과 끊임없이 소통하면서 서울시에서 알리고 싶어하는 내용이 크게 보도될 수 있도록 노력하는 조직입니다. '얘기가 되면' 언론에 잘 먹힙니다. 좋은 그림까지 된다면 TV 방송 메인 뉴스에까지 나올 수 있습니다. 감이 없어서 얘기가 되는 건지 아닌지 궁금하거나, 감이 있어 얘기가 안 될 것 같으면 미리 대변인실과 협의하십시오. 나름대로 방법을 알려드릴 수 있습니다.

대변인실에만 의존하지 말고 (서울시) 출입기자들과 친분 관계를 유지하는 것도 언론 감각을 키우는 데 도움이 됩니다. 기자들도 공무원과의 소통을 원합니다. 앞에서도 말씀드렸듯이 가끔씩 기사에 대해 코멘트를 해주면 아주 좋습니다. 그래서 서로 이름을 알게 되고 간단한 점심이라도 함께 먹으면 나중에 분명히 도움이 됩니다. 공무원은 외부의 다양한 사람들과 소통을 해야 좋은 정책을 만들 수 있다고 생각합니다.

13

단독보도, 기자에게 득(得), 공무원에겐 실(失)

오래전 사례입니다만 지금도 이런 경우는 자주 있어 소개합니다. 2009년 12월 3일, MBC 저녁 9시 뉴스에 광화문광장에 설치된 스노보드 점프장의 안전에 문제가 있다는 부정보도가 나왔습니다. 그 근거로 서울시 어느 부서의 공문이 방송화면에 나왔습니다. 어떻게 서울시 내부 문서가 기자의 손에 넘어갔을까요?

방송이 나간 후 다른 방송사 기자가 이 문서의 진위를 알려달라고 요청을 해 출처를 알아봤습니다. 어렵지 않게 이 문서가 뉴스의 내용대로 '스노보드 점프대 안전에 문제가 있으니 보완이 필요하다'는 내용을 담고 있다는 것을 확인할 수 있었습니다. 담당 부서의 팀장은 이 문서의 외부 유출에 대해 전혀 아는 바가 없다고 말했습니다. 그즈음에 해당 방송사에서 취재를 한 적도 없다고 했습니다. 그렇다면 누군가가 이 문서를 전자문서시스템(내부전산망)[1]에서 다운받아 해당 방송사 기자에게 넘긴 것으로 추정할 수 있습

1 서울시뿐만 아니라 대부분의 공공기관에서는 비공개 문서의 외부 유출을 막기 위해 타 부서의 공무원이 내부 시스템으로 문서를 열람하거나 저장할 수 없고, 본인이 생산한 문서도 파일 형태로 USB에 다운로드받을 수 없는 등 전자문서 보안이 강화되어 현재는 이런 일이 생기기는 어렵

2009년 10월, 서울 광화문광장에 설치된 스노보드 점프장 모습(사진: 서울시 대변인실 이용섭)

니다. 이처럼 뉴스거리가 될 만한 내부 정보나 문서가 언론에 은밀히 유출되는 경우가 종종 있습니다. 사실 서울시뿐만 아니라 공공기관의 내부 정보가 국회의원이나 언론에 넘어가 크게 보도가 되는 경우가 적지 않습니다.

서울시 대변인실은 서울시 전체의 보도자료를 매일 10~12편 정도 언론사에 제공합니다. 뉴스를 만들어달라는 요청이지요. 언론사들이 서울시에 대한 기사를 이 보도자료에만 의존해 쓴다면 아마 모든 신문·방송의 뉴스는 똑같을 것입니다. 그래서 출입기자들은 다른 언론사에는 나지 않는 자기만의 기사를 쓰기 위해 끊임없이 뉴스거리를 찾아 헤맵니다. 간부직 공무원의 발언이 뉴스거리가 되기도 합니다. 서울시 출입기자들이 가장 신뢰하는 정보는 간부직 공무원의 말이라고 합니다. 따라서 실장, 본부장, 국장, 과장 등 간부직 공무원들은 언론과 접촉할 때 말에 신중을 기해야 합니다.

습니다. 사무실에서는 민간 이메일 계정도 사용할 수 없습니다.

시의회에 제출한 자료를 구체화해서 특종을 쓰는 경우도 있습니다. 2009년 초 추가경정예산 설명서에 올림픽대로 일부의 지하화 사업이 들어 있었는데 모 석간신문에서 이것을 단독보도 했습니다. 서울시 출입기자실이 발칵 뒤집어졌습니다. "그런 큰 뉴스거리를 왜 특정 언론사에만 알려줬냐"라고 기자들이 벌떼처럼 들고일어나 대변인실에 항의했습니다. 그때 모 방송사의 고참 여기자가 안 그래도 큰 눈을 똥그랗게 뜨고 화가 난 목소리로 따지던 모습이 지금도 생생하게 떠오릅니다. 그렇게 항의를 하고 방송과 신문 등 거의 모든 언론사들이 그 기사를 받아썼습니다. 그 기사는 예산설명서만 보고는 도저히 쓸 수 없는 뉴스였습니다. 예산설명서에는 간략하게 해당 사업이 언급되었는데, 단독보도를 한 신문에는 이 사업의 기간, 소요예산, 추진계획 등이 아주 상세히 나왔습니다. 관계 공무원이 정보를 주지 않으면 쓸 수 없는 기사였습니다. 이와 같이 기자들은 서울시 직원을 '빨대(정보원)'로 두고 있습니다.

기자가 서울시 홈페이지의 입찰공고를 보고 기사를 쓰는 경우도 많습니다. 따라서 주요 사업의 계약을 발주할 때는 보도자료를 배포하는 것이 좋습니다. 진보지라고 할 수 있는 H 신문이나 K 신문은 독자들의 제보를 기사화하는 경우가 많다고 합니다. 시의회 의원이나 공무원 노조가 기삿거리를 제공하기도 한답니다. 뉴스를 만들어내기 위한 기자들의 취재 활동은 갈수록 치열해지고 있습니다. 불가근불가원이라는 말을 또 하게 되네요. 기자에게 정보를 주더라도 큰 정보를 주면 나중에 큰일 납니다. 아주 오래된 일입니다만 어느 과장이 매우 중요한 사업 자료를 친분이 있는 신문기자에게 넘겨 징계를 받은 적이 있습니다. 그 기자의 단독보도로 서울시가 매우 곤란해졌기 때문입니다. 중요한 정책을 수립하거나 사회적으로 민감한 사안을 다루는 경우에는 언론 보안을 철통같이 유지해야 합니다.

14

언론에 정보가 샜을 때 다섯 가지 대처 요령

신문, 방송, 인터넷 등에 특이한 서울시 보도가 나면 대변인실은 즉시 해당 부서를 찾아 연락을 하고 그 보도에 대한 경위와 기사 내용의 사실 여부 등을 확인합니다. 중요한 뉴스 기사는 부시장, 시장에게까지 보고하기도 합니다. 해당 부서는 대변인실의 통보를 받으면 긍정보도든 부정보도든 간에 신속히 내부에 보고해야 합니다. 관련 자료나 정보가 어떻게 언론에 유출되었는지도 파악해야 합니다.

① 우선 특이한 보도가 나면 내부 보고를 하고 대변인실에도 알려줘야 합니다. 특이한 보도란 단독보도(특종)가 대부분인데, 기자가 정확한 기사를 쓰기 위해서는 사실을 확인해야 합니다. 갑자기 기자로부터 담당 업무에 대해 전화를 받았다면 '나한테 사실 확인을 하는구나'라고 생각하고 답변하는 것이 좋습니다. 주무관이나 팀장이 별것 아니라고 친절히 설명을 해줬는데 다음 날 큼직하게 기사가 나오는 경우가 많습니다. 그냥 넘기지 마시고 기자로부터 업무 관련 전화를 받으면 신속하게 팀장, 과장, 국장에게 취재 사실을 보고하고, 대변인실에도 통보해

주시기 바랍니다. 현안이나 중요한 사업에 대한 문의라면 부시장까지 사전 보고를 해야 합니다. 가끔 부시장이 "이런 업무를 내가 신문을 보고 알아야 하냐!"라며 담당 공무원을 꾸짖는 경우가 있습니다. 보고를 잘하셔야 합니다.

② 중요한 정책이나 사업계획이 내부적으로 확정되기 전에 내용의 대부분이 보도가 된 경우에는 대변인실에 알려주십시오. 유출된 경위를 알았다면 함께 알려주시는 것이 좋습니다. 보도된 내용의 뉴스 가치가 크면 대변인실로 다른 언론사들의 문의[1]가 오기 시작합니다. 이런 단독보도의 경우 얼마나 많은 언론사들이 그 기사를 받아쓸지는 보도된 뉴스의 가치에 따라 달라집니다. 제 경험으로 볼 때 중간 정도의 뉴스 가치가 있으면 2~4개 언론사가 받아씁니다.

③ 만일 해당 정책이나 계획의 일부분만 보도된 경우에는 전체 사업 내용을 아우르는 보도자료를 작성해 모든 언론사에 신속히 제공하는 것이 좋습니다. 왜냐하면 이런 경우에는 단독보도에 들어 있지 않은 뉴스, 즉 새로운 내용이 있어서 다른 언론사들이 기사화할 가능성이 높습니다. 구체적인 수치를 언급하거나, 조감도 등을 넣는다면 보도될 확률이 더 높아집니다.

④ 특정 정책이나 사업에 대한 비판 보도가 났다면 보도 내용의 사실 여부를 즉시 확인해야 합니다. 이런 비판 보도는 유출 경위를 찾아내는 것이 어려우니, 먼저 사실을 확인하는 것이 급선무입니다. 기사 내용 중 잘못된 부분이 있으면 해명자료를 배포해 잘못된 보도가 다른 언론사에 의해 확산되지 않도록 해야 합니다. 취재기자에게도 전화를 해

1 기자는 다른 언론사의 단독보도를 받아쓰기 위해서가 아니라 보도 내용이 사실인지 확인하고 회사 데스크에 보고하기 위해 문의하는 경우가 많습니다.

정중하게 잘못된 내용을 말하고 수정해 달라고 요청[2]해야 합니다. 유의할 점은 객관적으로 잘못된 사실(fact)이 해명의 대상이 되는 것이지, 기자의 표현이나 논조는 해명거리가 되기는 어렵습니다. 그래서 사설이나 기고문, 칼럼 같은 보도는 해명을 받기가 쉽지 않습니다.

⑤ 가판신문이나 인터넷신문은 잘못된 보도의 경우 정정할 수 있으므로, 될 수 있으면 빨리 취재기자에게 연락해 잘못된 부분을 설명하고 기사 정정이나 삭제를 요청해야 합니다. 가판신문의 경우는 다음 날 배달판 신문이 인쇄되기 전에 신속히 해당 기사를 고쳐야 합니다.

이렇게 정보가 유출되어 언론보도가 되는 경우 담당 부서에서는 대변인실의 조언에 따라 정정 절차를 밟으면 대부분 무난히 마무리됩니다. 이와 같은 언론에 대한 대응은 반드시 대변인실을 통해서 해야 합니다. 안 그러면 호미로 막을 수 있는 일을 가래로도 못 막을 수가 있습니다. 실례를 한 가지 말씀드리면, 어느 부서의 사업 내용을 한 언론사가 단독보도 했는데 다른 언론사 기자가 그 기사를 보고 해당 부서에 전화를 해 추가 자료를 달라고 했습니다. 이런 경우 해당 부서는 대변인실을 통해 모든 언론사에 자료를 배포해야 탈이 없습니다. 그런데 추가 자료를 받은 언론사만 또 다른 단독기사를 쓴 형국이 되어 여러 기자가 거세게 항의를 했습니다. 해명자료도 마찬가지입니다. 기사를 쓴 언론사에만 해명자료를 주면 후속 기사가 나올 수 있습니다. 기자가 다그친다고 성급히 대응하지 마시고 반드시 대변인실과 상의해 대응하시기 바랍니다.

2 취재기자의 휴대폰 번호는 대변인실에 문의하면 알려줍니다. 취재기자가 출입기자가 아니더라도 같은 언론사 기자를 통해 알 수 있습니다.

I·SEOUL·U
너와 나의 서울

해명자료

담당부서: 푸른도시국 공원녹지정책과
도시재생실 공공재생과

공원녹지정책과장	유영봉	2133-2010
공원녹지정책팀장	김광덕	2133-2012
담당자	이진숙	2133-2020
공공재생과장	이동일	2133-8640
공원재생계획팀장	박일형	2133-8642
담당자	김지호	2133-8643

사진없음 ■ 사진있음 □ 쪽수: 2쪽

「세금 600억 들인 '서울로 7017'…하반기 민간위탁 전환」

(2019.3.8. 머니투데이)

주요 해명내용

○ '서울로운영단은 지난해 7월 조직개편을 통해 사실상 해체됐다'는 보도 관련

- 서울로 7017은 개장 후 1년 여 기간 동안 市(서울로운영단) 직접 관리를 통해 수목 생육 안정 및 자연성 회복, 안전시스템 구축, 방문객 만족도 향상, 주변 상권 활성화 등의 성과를 거둠.
- '18년 8월 조직개편은 서울로 운영이 본 궤도에 올랐다고 판단됨에 따라, 필수 인력 위주로 서울로 7017을 운영하기 위한 조직 효율화 차원에서 이루어진 것임.

○ '서울로 관련 담당인력을 축소하고 민간위탁으로 방향을 튼 것은 사실상 정책실패를 자인한 것'이란 보도 관련

- '19. 2월 말 현재 서울시에서 민간위탁 중인 사업은 383개 사업임. 민간위탁은 「서울특별시 행정사무의 민간위탁에 관한 조례」 제1조(목적)에 명시된 것처럼 민간의 자율적인 행정참여 기회 확대 및 사무 간소화를 위해 추진되는 것이며 정책실패 여부와는 아무런 관련이 없음.
- 서울로 7017은 사업 구상단계부터 시민사회 거버넌스, 지역 도시재생을 기반으로 조성되었으며, 서울로의 다양한 프로그램, 축제, 시민협력 사업 등에서 시민이 주도적으로 참여할 수 있도록 민간위탁을 계획하였

고, 현재 그 계획을 실현하는 단계에 있음.

따라서 민간위탁으로 전환하는 것이 정책실패를 자인한 것이라는 보도는 민간위탁의 개념 자체를 오인한 것으로서 사실이 아님.

○ "민간위탁 결정으로 서울로 확장계획이 사실상 무산됐다."는 보도 관련

- 서울로 확장계획은 서울로와 주변건물을 연결하고자 하는 것으로 건물주 및 사용자와 협의를 통해 추진 중임
- 현재까지 3개소 건물주와 협의를 완료하여 2개소(호텔마누, 대우재단빌딩) 이미 연결하였고, 1개소(메트로빌딩)는 상반기 중 착공예정이며, 구 서울역사(롯데마트)는 한국철도시설공단과 협의를 통해 상반기 중 운영사업자 선정 후 세부 연결계획을 구체화하여 협의할 예정임
- 세브란스빌딩은 건물주와 MOU를 체결하였고, 구체적 연결방안을 협의할 예정임
- 따라서, 서울로 확장계획은 민간위탁 결정과 무관하게 지속 추진 중이며, 무산됐다는 보도는 사실이 아님

○ '서울로운영단 소속 직원 상당수가 광화문추진단으로 자리를 옮겼다'는 보도 관련

- 서울로운영단 조직개편 당시 '18.8월 서울로운영단 소속 직원 중 '광화문광장추진단'으로 자리를 옮긴 직원은 단 1명도 없음.

○ '서울시, 7개월 운영비 11억 제시' 라는 보도 관련

- 서울시에서는 금년 하반기 민간위탁을 목표로 하여 현재 민간위탁 추진을 위한 사전 준비 작업 중에 있으며, 편성된 예산은 6개월 운영비 15억 3천만 원임. 따라서 7개월 운영비로 11억을 제시했다는 내용은 사실과 다름.

15

부정보도와 잘못된 보도에 대응하는 요령

대변인실 근무 시절 존경하는 상사가 이런 말을 한 적이 있습니다. "비판 보도라도 사실을 적확하게 지적한 기사를 보면 마음이 아프다. 그런데 잘못 쓴 기사를 읽으면 화가 난다." 잘못 쓴 기사는 오보(誤報)라고 하는데 사실 확인 부족, 실수 등으로 인한 단순 오보와 허위 사실을 적시한 허위 보도가 있습니다. 어떤 기자도 오보를 쓰고 싶지는 않겠지만 속보와 단독 보도 등 치열해지는 뉴스 경쟁 때문에 오보는 지속되고 있습니다. 오보와는 조금 차이가 있는데 최근에는 '가짜뉴스'가 큰 문제가 되고 있습니다(가짜뉴스에 대해서는 김은국 인터넷뉴스팀장의 「51. 기자에서 공무원으로, 취재에서 홍보로」 참조). 오보를 알고도 방치하면 다른 언론사가 받아써 확산이 되고, 뉴스를 본 사람들이 사실로 알기 때문에 피해를 입습니다. 서울시의 명예를 훼손하고, 시정 신뢰도를 떨어뜨리고, 불필요한 민원을 초래합니다. 그러기에 오보에 대해서는 신속하고 단호하게 대응해야 합니다.

담당 주무관이나 팀장은 기자가 부정적인 내용의 기사를 쓰고 있다고 인지하면 취재기자에게 실무적으로 충분히 설명을 해, 사실에 기반을 둔 낮은 수위의 비판 보도가 나올 수 있도록 설득해야 합니다. 어떤 공무원은 취재기자에게 기사를 쓰지 말라고 은근히 요구하는데, 비판 수위가 높아지는 역효과가 날 수 있으니 올바른 대응이 아닙니다. 앞서 말씀드린 대로 기자가 취재를 하면 내부에 보고하고 대변인실에도 알려줘야 합니다. 사안에 따라 대변인실에서 필요한 조치를 취하기도 하고, 이른바 '고공 플레이'라고 고위 공무원이 해당 언론사 데스크에 설명을 하기도 합니다. 앞에서 알려드린 '물타기' 또는 '마사지'라고 할 수 있지요. 이렇게 했는데도 잘못된 기사가 가판신문이나 온라인으로 보도됐으면 신속하게 취재기자에게 사실을 바로 잡아달라고 요청하고, 요청한 대로 정정이 되었는지 확인을 해야 합니다. 그래도 기사에 잘못된 내용이 있다면 '해명자료'를 작성해 대변인실을 통해 모든 언론사에 배포해야 합니다. '잘못된 기사이니 회사에 보고하고 받아쓰지 말아달라'는 요청입니다.

이렇게 했는데도 잘못된 기사가 나오면 정식으로 잘못된 보도로 인한 피해(72쪽 표 참조) 회복을 위해 언론중재위원회(이하 '중재위')에 구제를 신청합니다(다음의 내용은 언론중재위원회 홈페이지의 '언론피해 구제절차'에서 인용했음을 밝힙니다).

피해를 입은 담당 부서에서 일방적으로 진행하지 말고 반드시 대변인실과 상의해 추진하시기 바랍니다. 피해 회복 신청은 정정보도 청구, 반론보도 청구, 추후보도 청구, 손해배상 청구 등 네 가지(73쪽 표 참조)가 있습니다. 우선 언론조정을 신청하면 중재위가 신청인과 피신청인(조정 대상)에게 출석을 요구하고 양 당사자 간에 합의가 되도록 조정을 합니다. 조정 결과는 '조정성립, 조정결정, 조정불성립 결정' 세 가지가 있습니다.

조정 성립은 피해자와 언론사 간에 합의가 잘 이루어진 경우로 정정보도, 반론보도, 추후보도 등을 받을 수 있습니다. 조정 결정이란 조정 성립이 이루어지지 않아 중재위가 피해자의 신청 내용 중 일부를 수용하라는 결정입니다. 이 결정을 언론사가 수용하지 않으면 법원 소송으로 가게 됩니다. 조정불

언론피해 구제를 받을 수 있는 잘못된 보도의 유형

- 인명이나 지명, 통계 수치 등을 잘못 기록한 보도
- 거짓을 사실인 것처럼 꾸민 허위보도
- 기사 내용과 관련 없는 사진을 보도하여 피해를 준 경우
- 필자의 허락을 받지 않고 글을 고쳐 필자의 의도와 다르게 표현된 보도
- 사실을 그릇되게 과장한 보도
- 전체 사실 중 일부분만을 부각하여 나쁜 인상을 심어준 왜곡·과장 보도
- 한쪽의 주장만을 전달한 편파보도
- 범죄 혐의자나 범인으로 보도되었으나 수사결과 혐의가 없는 것으로 밝혀진 경우
- 승낙 또는 정당한 이유 없이 개인의 초상, 음성, 사생활, 성명을 보도한 경우
- 개인의 사회적 평가를 저하시키는 명예훼손 보도

↓

잘못된 보도로 인한 피해의 종류

- 명예훼손: 사회적 평가를 저하시키는 구체적인 사실을 적시한 경우
- 음성권 침해: 동의 없이 음성을 비밀로 녹음해 보도한 경우
- 초상권 침해: 얼굴이나 신체적 특징을 동의 없이 촬영, 보도한 경우
- 성명권 침해: 익명 처리해야 하는 개인의 성명을 동의 없이 실명으로 보도한 경우
- 사생활 침해: 사적 영역에서 이루어지는 생활을 본인의 의사에 반해 무단 공개한 경우
- 재산권 침해: 보도로 인해 개인이나 회사 등의 재산상 손해가 발생한 경우

자료: 언론중재위원회 홈페이지(언론피해 구제절차).

성립 결정이란 당사자 간에 화해할 의사가 전혀 없을 때 내리는 결정이며, 역시 법원에 소송을 제기해 해결해야 합니다. 이 언론조정은 14일 이내에 처리하는데 조정 결정까지 가면 처리 기간이 21일입니다.

피해 회복 방법은 조정 외에 '중재'라는 절차도 있습니다. 중재는 피해자와 언론사 사이의 분쟁을 중재위의 마지막 결정에 따라 해결하는 것을 말합니다. 중재위가 임의대로 하는 것이 아니라 당사자들이 중재 결정에 따르겠다고 합의를 해야 처리할 수 있습니다. 중재결정이 나면 법원의 확

잘못된 보도로 인한 피해 회복 신청

유형	설명
정정보도 청구	언론보도가 진실하지 아니한 경우 해당 언론사가 스스로 기사내용이 잘못되었음을 밝히는 정정기사를 게재(또는 방송)해 줄 것을 요구하는 권리
반론보도 청구	언론보도로 인하여 피해를 입은 사람이 언론보도 내용에 대한 자신의 입장을 보도해 달라고 요구하는 권리
추후보도 청구	언론에 의하여 범죄혐의가 있거나 형사상의 조치를 받았다고 보도된 이후 무죄판결 등 혐의가 없는 것으로 밝혀진 경우 해당 언론사에게 자신이 무죄라는 취지의 내용을 게재(또는 방송)해 줄 것을 요구하는 권리
손해배상 청구	언론보도로 인하여 피해가 발생한 경우 피해에 대한 금전적인 배상을 요구하는 권리

자료: 언론중재위원회 홈페이지(언론피해 구제절차).

정 판결과 동일한 효력을 갖게 됩니다. 언론 조정이나 중재를 신청하면 피해자는 얼마나 피해를 회복할 수 있을까요? 중재위에 따르면 2012년 기준으로 신청 효율이 72%라고 합니다. 생각보다 높지 않나요? 언론조정 신청기한, 신청서 작성, 신청 방법 등의 구체적인 내용은 언론중재위원회의 홈페이지에 잘 안내되어 있습니다.

제가 대변인실에 근무할 당시에는 중재위를 통한 언론조정신청이 별로 없었습니다만, 최근에는 언론조정신청이 활발해진 듯합니다.[3] 잘못된 보도로 인한 피해자가 중재위의 조정이나 중재, 법원 소송을 통해 어느 정도 보상을 받는다 하더라도 이는 사후 조치이기 때문에 실질적으로 큰 도움이 못 된다고 생각합니다. 이미 피해자는 회복할 수 없는 고통과 피해를 입었기 때문이지요. 사전 예방을 위해 앞으로 잘못된 보도가 줄어들기를 바라마지 않습니다.

3 서울시는 2018년 10월 서울교통공사에 채용 비리 의혹이 있다고 허위보도를 한 언론사들을 상대로 다수의 언론조정을 신청한 바 있습니다.

16

광화문광장 조성에 관한 사실과 진실

서울시에서 광화문광장만큼 오랫동안 꾸준하게 언론의 관심 대상이 된 시설이나 지역은 없을 것입니다. 2009년 광장이 생긴 이래 보기 좋은 모습으로, 때로는 좋지 않은 모습으로 끊임없이 언론에 오르내렸습니다. 그 이유는 역사나 위치적으로 광화문광장이 국가의 상징이기 때문이라고 생각합니다. 지난 10년 동안 광화문광장과 관련된 보도에 대한 서울시의 대응과 활용을 정리해 봤습니다.

광화문광장은 2009년 8월 1일 개장하자마자 "광장이라기보다는 교통섬이고, 광장 주변 경계석 높이가 낮아 사고위험에 노출되어 있다"라는 부정보도가 나왔습니다. 이어서 광화문광장은 "시민을 위한 열린 공간이 아니라 집회나 시위를 못하게 만든 닫힌 광장"이라는 사설과 전문가의 칼럼, 기고문이 신문에 계속 실렸습니다. 두 달 정도 지나 10월 9일 한글날에 세종대왕 동상이 광화문광장에 세워지고 난 후, 그곳에 예전부터 있던 이순신 장군 동상과의 높이 차이, 동상 색깔, 좌상(坐像)·입상(立像) 문제로 논란이 있었습니다.

같은 해 11월 29일에는 광화문광장에서 당시 최고의 인기를 누린 드라마 〈아이리스〉가 촬영되어 홍보 효과를 봤습니다. 얼마 지나지 않은 그해 12월 초, 서울시가 광화문광장에서 세계스노보드대회를 개최하자 이번에는 적지 않은 언론사들이 안전사고의 위험이 있다고 부정보도를 했습니다. "스노보드대회가 광장의 사용 목적에 맞지 않고, 광장의 품격을 떨어뜨린다"라고도 비판했습니다. 이렇듯 비판 보도가 있었지만, 해외 방송이 스노보드대회를 중계하면서 세계적으로 서울을 홍보할 수 있었고, 좀처럼 보기 어려운 도심 한복판의 스노보드대회를 보려고 수많은 시민들이 광화문광장을 찾기도 했습니다.

스노보드대회가 끝난 후 그곳에 스케이트장을 만들자 일부 언론은 광장의 사용 용도에 맞지 않고 주변에 교통체증이 생길 것이라며 부정보도를 했습니다. 그러나 2009년 12월 31일과 2010년 1월 1일, 지상파 방송사들이 광화문광장에서 저녁 메인 뉴스를 진행하면서 광화문광장은 다시 한번 멋진 모습으로 전국에 홍보되었습니다. 2010년 6월에는 제19회 남아프리카공화국 월드컵의 응원 장소로 국민과 언론의 관심을 받았습니다. 그러나 호사다마라고 할까요, 몇 달이 지난 9월 서울 지역에 내린 기록적인 폭우로 광화문광장은 물에 잠기는 수모를 당했습니다. 다시 몇 달이 흘러 11월과 12월에는 이순신 동상의 보수를 위해 서울시가 이를 잠시 철거했다가 재설치하자 언론에서 크게 다루었습니다.

광화문광장에 대한 다양한 내용의 언론보도를 통해 서울시는 많이 배웠다고 생각합니다. 언론의 건전한 비판과 대안 제시를 겸허히 받아들였습니다. 서울시는 2009년 12월 8일, 광화문광장을 '비움이냐 채움이냐', '품격이냐 즐길 거리냐' 등 어떻게 운영할지를 깊이 고민하고 있다고 밝혔습니다. 그리고 비판의 목소리를 수용하고 세 차례 대토론회를 통해 광화문광장을 어떻게 운영할 것인지 결정하겠다고 발표했습니다.

그 뒤 2010년에는 논란거리 중 하나인 경복궁 쪽 광장에 설치했던 플라워카펫(대형 화단)을 잔디로 바꾸고, 행정기관이 주관하는 행사의 수도 줄이는 등 광화문광장이 국가의 대표 광장이자 시민의 쉼터 역할을 할 수 있게 운영했습니다. 그 후로는 광화문광장의 정체성과 운영 방식에 대해 더는 논란이 없었습니다. 언론의 큰 관심거리가 되면 긍정적인 보도만 나오는 게 아니라 냉정한 비판 보도도 감수해야 합니다. 공공기관이 사회적으로 민감하거나 이슈화가 되는 정책을 입안하고, 결정하고, 또 추진하는 과정에 반드시 언론의 목소리도 정책에 반영해야 한다는 것을 광화문광장은 분명히 보여줬습니다.

서울시가 언론을 통해 배운 것은 이것만이 아닙니다. 언론이 광화문광장에 큰 관심이 있다는 것을 깨닫고, 광화문광장을 활용해 홍보하는 요령을 터득했습니다. 학습효과라고도 할 수 있지만, 저는 서울시가 구상한 스페이스 마케팅(space marketing)의 산물이라고 생각합니다. 광화문광장을 서울이라는 도시 브랜드 강화를 위한 전략적 공간으로 활용한 것입니다. 대표적인 예가 앞에서 말씀드린 광화문광장의 〈아이리스〉 촬영과 스노보드 대회 개최입니다. 다시 언급하겠지만 스노보드대회는 노이즈 마케팅(noise marketing)[1] 이라는 논란까지 있었습니다.

그 후 보도된 이순신 동상 철거와 재설치도 서울시가 전략적으로 언론 보도를 유도하는 데 성공한 사례로 볼 수 있습니다. 기자의 표현을 빌리자면, 이것을 서울시가 네 번을 우려먹었습니다. 처음에는 이순신 장군 동상이 제작된 지 40년이 넘어 균열과 구멍 등 심각한 결함이 우려된다고 보도자료를 냈습니다. 다음에는 동상의 결함이 심각해 임시 철거한 후 대대적으로 보수하기로 했다고 언론에 알렸습니다. 세 번째는 보수 기간 중에 이

1 노이즈 마케팅(noise marketing): 각종 이슈를 요란스럽게 치장해 구설수에 오르도록 하거나, 화젯거리를 만들어 소비자들의 이목을 현혹시켜 인지도를 높이는 마케팅 기법을 말한다(매일경제 용어사전).

2010년 9월에 촬영한 광화문광장(사진: 서울시 대변인실 이용섭)

순신 동상이 있던 자리에 "탈의 중"이라는 가림막을 설치해 언론의 관심을 끌었습니다. 마지막으로 이순신 동상의 보수가 성공적으로 끝나 다시 광화문광장으로 돌아온다고 보도자료를 냈습니다. 광화문광장의 이순신 장군 동상 철거와 재설치 보도는 특히 지상파의 저녁 메인 뉴스로 크게 보도되어 서울시가 재미를 톡톡히 봤다고 말씀드릴 수 있겠네요.

광화문광장 조성 초기에 있었던 여러 지적 중 분명히 말씀드릴 한 가지가 있습니다. 당시 언론은 "서울시가 광화문광장에서 집회와 시위를 하지 못하도록 광장을 채워놓았다"라고 비판했습니다. 광화문광장 조성 전 조감도에는 없었던 플라워카펫이 갑자기 조성된 점을 근거로 들었습니다. 서울시가 불법시위를 막기 위해 의도적으로 화단을 조성했다는 것입니다. 사실일까요? 서울시가 광화문광장에서 집회나 시위를 못하게 한 것이 아니라 광화문광장에서는 「집회 및 시위에 관한 법률」 때문에 집회나 시위를 할 수 없습니다. 이 법 제11조(옥외집회와 시위의 금지 장소)를 보면 '국내 주재 외국의 외교기관(청사)의 경계 지점으로부터 100미터 이내의 장소에서는 옥외집회 또는 시위를 해서는 안 된다'고 규정[2]하고 있는데, 광화문광장 옆에 주한미국대사관이 있기 때문입니다. 광화문광장은 처음부터 집회나 시위가 자유롭지 않은 공간에 조성됐습니다. 안타깝게도 광화문광장의 태생적 한계인 셈이지요.

9년이 지난 2019년 1월 광화문광장이 또다시 언론의 주목을 받았습니다. 서울시가 2021년까지 광화문 일대의 역사문화 자원을 재창조하는 '새로운 광화문 프로젝트'를 발표했습니다. 세종문화회관 앞 다섯 개 차로를 광장으로 편입해 지금보다 3.7배 넓히고, 광화문 복합역사를 만들어 다섯

2 다만 집회나 시위가 해당 외교기관을 대상으로 하지 않는 경우, 대규모로 확산될 우려가 없는 경우, 해당 외교기관의 업무가 없는 휴일에 개최되는 경우는 예외로 규정하고 있습니다.

개 철도노선이 환승하는 강북의 교통 허브를 만들겠다는 내용이었습니다. 그런데 경복궁과 북악산을 막힘없이 볼 수 있는 공간으로 만들기 위해 세종대왕과 이순신 장군 동상의 이전 방안이 제시되자 문제가 생겼습니다. 광장의 상징으로 자리 잡은 동상을 옮기면 안 된다는 의견이 거세게 일어났습니다. 서울시는 "국민의 관심이 크기 때문에 연말까지 시민의 의견을 듣고 최종 결정을 내리겠다"라고 발표했지만, 논란은 사그라들지 않고 연일 비판 보도가 이어졌습니다. 그 와중에 행정안전부는 "서울시가 광화문광장 재구조화를 추진하면서 정부서울청사 건물 및 부지에 대한 합의가 없었다"라고 발표하는 일까지 벌어졌습니다. 이렇게 한바탕 난리를 치른 후 3월 초 서울시는 "광화문시민위원회에서 세종대왕·이순신 장군 동상 이전 여부를 상반기 중에 여론조사로 결정하겠다"라는 의견을 내놨습니다. 부디 더는 논란이 없기를 바라고, 광화문광장이 대한민국의 역사를 간직한 국가 상징 광장이자 열린 일상의 민주 공간으로 재탄생하기를 기대합니다.

17

모두에게 좋다! 정답은 제로페이다

2019년 4월 기준으로 서울시 최대 현안 중 하나는 제로페이 사업입니다. 2018년 12월 20일 시범서비스를 시작하고 가맹점 모집 5개월 만에 10만 호를 돌파(서울 시내 생활밀착형 업종 네 곳 중 한 곳이 제로페이 가맹점으로 등록)했지만, 당초 목표치보다 저조하기 때문입니다. 박원순 시장은 4월 16일 한국공인노무사회와 제로페이 활성화 업무협약을 맺은 자리에서 "제로페이는 무엇보다도 벼랑 끝에 놓여있는 자영업자를 위한 정책"이지만, 사람들의 "지불의 문화를 바꾸고 습관을 바꾸는 것이기 때문에 (시행이) 쉽지 않다"라고 말했다는 기사[1]가 있습니다. 이보다 앞선 3월, 한국외식문화연구원의 설문조사 결과를 보면 소비자의 67%는 제로페이를 긍정적으로 평가하고, 59%는 제로페이를 사용할 의향이 있다고 응답했습니다. 따라서 지금까지 지적된 문제점들을 보완하면 4차 산업혁명 시대에 핀테크 기술을 활용한 편리한 결제 수단이 될 것으로 전망합니다.

서울시 정책 중 제로페이만큼 오랫동안 뉴스거리가 된 사례는 거의 없

1 박원순, "제로페이 만만치 않다 …… 지불문화 바꾸는 것", 뉴시스, 2019.4.16.

2019년 3월 서울 중랑구 우림골목시장에서 제로페이로 결제를 한 박원순 서울시장과 스마트폰으로 입금액을 확인하고 환하게 웃는 상인(사진: 서울시 대변인실 이용섭)

습니다. '서울시 제로페이'로 2018년 6월부터 2019년 4월까지 11개월 동안의 뉴스를 검색했더니 무려 4100여 건의 기사가 나왔습니다. 이슈가 있을 때 집중적으로 뉴스가 나왔지만 일평균 12.2건의 기사가 생산된 셈입니다. 뉴스는 생명이 짧습니다. 휘발성이 강해 어지간히 큰 이슈가 아니면 매일매일 생산되는 뉴스에 파묻히기 마련입니다. 여기서는 왜 제로페이가 오랫동안 언론의 관심을 받고 있는지 제 나름대로 네 가지 측면에서 분석해 보겠습니다.

① 제로페이는 정부와 지자체가 협력하는 신규 정책으로, 많은 국민들이 수혜자가 되니 좋은 뉴스거리가 되었다고 생각합니다. 제로페이는 신용카드 결제망을 거치지 않고 스마트폰으로 QR(Quick Response) 코드를 활용해 결제 대금이 소비자의 은행계좌에서 판매자의 계좌로 직접 입력되는 오프라인 간편결제 시스템입니다. 이 사업은 박원순 시장이

2018년 4월 3선 시장에 도전하며 내세운 '자영업자들의 신용카드 수수료 부담을 줄이는 서울페이(Seoul-Pay)[2] 도입' 공약에서 시작되었습니다. 몇 달 후에는 여당, 정부(중소벤처기업부), 다른 지자체까지 참여하는 프로젝트로 커졌고, 전국적으로 확산되고 있습니다.

② 제로페이 사업으로 이익을 보거나 손해를 보는 이해관계자(stakeholder)들이 많아 언론의 주목을 받고 있습니다. 제로페이는 신용카드 수수료 때문에 힘들어하는 자영업자와 소상공인을 위한 사업이므로, 이분들이 가장 큰 이익을 봅니다. 일반 소비자도 제로페이를 쓰면 신용카드나 현금영수증보다 더 많은 소득공제를 받을 수 있으므로 이익을 얻습니다. 제로페이는 계좌 기반의 결제 서비스이므로 은행도 이익을 볼 수 있습니다. 언론보도를 종합해 보면 소비자, 소상공인연합회, 중소기업중앙회, 은행, 간편결제 서비스업체, 그리고 사업의 주체인 정부와 서울시 등이 이익을 보는 이해관계자입니다. 그러면 제로페이로 손해를 보는 이해관계자는 누구일까요? 제로페이는 신용카드의 대체결제 수단이기 때문에 신용카드업계는 시장 축소, 영업 손실 등의 피해를 입을 수 있습니다. 페이시장에 공공 페이가 합류하는 셈이니 기존의 민간 페이 사업자도 손해를 볼 수 있습니다. 신용카드사의 결제 대행업체인 VAN사[3]도 영업수익이 감소할 수 있습니다. 즉 신용카드사, 페이사업자, VAN사가 손해를 보는 이해관계자라고 할 수 있습니다. 하지만 카카오페이와 VAN사들이 제로페이 사업에 합류하면서 이해관계 셈법이 달라진 것으로 추정됩니다. 일부 전문가는 제로페이의 등

2 2018년 11월 20일에 중소벤처기업부와 서울시는 서울페이의 공식 명칭으로 '제로페이 서울'을 쓰기로 했습니다.

3 VAN사: 부가통신사업자라고 하는데 카드사와 가맹점 간의 결제 승인 업무를 중개하면서 수수료를 받는 사업자입니다. KICC(한국정보통신), NICE(나이스정보통신) 등이 국내 주요 VAN사입니다.

장으로 신용카드사들도 살아남기 위해 수수료를 인하하는 메기효과[4]를 얻을 수 있다고 분석했습니다.

③ 제로페이가 뉴스로서 생명력이 긴 또 다른 이유는 끊임없이 생기는 이슈(84~85쪽 표 참조)와 관련이 있습니다. 새로운 제도나 정책이 시행될 때 혜택을 받는 쪽보다는 불이익이나 피해를 보는 쪽의 목소리가 크게 마련입니다. 제로페이 관련 뉴스들을 분석해 보면 정부와 서울시가 새 소식을 발표할 때마다 손해를 보는 이해관계자들의 목소리를 강조한 기사가 꽤 많습니다. 언론은 정부나 지자체의 홍보 채널이 아니라 공정하고 객관적으로 보도하고 국민의 알권리를 신장할 사회적 책임이 있기 때문에 비판 보도를 많이 한 것으로 판단됩니다. 그리고 특정 사안에 대해 통신사나 몇 개 언론사들이 부정적인 프레임으로 보도하면 다른 매체들도 비슷한 방향으로 후속보도를 하는 경우가 많습니다.

④ 마지막으로 제로페이에 관심을 갖는 이유는 잠재적 대권 후보로 거론되는 박원순 시장의 3선 도전 핵심 공약 중 하나이기 때문입니다. '서울시 제로페이'라는 기사 제목과 '박원순표 간편결제'라는 제목은 느낌이 확연히 다릅니다. 사업 초기에는 여당을 비롯해 정치권에서도 미온적 태도라는 뉴스가 나왔고, 야권 인사가 "본인 실적 쌓기에 공무원을 활용 마라"라며 날선 비판을 했다는 보도도 있었습니다. 2019년 3월에는 서울시와 민주당이 제로페이의 전국 확산을 위해 공동 노력을 약속했다는 기사가 나왔습니다.

박원순 시장은 '관제 페이라는 비판은 부당하고, 제로페이는 자영업자들의 어려움을 해결하기 위해 공공과 민간이 함께 이룬 사회적 협치의

4 메기효과: 미꾸라지를 수족관에 넣어 장기간 운송할 때 메기 한 마리를 넣으면 미꾸라지들이 메기를 피하느라 생기를 얻어 죽지 않는 것처럼, 막강한 경쟁자의 존재가 다른 경쟁자들의 잠재력을 끌어올리는 효과를 말합니다(네이버 지식백과).

자랑스러운 사례'라고 강조한 바 있습니다. 2018년 12월 시범 서비스를 실시한 '제로페이 서울'이 그동안 언론과 전문가들이 지적한 문제점을 개선·보완하여 사용이 편리하고 혜택이 많은 '제로페이 2.0'으로 본격 출범하길 기대해 마지않습니다. "모두에게 좋다! 정답은 제로페이다"라는 슬로건과 함께 어느 전문가의 제안처럼 '빚지지 말고 제로페이 하세요'라는 메시지[5]도 병행하면 좋을 듯합니다.

제로페이 사업관련 주요 이슈 1

날짜	주요 내용
2018년 4월 15일	박원순 시장, 3선 도전 공약으로 자영업자들의 신용카드 수수료 부담 완화하는 '서울페이' 도입 발표
2018년 7월 25일	서울시 '소상공인 수수료 부담 제로 결제 서비스' 연내 도입 발표, 29개 관계기관과 협약 체결 - 국내 11개 시중은행, 5개 결제 기술 기업 등
2018년 9월 3일	박원순 시장, "서울시의 독자적인 새로운 결제 시스템 '서울페이(제로페이)'로 연매출 5억 원 이하의 자영업자에게 수수료 0% 혜택 전면 적용하겠다"라고 시의회에 답변
2018년 10월 15일	정부와 서울시, 소상공인 전용 페이 '제로페이' 시범 사업 시행일 12월 17일로 확정
2018년 10월 29일	중소벤처기업부, 서울시와 함께 가칭 '제로페이' 사업 공동가맹점 모집 시작
2018년 11월 7일	카카오페이와 BC카드, 제로페이 사업 불참 결정
2018년 11월 20일	서울시와 중소벤처기업부, 서울페이의 공식 명칭으로 '제로페이 서울' 확정
2018년 12월 3일	서울시, 정부, 부산, 경상남도 등 지자체, 프랜차이즈 가맹본부 등 30개 기관과 제로페이 활성화 업무협약 체결 - 전국 6만 2465개 프랜차이즈 가맹점 '제로페이' 동참
2018년 12월 5일	서울시, "11월 28일 기준 제로페이 가맹점은 1만 6756곳으로 시 전체 소상공인 약 66만 명의 2.5%"라고 공개
2018년 12월 7일	서울시, '제로페이 사업에 28개 은행과 간편결제사 참여' 발표
2018년 12월 20일	'제로페이 서울' 시범서비스 시작

5 자료: 오마이뉴스, 2019.4.11. "제로페이, '소상공인 지원' 메시지 이젠 접어야".

제로페이 사업관련 주요 이슈 2

날짜	주요 내용
2019년 1월 17일	서울시, '제로페이 가입 신청 소상공인 사업체는 약 5만 4000개로 시 전체 소상공인 사업체(66만 개)의 8%'라고 공개. 이용 실적은 미공개
2019년 1월 18일	대한민국시도지사협의회 '제로페이, 전국 확대 시행 선언'
2019년 1월 20일	서울시, '4월 15일 법인용 제로페이 출시 위해 시금고인 신한은행과 시스템 개발 착수' 언급
2019년 1월 21일	카카오페이, 제로페이 사업 참여 결정
2019년 1월 28일	중소벤처기업부, 전국 핵심 상권 109곳 대상 가맹점 모집 시작
2019년 2월 4일	서울시, '1월 22일 현재 제로페이 가맹 신청은 5만 8354곳, 시 전체 66만 자영업자의 9% 수준' 공개
2019년 3월 4일	부총리, '신용카드 사용액 소득공제 축소 가능성 검토 예정' 공식 언급
2019년 3월 5일	서울시-중소벤처기업부, '제로페이 소비자 유인책 강화' 발표 - 4월 중순 이후부터 6대 편의점 시작
2019년 3월 6일	금융감독원 집계 결과, '19년 1월 제로페이 결제 실적(은행권 중심)은 8633건, 결제 금액은 약 1억 9949만 원
2019년 3월 28일	서울시-민주당, 제로페이 전국 확산 공동 노력 약속
2019년 4월 1일	서울시, 제로페이 가맹점 모집 5개월 만에 10만 호 돌파

18

서울시와 강남구의 싸움

"진정성 없이 언론을 이용하려 해서는 안 된다. 언론의 사명과 역할을 존중하면서 언론의 힘을 최대한 활용해야 한다." 저는 이 말에서 '이용'은 부정적인 의미로, '활용'은 긍정적인 의미로 썼는데 현실도 그럴까요? 대변인실 근무 시절 모 방송기자에게 이렇게 이야기했더니 그 기자는 "주무관님, 도둑부터 대통령까지 모두 다 언론을 이용한다"라고 농담 반 진담 반으로 말한 적이 있습니다. 서울시와 강남구가 정책 추진 과정에서 첨예한 갈등을 빚었을 때 어떻게 언론을 이용했는지, 그 결과는 어땠는지 살펴보겠습니다.

서울시는 도시 경쟁력 강화를 위해 2014년부터 강남구 삼성동(코엑스)부터 송파구 잠실동(잠실종합운동장) 일대에 국제 업무, 마이스(이하 MICE),[1] 스포츠, 문화·엔터테인먼트가 어우러진 '서울국제교류복합지구' 조성 사업을 추진하고 있습니다. 주요 사업은 영동대로 지하공간 복합개발, 현대자

1 마이스(MICE): 기업회의(Meeting), 포상관광(Incentive trip), 컨벤션(Convention), 전시박람회(Exhibition)의 영문 앞 글자를 딴 용어로 전시·컨벤션 산업을 의미합니다.

코엑스~잠실종합운동장 일대(199만 m^2)를 2025년까지 국제 업무, MICE, 스포츠, 문화·엔터테인먼트 산업이 어우러진 세계적 명소로 만드는 '서울국제교류복합지구' 조감도(사진: 서울시 동남권사업과)

동차 GBC 건립, 올림픽주경기장 리모델링, 잠실 스포츠·MICE 민간투자사업 등이 있습니다.

총사업비 9조 원이 넘는 초대형 프로젝트인데 이 사업비에는 현대자동차가 글로벌비즈니스센터(이하 GBC)를 건립하면서 서울시에 제공하는 공공기여[2] 1조 7491억 원이 포함되어 있습니다. 갈등의 핵심은 이 돈입니다. 강남구는 현대차 GBC가 강남에 지어지니 이 돈은 강남구에만 써야 한다고 주장하고, 서울시는 사업계획 단계부터 국제교류복합지구 조성 사업비로 활용하겠다고 밝혔으므로 송파구 잠실종합운동장 개발사업에도 써야 한다는 입장이었습니다. 강남구는 2015년 4월부터 보도자료를 배포하며 서울시가 충분한 협의도 없이 사업을 강행한다고 유감의 뜻을 표명했습니다. 이

2 공공기여: 지자체가 개발 과정에서 토지 용도변경이나 용적률 상향 조정 등 각종 규제를 완화해 주는 대신 기반시설 부지나 설치 비용을 사업자로부터 받는 것을 말합니다(한경 경제용어사전).

일이 있기 전, 서울시와 강남구는 구룡마을 개발, SETEC(서울무역전시장) 부지에 제2시민청 건립 문제로 이미 갈등이 있었는데, 언론은 "서울시와 강남구의 갈등 3라운드가 시작되었다"라고 보도했습니다. 언론은 주로 약자 편입니다. 정부와 지자체가 대립을 하면 지자체의 입장에서, 광역지자체와 기초 지자체 간에 갈등이 있으면 기초 지자체를 옹호하곤 합니다. 서울시와 자치구 간에 마찰이 생기면 '서울시가 큰형님이니 양보하고 감싸 안아야 한다'는 식으로 보도를 합니다. 어김없이 언론은 강남구와의 갈등을 서울시와 자치구 간의 싸움이라는 프레임으로 기사를 썼습니다.

2015년 3월 17일, 서울시가 국제교류복합지구 조성을 위해 '종합무역센터주변지구 지구단위계획구역'을 잠실운동장까지 확대하겠다는 보도자료를 배포하자, 4월 5일 강남구는 "지구단위계획구역 확장에 반대한다"라는 내용의 보도자료를 배포하며 포문을 열었습니다.[3] 그리고 다음 날 오전 강남구청장은 갑자기 시청에 찾아와 몇몇의 강남구 주민과 함께 시장 면담을 강력히 요구하고, 50여 명의 주민들은 시청 1층 로비를 기습 점거한 후 "지구단위계획구역 확장 반대, SETEC에 제2시민청 건립 반대" 구호를 외치며 불법시위를 벌였습니다. 이 사건을 시작으로 서울시와 강남구는 8개월 동안 총 27회의 언론보도를 이용해 극심히 대립했습니다. 서울시는 기자설명회를 4회 개최하고 보도자료와 해명자료를 아홉 번 배포했으며, 강남구는 14회에 걸쳐 보도자료를 냈습니다. 서울시가 사업 추진의 주요 내용을 발표하면, 강남구는 즉시 반대 입장의 보도자료를 내서 후속기사를 이끌어냈습니다. 공공기관의 보도자료인데도 "서울시의 갑질행정, 꼼수행정, 무법행정, 서울시 횡포에 분노"라는 자극적인 표현을 서슴지 않았

3 관계 법령상 공공기여는 지구단위계획구역 안에만 쓸 수 있습니다. 서울시가 계획구역을 잠실종합운동장까지 확장하면 현대차의 GBC 공공기여는 강남구뿐만 아니라 잠실운동장이 있는 송파구까지 쓸 수 있게 됩니다.

습니다. 원색적으로 서울시를 힐난하는 보도자료를 볼 때마다 끓어오르는 분노를 가까스로 참고 참았습니다. 서울시가 일관되게 "공공기여는 송파구까지 써야 한다"라는 입장을 고수하자 나중에는 "사업 추진에 강남구를 배제하려면 차라리 '강남특별자치구'를 만들어 서울시에서 빼달라"라는 내용의 보도자료까지 만들어 언론에 배포했습니다. 그 와중에 일단의 강남구 주민들은 '강남구 범구민비상대책위원회'를 구성하고, 지구단위계획구역 확대 과정에서 저를 포함한 서울시 공무원 다섯 명이 직권남용, 직무 유기, 명예훼손을 했다며 서울중앙지검에 형사 고발을 했습니다. 어이가 없었습니다.

갈등 초기에는 언론이 큰 관심을 갖고 서울시와 강남구의 보도자료에 따라 큼직큼직하게 기사를 썼고, 나중에는 기사의 분량은 줄어들었지만 보도자료를 낼 때마다 관련 기사는 이어졌습니다. 친분 있는 기자들에게 하소연을 했더니 "서울시도 잘못한 점이 있지만 강남구가 너무하다고 생각한다. 개인적으로 기사를 쓰기 싫지만 보도자료를 내면 쓸 수밖에 없다. 제발 보도자료 좀 그만 내라"라고 오히려 부탁을 하더군요. 강남구는 구룡마을 개발과 제2시민청 건립 문제로 서울시와 다퉜을 때의 언론 이용 경험을 바탕으로 보도자료마다 새로운 내용을 추가해 강남구에 유리한 뉴스 기사를 지속적으로 이끌어냈습니다. 강남구는 서울의 25개 자치구 가운데 언론홍보를 잘하는 자치구 중 하나입니다.

강남구는 서울시와의 싸움에서 지더라도 별로 잃을 것이 없다고 생각했습니다. 1조 7941억 원의 큰돈 중 많은 액수가 강남을 위해 쓰일 것이고, 영동대로 지하공간 복합개발로 인한 교통 접근성 향상, 현대차 GBC 건립의 경제적 효과까지 감안하면 부유한 강남구는 더 좋아지는 셈입니다. 그러나 서울시가 패하면 국제교류복합지구 조성 사업 차질, 시정 이미지 훼손, 시장 리더십 손상 등 커다란 피해를 입습니다. 서울시가 큰 정책을 추진하면서 꼼꼼하게 일처리를 했어야 하는데, 지구단위계획구역 확대 시기와 사전 협상 지침 개정 과정에 오해를 불러일으키고,[4] 지구단위계획구역을 확대하는 법적 절차를 밟는 과정에서 실수를 범해 강남구에 빌미를 제공한 것은 아쉬운 대목으로 남습니다.

강남구와의 싸움은 격렬해지다가 마침내 같은 해 8월 18일 강남구청장과 48명의 주민들이 서울시의 지구단위계획 결정고시가 무효라는 소송을 제기하며 법정다툼으로 이어졌습니다. 언론은 서울시와 강남구가 대승적 협력을 못 하고 볼썽사납게 이전투구를 한다고 비판했습니다. 서울시와 강남구의 밥그릇 싸움에 GBC 건립사업 주체인 현대차만 사업 추진이 지연되는 손해를 입고 있다고 지적했습니다. 한편으로는 당적이 다른 서울시장과 강남구청장과의 정치적 대결이라고 표현했습니다. 소송이 진행되면서 언론을 이용한 공방전은 줄어들었습니다. 그 후 시간이 흘러 강남구가 제기한 소송은 1심과 2심 모두 서울시의 승소로 끝나고, 강남구청장은 불미스러운 일에 연루되어 강남구를 떠났습니다. 저는 1년 동안의 유쾌하지 못한 경험을 가지고 다른 부서로 옮겼고, 2016년 5월에 서울중앙지검으로부터 강남구 주민들의 고발 건에 대해서는 증거 불충분으로 '무혐의 처분'한다는 통보를 받았습니다. 저를 고발한 강남구 범구민비상대책위원회의 주민과는 나중에 따로 만나 화해를 하고 서로 페이스북 친구가 되어 지금까지 친분을 유지하고 있습니다.

공무원이 영혼이 없다고 비판받는 경우가 있습니다. 「지방공무원법」 제49조에 따라 저 같은 서울시 공무원은 서울시장의 직무상 명령에 복종해야 하고, 강남구 공무원은 강남구청장의 명령에 복종해야 합니다. 직업공

4 강남구는 서울시가 사전 협의 없이 2015년 3월 '도시계획변경 사전 협상 운영지침'을 개정해 협상조정협의회의 자치구 참여를 배제하고, 주민설명회 개최 근거도 삭제했다고 주장했습니다.

무원으로서 주어진 임무를 수행할 따름입니다. 전임 시장 때 핵심 사업을 지휘했던 고위공직자가 당적이 다른 시장이 당선되자 그 사업의 폐지를 맡았다고 한 언론의 비난이 기억납니다. 직업공무원의 숙명이라고 하면 변명이 될까요?

19

서울시티투어버스 소유주는 서울시?

동남권공공개발추진단에서 강남구와 심한 갈등으로 기력이 쇠진한 후 관광사업과로 부서를 옮겼는데, 또다시 강남구와 갈등 중인 업무를 맡았습니다. 강남구가 자체적으로 운영하는 시티투어버스의 노선을 강북으로 연장해 달라고 수차례 건의했는데 서울시가 2년 넘게 결정을 미뤄 이용객이 줄고 있다는 주장이었습니다. 1년 동안 강남구 때문에 고생하고 검찰에 형사 고발된 것을 생각하면 협조해 줄 생각이 없었는데, 서울 관광 활성화라는 대승적인 차원에서 강남과 강북에 따로 운영되던 시티투어버스 노선을 4개월 후에 연결했습니다.

여기서는 언론이 민간기업이 운영하는 시티투어버스를 마치 서울시가 운영하는 것처럼 보도해 서울시를 압박한 사례를 살펴보겠습니다. 뉴욕이나 파리 등 해외 도시에 가면 시티투어버스가 있듯이 서울에도 관광용 시티투어버스가 있습니다. 서울시티투어버스라는 명칭 때문에 서울시가 직접 운영하는 것으로 오해를 받는데, 서울시는 민간에 재정 지원 없이 한정면허만 교부하고 면허를 받은 운송업체가 직접 운영하는 민간사업입니다. 서울과 공항을 오가는 공항버스와 똑같은 사업 방식이지요.

서울 광화문광장 앞을 지나는 서울시티투어버스(사진: 서울시 관광사업과)

서울시는 늘어나는 외국인 개별 관광객이 즐겨 찾는 관광 교통수단이 될 수 있도록 서울시티투어버스를 홍보해 주는 역할을 하고 있는데, 언론은 서울시가 실질적인 운영자로서 관리를 제대로 못하고 있다는 비판 보도를 여러 번 했습니다. 2016년 3월 서울시가 노선 신설, 강남·북 환승 연결, 버스 도착 안내 시스템 설치를 골자로 한 '서울시티투어버스 운영개선계획'을 발표한 적이 있습니다. 발표 직후에는 많은 언론이 매우 긍정적으로 보도를 했는데 시간이 조금 흐르자, "텅텅 빈 차로 운행한다, 교통체증으로 운행 시간이 불확실하다, 홍보가 부족해서 외국인들이 모른다, 차내 안내 서비스도 부실하다, 내실을 다지기보다는 노선 늘리기에 급급하다"라는 내용의 부정보도가 이어졌습니다.

서울시티투어버스는 독특한 외형으로 좋은 그림이 되므로 신문보다는 방송 뉴스 아이템으로 좋습니다. 2016년 5월 갑자기 KBS 기자가 저에게 전화를 해서 시티투어버스 관련 인터뷰를 요청한 적이 있습니다. 시출입기자도 아닌데 왜 서울시 사업을 취재하는지 궁금해 친분이 있던 KBS 기자에게 물어봤더니, 기획취재를 하는 기자인데 아무래도 부정보도인 것 같다고 귀띔해 줬습니다. 지상파 TV 뉴스 인터뷰는 과장급 이상 공무원이 하는데 제가 담당팀장으로 서울시의 역할, 시티투어버스 사각지대 해소, 서비스 개선 등의 노력을 취재기자에게 열심히 설명했습니다. 그렇지만 아쉽게도 토요일 메인 뉴스에 2분 넘게 부정적으로 보도되었습니다. 전체 사실 중 일부분만을 부각해 나쁜 인상을 준 왜곡 보도라 생각했고, 제 인터뷰 내용도 전혀 나오지 않아 기분이 좋지 않았습니다. 뉴스 화면에 텅텅 비었다고 보여준 시티투어버스는 두 개 사업자 중 이용객이 상대적으로 적은 업체가 운영하는 버스였습니다.[1]

그 후로도 영업이 잘 되지 않는 그 사업자의 버스만 취재해 보도하니 '너무하다'는 생각을 자주 했습니다. 보도 내용 중에는 "민간자율운영이라고 하면서도 서울시가 노선과 요금을 통제해 경영수지 맞추기가 어렵다"라는 사업자의 주장도 실었습니다. 사업자가 얄미웠지만 요금도 올려주지 않고 부정보도가 나올 때마다 '이렇게 하라, 저렇게 하라'는 서울시의 요구를 받아야 하는 업체의 사정이 이해는 되었습니다.[2] 서울시가 재정지원을 하지 않길망정이지 사업체에 보조금을 지급했더라면 아마 더 높은 수위의 비판 보도가 이어지고, 이를 빌미로 서울시의회의 행정사무감사에서 국회의 국정감사까지, 서울시를 추궁하는 일이 벌어졌을 것입니다.

1 서울시티투어버스는 2개 업체가 7개 노선을 운영하고 있습니다. ㈜허니문여행사가 4개 노선의 빨간색 버스를 운영하고, 여행사 노랑풍선의 자회사인 ㈜서울투어버스여행이 3개 노선의 노란색 버스를 운영하고 있습니다.

2 서울시는 시티투어버스의 서비스 개선을 조건으로 나중에 요금을 인상해 주었습니다.

20

동전의 한쪽 면만 쓰고 싶은 언론

뉴스를 보면 종종 동일한 내용의 보도에 대해 언론사 간 기사 방향과 논조에 큰 차이가 있는 것을 알 수 있습니다. 동전에 관한 기사를 쓴다고 가정하면 A 언론사는 동전의 앞면만 강조를 하고, B 언론사는 동전의 뒷면만 부각시켜 쓰는 경우입니다. 그러한 예 중에서 재건축에 관한 기사 한 가지를 소개합니다.

2009년 12월 16일 자 S 경제신문 오피니언 지면에 "이상한 재건축연한 단축"이라는 기사가 실렸습니다. 기사 내용은 이렇습니다. 서울시의회 의원들이 내진설계가 안 된 아파트의 재건축 가능 연한을 현행 40년에서 30년으로 줄이자고 서울시 조례 개정을 발의했습니다. 서울시에 있는 오래된 건물들은 지진이 나면 위험하니 재건축을 해 튼튼하게 다시 지어야 한다는 이유였습니다.

그런데 취재기자는 "지진 때문에 위험하니 재건축을 빨리 하도록 해야 한다"라는 시의원들의 주장에 이의를 제기했습니다. 2008년에 서울에 단 한 건의 지진도 발생하지 않았으며, 과거 30년 동안 국내에서 발생한 수백 건의 지진 중 서울에서 일어난 것은 두세 건에 지나지 않는다는 것입니다.

재건축을 앞두고 있는 서울의 어느 아파트 단지(사진: 조경익)

따라서 내진설계를 이유로 재건축 허용 연한을 앞당기자는 논리는 설득력이 떨어진다는 주장이었습니다. 기자는 나아가 부동산시장에서 재건축이 재산 증식 수단으로 활용되고 있다고 언급하면서, 그렇게 재건축 연한을 완화하자는 것은 낡은 집을 고쳐 재산을 늘리려는 것이 솔직한 이유일 거라고 지적했습니다. 그리고 재건축 연한 단축이 부동산시장에 미치는 영향, 국가적인 자원 낭비, 환경 피해 등을 충분히 고려해야 한다고 했습니다.

취재기자는 "주민들이야 다들 낡은 아파트를 새로 지어 재산을 늘리고 싶더라도 정책을 담당하는 시의원은 공익을 생각하는 폭넓은 시각에서 이 문제를 처리해야 한다"라고 기사를 끝맺었습니다.

한편 이 기사가 나기 며칠 전인 12월 5일 K 방송은 재건축 연한 단축에 관해 다음과 같이 스트레이트 뉴스를 보도했습니다. 카메라는 서울시의회 앞에서 재건축 연한을 줄여달라고 시위하는 주민들의 모습을 잡았습니다. 그리고 낡은 아파트에 사는 주민에게 불편한 점이 무엇인지 인터뷰를 따고, "(노후) 아파트가 내진설계도 안 되어 있고, 지하주차장이 없어 불편하니 재건축을 빨리할 수 있도록 관련 조례를 개정해야 한다"라고 주장하는 시의원의 인터뷰도 보여주었습니다. 보도의 공정성을 위해 서울시 관계 공무원의 "재건축 연한 단축으로 주택 가격이 앙등할 우려가 있다"라는 인터뷰도 넣었습니다.

하나는 신문의 칼럼 형식 기사이고 다른 하나는 방송의 스트레이트 뉴스라서 비교가 어려울 수 있지만, 이처럼 똑같은 사안에 대해 언론사마다 또는 취재기자마다 바라보는 시각이 다릅니다. 항상 그런 것은 아니지만 언론보도는 쌍방보다는 일방의 주장이나 입장을 부각시키는 경우가 자주 있습니다. 독자의 호기심을 자극하기 위해 제목을 부풀리거나 선정적으로 뽑는 경우도 많습니다. 기자들은 이런 제목을 보고 "섹시하게 뽑았다"라고 합니다. 이런 면에서 보면 S 경제신문 기사와 K 방송 뉴스는 분명히 관점의 차이가 있습니다.

시간이 조금 흐른 2010년 2월 4일, S 경제신문에 똑같은 기자가 "재건축 연한 단축을 위한 궤변"이라는 제목으로 다시 한번 서울시의회의 재건축 허용 연한 단축 주장은 그 논리가 군색하다는 기사를 썼습니다. 내용인즉슨 시의회가 2010년 또다시 재건축 허용 연한을 줄이자며 조례 개정을 추진하고 있는데, 2009년 말에 추진했던 조례 개정이 큰 호응을 얻지 못했고 '집값 상승 우려' 여론 때문에 무산되었다는 것을 이유로 들었습니다.

이 기사에는 새로운 뉴스 하나가 추가되었습니다. 강북의 어느 자치구(N구)가 시의회의 조례 개정 움직임에 뜻을 같이하고 "강남권에 재건축이 집중되어 있어 집값이 불안하니, 재건축 연한을 완화해서 집값 안정에 도움이 되도록 해야 한다"라고 주장했다는 것입니다. 하지만 "재건축 가능 연한이 짧아져 강북에 있는 아파트의 재건축이 늘어나면 강남 재건축 아파트 값이 안정화될 것이라는 N구의 주장은 설득력이 떨어진다"라고 기자는 지적했습니다. 재건축 단지의 가격이 오르는 명확한 이유는 '아파트의 높아진 가치'이기 때문에, 오히려 강남·북의 집값이 동시에 뛸 우려가 있다고 기자는 봤습니다. 기사의 마지막에는 2010년 6월 지방선거든 다른 이유로든 재건축 연한을 완화하겠다면 서울시의회와 N구는 좀 더 정교한 논리를 만들어야 할 것이라고 했습니다.

그 후 더 이상의 후속보도는 없었습니다. 그런데 2011년 3월 '서울특별시 공동주택 재건축 정책자문위원회'가 공동주택의 재건축 연한은 유지되어야 한다고 발표하면서 아파트 재건축 연한 단축 문제가 다시 부각되었습니다. 언론은 서울시의 견해를 객관적으로 보도하면서도, 한편으로 "내진설계가 안 된 아파트 주민들이 서울시 발표에 불만을 제기했다"라고 덧붙였습니다. 게다가 2011년 3월 11일 일본 대지진이 발생하자, 불안감을 느낀 노후 아파트 주민들이 '재건축 연한 단축 요구'를 거세게 요구할 것이라는 보도가 이어졌습니다. 서울시의회가 또다시 노후 아파트의 재건축 연한을 단축하는 내용의 관련 조례 개정을 추진한다는 보도도 나왔습니다.

2014년 9월 1일, 정부는 재정비규제 합리화로 주택시장의 활력을 회복하기 위해 최장 40년의 재건축 연한을 30년으로 단축하겠다고 발표했습니다. 그러자 언론은 특정 수혜 지역을 언급하며 찬성하는 기사와 전세난 및 투기 재연이 우려된다는 반대 입장의 분석 기사들을 보도했습니다. 4년이 지난 2018년에는 과열된 주택시장을 안정화하기 위해 정부가 다시 재건축 허용 연한 강화 가능성을 언급하자, 마찬가지로 언론은 정책 지지와 반대 기사들을 쏟아냈습니다. 앞으로도 노후 아파트의 재건축 연한은 이슈가 될 때마다 언론이 민감하게 반응할 것으로 예상됩니다.

21

서울시의 굴욕, 복지포인트 특종

2010년 2월 초 지방자치단체 공무원에게 매월 지급되었던 현금 성격의 복지포인트가 언론의 도마에 올랐습니다. 당시 ≪문화일보≫(석간)가 특종으로 보도했는데, 복지포인트 보도는 언론의 힘이 얼마나 대단한지, 또 언론보도에 대한 대응이 얼마나 중요한지를 여실히 보여준 사례라 할 수 있습니다.

대변인실은 ≪문화일보≫의 이 뉴스를 보도일인 2010년 2월 1일 오전에 감지했습니다. 문화일보 사진기자가 시청 연금매장에 사진을 찍으러 왔다가 친분이 있는 제 옆자리의 모 주무관을 만났습니다. 그 기자는 조심스럽게 보도 내용을 언급했고, 기자 출신인 그 주무관은 신속히 내부에 보고를 했습니다. 약 1시간 반 후 인터넷에 해당 기사가 먼저 떴고, 이어서 동일한 기사가 신문 지면에 보도되었습니다. 전형적인 비판기사였습니다. 서울시는 기분이 나빴겠지만, 기사의 제목은 독자의 시선을 끌기에 충분했습니다. "임금동결 했다더니 …… 복지포인트로 눈가림 인상, 대통령도 국민도 속였다." 이 정도면 내용을 잘 모르는 독자들의 호기심을 자극하기에 부족함이 없어 보입니다. 도대체 무슨 내용인지 읽어볼 수밖에 없는 것이지요.

서울시는 "복지포인트를 한 달에 3만 원 정도 인상한 것"이라고 주장했는데, 해당 신문은 서울시와 자치구가 엄청난 잘못을 저지른 것처럼 기사를 썼습니다. 16개 광역지자체의 2010년도 복지포인트 지급 현황을 표로 보여주었는데, 기사 내용의 많은 부분을 서울시 지급 문제에 할애했습니다. 이 단독보도의 파괴력은 상상 이상이었습니다. 제가 대변인실에 온 후 두 번째로 파급효과가 큰 특종인 것 같았습니다. 같은 날 저녁 방송 뉴스의 자막을 시작으로 다음 날 대부분의 조간신문이 이 기사를 받아 큼직하게 후속보도를 냈습니다. 그다다음 날은 몇 개 신문에 사설까지 나며 비판 수위가 최고조에 이르렀습니다. ≪한국경제≫는 사설에서 "철면피"라는 단어까지 쓰며, 복지포인트 인상 주동자들을 문책해야 한다고 주장했습니다.

당시 정부의 물가안정 정책이 큰 이슈라 시의적으로 아주 잘 먹힌 뉴스였습니다. "뭐 별것 아닌데요?"라고 말한 기자들까지 받아쓰게 한 대박 뉴스였습니다. 해당 신문의 최초 보도 직후 다른 언론사 기자들의 사실 확인 문의가 쇄도하자 대변인실은 담당 부서의 요청에 따라 해명자료를 언론사들에 배포했습니다. 그런데 이 해명자료가 또 다른 후속보도의 빌미가 되었습니다. ≪문화일보≫가 다음 날인 2월 2일 사설을 통해 "말도 안 되는 억지 변명"이라고 호되게 비판했습니다. 앞에서 말씀드린 대로 해명자료는 보도 내용 중 객관적으로 잘못된 사실을 바로잡기 위해 언론에 제공하는 자료입니다. 그런데 복지포인트 보도의 해명자료는 잘못된 사실을 바로잡은 것이 아니라, 왜 복지포인트를 인상했는지 설명하기에 급급했습니다. 차라리 해명자료를 뿌리지 말았어야 했습니다. 메가톤급 보도를 해명하기에는 역부족이었습니다. 최초 보도 다음 날 여러 언론사가 해당 기사를 받아쓰자, 고무된 ≪문화일보≫는 사설과 스트레이트 기사, 박스 기사 등 다양한 방법으로 한 개 이상의 지면을 할애해 후속보도를 실었습니다. 언론의 이런 집중포화를 빠져나가기란 거의 불가능합니다. 서울시는 버티다가

백기를 들었습니다. 그 후 ≪문화일보≫는 "서울시가 금년도 복지포인트 인상을 철회하고, 자치구에도 공문을 보내 복지포인트 인상분을 환원하라고 강력하게 요구했다"라고 보도했습니다.

비판 보도가 예상되거나 이미 기사화되었을 때 사업 부서에서는 언론 대응에 대해 반드시 대변인실과 상의해야 합니다. 그리고 가능한 한 대변인실의 권고를 따르는 것이 좋습니다. 사업 부서 측에서는 위에서의 강력한 지시와 나중에 있을 감사를 생각해 해명자료를 뿌려야 한다고 하지만, 언론에 대한 대응은 단순하거나 성급해서는 안 됩니다. 예전에 청와대 대변인이 출입기자들에게 고개 숙여 사과했다는 뉴스를 본 적이 있습니다. 이렇듯 언론의 힘은 막강하고 무섭습니다.

22

아니, MBC가 왜 서울시를……

이 제목이 어떠신가요? 인터넷에서 뉴스 검색을 하다 보면 이처럼 호기심을 자극하는 기사들이 있습니다. 언론사들은 뉴스 조회수를 높이기 위해 자극적이거나 선정적인 제목을 쓰기도 합니다. 이런 경우 제목에 혹해 클릭했다가 '낚이는' 경우가 많은데요, 저는 최근에 "창 닫고 공기청정기 돌리니 미세먼지 대신 의외의 복병"이라는 제목을 보고 클릭한 적이 있습니다. 스마트폰의 스크롤바를 계속 내려야 하는 긴 내용이었는데, 결론이 먼저 나오지 않은 불친절한 기사라 도중에 닫아버렸습니다. 이렇듯 기사 제목은 시청률과 조회수 상승을 위한 필요악일까요?

다음은 대변인실 근무 시절의 유쾌한 기억 중 하나입니다. 2010년 8월 30일(일), MBC 저녁 9시 뉴스에 서울시 관련 뉴스가 이례적으로 많이 나왔습니다. 지상파 메인 뉴스에 서울시(특정 지방자치단체) 관련 아이템이 많이 들어간 경우가 거의 없어(솔직히 데스크에서 그렇게 아이템 편성을 하지 않을 것 같은데) 정말 의외였습니다. 그날 뉴스의 뒷이야기를 풀어볼까 합니다.

첫 번째 아이템은 (서울시) 38세금징수과의 체납 징수 활동이었는데, 서울시가 하는 일을 매우 긍정적으로 보도했습니다. 그런데 서울시 출입기자가 아니라 경찰 출입기자가 이 뉴스를 취재했습니다. 방송 다음 날 MBC의 1진 출입기자가 기분이 좋지 않아 보이더군요. 명색이 자기 출입처인데 외부 기자가 취재를 하고 자기는 알지도 못했기 때문입니다. 저더러 "주무관님 알고 계셨어요?"라고 묻더군요. 어쨌든 뉴스를 보니 참 잘 나왔습니다. 얘기도 되고, 그림도 좋았습니다.

두 번째 아이템은 늘어나는 외국인 음식점 뉴스였습니다. 이 뉴스는 그즈음에 서울시가 배포한 보도자료를 보고 만든 것인데, 다소 늦게 보도가 되었습니다. 신문이 판 갈이[1]를 하듯, 방송의 메인 뉴스 아이템도 방송 직전까지 바뀐다고 합니다. 갑자기 큰일이 생기면 아이템을 빼내는데, 나름대로 순서가 있다고 합니다. 방송사마다 차이가 있겠지만 기획보도, 국제부 뉴스, 심층취재 아이템 순서로 우선순위가 매겨진다고 합니다. 며칠 후에 보도해도 괜찮은 아이템들이 대상이지요. 간혹 계속 이렇게 미루다가 '아끼면 × 된다'고 보도가 안 되는 경우도 종종 있다고 합니다. 이 뉴스의 핵심은 서울에서 외국인이 운영하는 음식점이 10배 이상 늘었다는 것인데, 서울시만 언급하지 않고 강원도 원주에 있는 베트남 쌀국숫집까지 소개를 했습니다. 취재기자가 어떻게 강원도까지 찾아갔는지 궁금했습니다. 뉴스를 주의 깊게 보시면 알겠지만, 뉴스의 공정성 때문에 드러내놓고 특정 단체나 기관을 홍보해 주는 경우는 흔치 않습니다. 또 "아이템이 좋아 메인 뉴스로 나가지만, 우리가 당신들을 홍보해 주는 것은 아닙니다"라는 기자들의 은근한 자존심도 엿볼 수 있습니다.

세 번째 아이템은 지하철 2호선 고장 뉴스였습니다. 이 뉴스는 그날 발생한 큼직한 사고라 방송 3사 모두 메인 뉴스로 보도했습니다. MBC의 경

1 신문의 판 갈이는 신문의 편집과 인쇄가 몇 번 이루어졌는지를 의미합니다. 뉴스는 끊임없이 생기기 때문에 23판, 24판 이런 식으로 계속 바뀌면서 기사 내용이 달라집니다.

우 서울 강남 지역 경찰 출입기자가 취재를 했는데 한동안 서울시를 출입했었고 저와 꽤 친하게 지내던 기자였습니다. 뉴스를 보고 시청자로서 짚어줄 부분이 있어 피드백을 보냈습니다. 서울메트로(현재는 서울교통공사) 관계자와 전화 인터뷰를 하면서 상대방의 말에 호응을 해주는데, '예, 예 ……'가 아니라 '어, 어 ……'라고 들렸습니다. 본인도 잘못된 습관이라고 인정을 하더군요.

네 번째 아이템은 서울시청 신청사 공사에 부양공법[2]이 적용되었다는 뉴스였습니다. 이 아이템은 TV 방송 메인 뉴스감으로는 약했습니다. 다른 방송사도 처음에는 메인으로 올렸다가 나중에 빠졌다고 들었습니다. 그런데 MBC는 데스크에서 하라고 해서 취재기자가 부담을 느끼면서 제작했다고 합니다. 뉴스를 보니 컴퓨터그래픽(CG)을 많이 썼는데 조금 매끄럽지 못한 감도 있었습니다. 시간이 부족해 편집을 완벽히 못 했다고 하네요.

안 좋은 뉴스가 하나 있기는 했지만, 그날 서울시는 지상파 메인 뉴스를 통해 전국적으로 홍보가 되었습니다. 이것을 광고효과로 따지면 어느 정도의 가치가 있을까요? 족히 수억 원은 될 것입니다. 뉴스 하나하나에 '일희일비'하면 안 되지만, 그 뉴스를 보면서 기분이 좋았고 보람도 느꼈습니다.

2 부양공법이란 '뜬구조 공법'이라고도 하는데, 기존의 건물 밑에 지지 기둥을 세우고 건물을 띄워 둔 채로 땅을 파내 지하공간을 공사하는 최첨단 공법입니다.

23

낙지 머리 보도의 엄청난 파문

서울시 대변인실에서는 매일 언론사에 보도자료를 제공해 서울시가 하는 많은 일들을 시민들에게 알리고자 노력하고 있습니다. 일요일은 빼고 매일 10개 내외의 보도자료가 나가는데, 짧은 내용의 보도자료인데도 상당히 많은 뉴스가 나오는 경우가 간혹 있습니다.

2010년 9월, '낙지 머리에서 중금속이 다량 검출되었다'는 내용의 보도자료는 아마 서울시 보도자료 중에서 가장 큰 논란을 일으킨 사건(?)으로 기록될 것입니다. 서울시가 2010년 9월 13일(월) 석간신문에 보도해 달라고 "낙지 머리 속 먹물, 내장에 중금속 많아요!"라는 제목의 보도자료를 제공했을 때만 해도 이것이 엄청난 사회적 논란을 일으킬 것이라고 전혀 예측하지 못했습니다. 상당히 흥미로운 뉴스라고 판단한 언론은 그날 너 나 할 것 없이 이 내용을 신속히 보도했습니다. 지상파 방송 3사 메인 뉴스에도 낙지들이 등장했습니다. 그다음 날 모든 조간신문에도 큼지막하게 보도되었습니다. 처음에는 보도자료 내용대로 낙지 머리에서 기준치를 최고 15배나 초과하는 카드뮴이라는 중금속이 검출되었다고 보도했는데, 후속보도에서는 식품의약품안전청이 서울시 검사 결과에 반발했다는 뉴

서울시의 낙지 머리 조사 발표에 항의하기 위해 2010년 10월 25일 서울시청 앞에서 시위를 하고 있는 전국의 낙지 생산 어민들(사진: 조경익)

스가 추가되었습니다. 식품의약품안전청(2013년 식품의약품안전처로 변경)의 주장은 낙지 머리만 따로 검사하는 기준이 없기 때문에 서울시의 주장은 잘못되었다는 것입니다.

낙지 머리 보도 파문은 더 확산되었습니다. 식품의 안전을 관리하는 국가의 감독기관과 지자체 단속기관의 주장이 상반되는데, 누구 말이 맞느냐는 뉴스가 추가되었습니다. 신문의 사설들은 하나같이 "시민들은 혼란스럽다, 도대체 낙지 머리를 먹으란 말이냐 아니냐?"라는 질문을 던졌습니다. 당사자인 서울시와 식약청은 서로의 주장이 옳다고 팽팽히 맞섰고 이 과정에서 낙지 생산업체와 판매상, 낙지음식점은 손해를 크게 입었다고 합니다. 당시 모 방송사 뉴스에는 어느 시민이 얼마나 화가 났는지 서울시청에 전화해서는 담당공무원에게 "밤길 조심하라"라고 협박했다는 내용이 보도되었습니다.

2010년 9월 30일, 식약청이 자체적으로 낙지 머리의 중금속 함유량을 조사해 "먹어도 안전하다"라고 발표하면서 낙지 머리 유해성 논란은 근 20일 만에 일단락되는 국면으로 접어들었지만, 그 후유증은 만만치 않을 것으로 보였습니다. 서울시 발표 때문에 피해를 입은 상인들이 손해배상 소송을 제기한다는 소식이 들렸습니다.

낙지 머리 중금속 검출 보도는 서울시에 많은 것을 일깨워 주었습니다. 공공기관이 사회적으로 민감한 이슈에 대해 견해를 밝힐 때는 매우 신중히 검토해야 한다는 것입니다. 서울시는 시민들의 건강을 위해 적극적으로 검사기준에도 없는 낙지 머리를 검사했고 검사 결과가 해로운 것으로 나오자 언론을 통해 신속히 시민들에게 알렸습니다. 하지만 이런 검사 결과를 공개했을 때 피해를 입을 낙지 생산자와 판매자, 음식업주의 입장도 헤아려야 했다는 지적이 있었습니다. 낙지 머리 보도자료를 배포한 그날 아침, 서울시를 출입하는 KBS 기자가 이런 말을 했습니다. "시민의 알권리도 중요하지만 보도가 나가면 낙지업계 사람들의 피해가 만만치 않을 것 같아 신중하게 보도해야겠다." 이런 이유 때문에 저녁 7시 뉴스 정도로 보도하자고 데스크에 이야기를 한 것 같은데, 워낙 순식간에 논란이 된 사안이라 9시 메인 뉴스로 보도가 되었습니다. 또 한 가지 아쉬운 점은 보도자료 배포 전에 서울시와 식약청과의 협의가 미흡했다는 점입니다. 검사 결과에 자신이 있더라도, 법정 검사기준 항목이 아닌데 검사 결과가 좋지 않았다면 국가의 식품안전 감독기관에 보고를 하고 상의해야 했다는 지적입니다.

서울시의 언론홍보를 책임지고 있는 대변인실에서도 보도자료를 제공할 때 내용을 면밀히 검토했었다면 이와 같은 엄청난 사회적 혼란을 막았을지도 모릅니다. 보도자료가 나가고 큰 논란에 휩싸이자 "담당 부서나 대변인실에서 신경을 써야 했다"라고 많은 사람들이 말했는데, 낙지 머리를 먹지 말라는 보도자료를 언론사에 배포했을 때 그 같은 결과를 초래하리라고는 정말 상상도 못했습니다. 낙지 머리의 유해성은 그해 10월에 있었던 국회의 서울시 국정감사에서도 이슈가 되어 감사장에 산낙지가 등장하는 등 큰 쟁점이 됐습니다. 뉴스가 또 다른 뉴스를 만드는 경우가 있는데, 그 때 국정감사장에 등장한 산낙지는 나중에 "선정성에 빠진 국정감사"라는 비판 보도의 한 예로 인용이 되었습니다.

인생은 한 방이 아니라 하루하루 최선을 다해 성실하게 사는 것이라 믿고 있는데, 그 당시 낙지 머리 유해성 논란과 인사청문회를 통한 국무총리 후보자의 낙마, 자녀 특채로 인한 외교부 장관 사임 등의 뉴스 보도를 보면서 '언론보도 한 방에 훅 갈 수도 있구나'라는 생각을 자주 했습니다.

24

‘강동구’와 ‘강동구청’은 다르다

언론 부서에 있다 보니 신문기사를 꼼꼼히 읽을 수밖에 없습니다. 서울시와 관련된 기사 중 자치구에 대한 기사도 많이 나오는데 ‘구(區)’와 ‘구청(區廳)’에 대한 표기가 올바르지 않은 경우가 종종 있습니다. 예를 들면 다음과 같습니다.

“서울의 한 구청이 ‘간판특구’ 빌딩을 디자인하면서 …….”

“서울시와 강동구청에 따르면 …….”

“사진제공 = 강동구청.”

이 표기들은 엄격히 말하면 모두 잘못되었습니다. 서울시와 서울시에 있는 25개 자치구는 모두 법령에 근거한 지방자치단체이자 법인격입니다. 우리가 ‘서울시’나 ‘강동구’ 이렇게 말하면 지방자치단체를 말하는 것입니다. 적지 않은 사람들이 서울의 자치구를 서울시 산하기관이나 하부 기관으로 생각하는데 그렇지 않습니다. 서울시와 자치구는 「지방자치법」에 따라 동등한 법인격을 가진 독립기관입니다. ‘서울시청’이나 ‘강동구청’ 이렇게 말하면 공공건물(공조물)을 칭하는 것입니다. 다시 말하면 서울시는 지도에 나오는 서울이거나 보이지 않는 지방자치단체를 의미합니다. 그러나 '서울시청'이라고 하면 중구 세종대로 110이 주소인 서울시청 건물을 가리키는 말입니다. 강동구청은 강동구 성내로 25에 있는 구청이고요.

따라서 첫 번째 문구는 "서울의 한 자치구가 '간판특구' 빌딩을 디자인하면서 ……" 이렇게 표기를 해야 옳습니다. 두 번째 문구도 마찬가지입니다. '서울시와 강동구에 따르면' 이렇게 써야 올바르게 쓴 것입니다. 하나는 지방자치단체를 쓰고 다른 하나는 공공건물을 썼으니 서로 어울리지 않습니다. 세 번째 문구도 마찬가지입니다. 사진의 소유권을 말하는 것이므로, 강동구청이 아니라 '강동구'가 되어야 합니다.

이런 표기에 대해 서울시를 출입하는 기자 두 명에게 물어봤는데 서로 다른 답변을 들었습니다. 한 기자는 "아 맞다, 그런데 독자들이 이해하기 쉽도록 그냥 '구청'이라고 쓰는 거다"라고 하는데, 다른 기자는 "어머, 그래요? 전 몰랐는데 ……" 이러더군요. 그러니까 알면서 잘못 쓰는 기자가 있고, 모르고 관행적으로 그렇게 쓰는 기자가 있다고 볼 수 있습니다. 다행히 최근에는 '구'와 '구청'을 잘못 혼용하는 뉴스 기사는 많지 않습니다.

이런 표기는 언론에서만 잘못 쓰는 것이 아닙니다. 서울시나 자치구 역시 잘못 쓰는 경우가 종종 있습니다. 대표적인 경우가 거리에 있는 표지판이나 안내문, 또는 현수막의 문구입니다. 예를 들면 "기초질서를 잘 지킵시다. ○○구청" 이런 현수막이 있습니다. 이 경우도 ○○구청이 아니라 '○○구'라고 하는 것이 맞지요. '○○구청장' 이렇게 써도 맞는 표현입니다.

말이 나왔으니까, 구청장이라는 호칭은 다소 어색합니다. 동(洞)의 행정기관장은 '동장'입니다. 경기도의 기관장은 '경기도지사'이고, 서울시의 기관장은 '서울시장'입니다. 그런데 자치구 기관장은 '구장'이 아니라 '구청장'입니다. 왜 이렇게 부르게 되었는지 궁금합니다. 과거 언론보도에도 이런 지적이 몇 번 나왔었는데 처음엔 좀 어색하더라도 '구장'으로 고쳐야 하지 않을까요?

25

공무원은 삽질을 해야 한다

언론이 반드시 보도하는 뉴스 아이템 중 하나가 재해나 재난입니다. 시민들의 일상생활과 직결되는 매우 중요한 뉴스이기 때문입니다. 그리고 언론은 재해나 재난이 발생하면 그것이 인재(人災)인지 천재(天災)인지 매우 관심이 많습니다. 서울에 내린 엄청난 폭설을 기억하시나요? 2010년 초 새해 벽두에 내린 폭설을 소개합니다.

2010년 1월 4일(월) 새벽 5시쯤부터 서울을 포함한 중부지방에 폭설이 쏟아졌습니다. 그날 서울의 적설량은 25.4cm로 1937년 기상 관측 이래 최고 기록이었습니다. 언론은 일제히 새해 첫 출근길에 눈 폭탄이 떨어져 서울과 경기의 도로망이 완전히 마비되었다고 대서특필했습니다. 일부 언론은 "100년 만의 폭설", "1·4 폭설대란"이라고 표현하기도 했습니다. 언론은 기록적인 폭설임을 강조하면서도 행정기관의 늑장 대응을 나무랐습니다. 서울에만 폭설이 온 것이 아닌데도 서울시의 제설 문제를 집중적으로 보도했고, 일부 언론과 정치권에서는 늑장 제설에 오세훈 서울시장을 엮어 강도 높게 비난하기도 했습니다. 사람이 눈을 치워야만 하는 서울의 원시적인 제설 방법을 질타하고 미국이나 캐나다, 소련 등 해외 도시들은 서울

2010년 1월 4일 오전, 남산1호터널 입구에서 제설을 하고 있는 서울시 공무원들(사진: 서울시 대변인실 이용섭)

시보다 훨씬 눈을 잘 치운다고 보도했습니다. 서울시는 폭설 후 제설이 더뎠다는 언론의 지적에 대해 제설 능력을 훨씬 초과하는 양의 눈이 갑자기 쏟아졌기 때문이라고 해명했지만 별 소용이 없었습니다. 그런데 당시 서울시의 제설 활동이 늦은 또 다른 이유가 있었습니다. 폭설 유형이 과거와 사뭇 달랐기 때문입니다.

우리나라는 겨울철에 북서계절풍이 불기 때문에 서해안 지역에 눈이 오면 눈구름이 동쪽으로 이동하면서 일정 시간 후에 서울에 눈이 내립니다. 서울시는 이런 기상현상을 활용해 서해안(인천, 강화, 문산 등 5개소)에 CCTV를 설치하고 눈이 내리는지 안 내리는지를 모니터링하고 있습니다. 이 CCTV에 눈이 오는 것이 포착되면 약 1시간 후에 서울에 눈이 내리므로 신속히 제설 상황 근무에 들어가 만반의 준비를 하고 눈이 내리자마자 제설을 합니다. 그런데 2010년 1월 4일에 내린 폭설은 북풍을 타고 왔습니다. 비슷한 위도에 있는 CCTV 설치 지역과 서울에 눈이 동시에 내린 것입니다. 과거와는 전혀 다른 패턴으로 폭설이 쏟아지는 바람에 준비할 시간이 충분하지 않았던 것입니다. 이러한 설명이 서울시의 핑계처럼 보였는지 언론은 해당 사실을 비중 있게 다루지 않았습니다.

가히 천재지변이라 할 수 있는 폭설이었지만, 시민들이 큰 불편을 겪었기 때문에 제설을 책임지는 서울시가 면죄부를 받을 수 없었습니다. 100년 만의 폭설을 겪은 서울시는 해외 도시의 사례연구를 통해 더 효율적인 제설 대응체계를 마련하겠다고 밝혔습니다. 당시 폭설의 원인이 지구온난화 현상 때문이었다니 폭설이 자주 왔을 법한데, 지난 9년 동안 다행히 그때와 같은 엄청난 폭설은 내리지 않았습니다.

지금 생각해 보면 당시 서울시 공무원들은 이면도로와 인도에 쌓인 눈을 치우기 위해 삽질을 정말 많이 했습니다. 폭설이 내린 그 주 주말에도 공무원인 아내는 출근해서 삽질을 했습니다. 서울시민은 서울특별시 '건축물관리자의 제설·제빙에 관한 조례'에 따라 자기 집 앞에 내린 눈을 반드시 치워야 합니다. 올겨울에도 눈이 오면 공무원들은 또 삽을 들고 공공장소의 눈을 치울 테니, 시민 여러분께서도 삽을 들고 내 집, 내 가게 앞의 눈은 꼭 치워주시기 바랍니다.

26

책 제목은 '삽질하는 시장'으로 하세요

홍보 부서의 실무 직원이 홍보 잘하는 책자를 발간하면 언론은 어떤 반응을 보일까요? 이 책의 초판을 냈을 때 제 경험을 들어보시고 한번 판단해 보시기 바랍니다.

서울시 대변인실은 대변인(국장), 언론담당관(과장), 신문팀장, 기자 출신 팀장, 홍보 전문직 직원 등 지식과 경험을 겸비한 홍보 전문가들이 언론을 상대하는 조직입니다. 그런 전문가들 앞에 길지 않은 경험을 토대로 실무 직원이 언론홍보에 대한 책을 소개하는 것이 겸연쩍었습니다. 그리고 대변인실 직원이라는 지위를 이용해 시 출입기자들에게 홍보기사를 써달라고 부탁을 해서는 안 된다고 생각했습니다. 책이 나오자 상사와 동료 직원들에게 증정을 하고 시 출입 언론사에도 한 부씩 증정했습니다. 책이 서울시 기사를 쓰는 기자들에 관한 내용이고, 대변인실 직원이 책을 썼다는 사실은 알리는 것이 좋을 것 같았습니다.

금요일 오후에 제가 책을 썼다는 사실이 기자실에 알려지자 통신사인 연합뉴스 기자가 저를 찾아와서는 보도자료를 만들었으면 달라고 요청했습니다. 보도자료는 찾는 기자가 있을 것 같아 책이 나올 때쯤 만들어두었습니다. 오래지 않아 짤막한 소개 기사가 나오고 통신사의 기사를 본 다른 언론사 몇 군데에서 단신으로 서평 기사를 썼습니다. 기사를 써준 기자들에게 감사의 뜻을 전했습니다. 주말이 지난 월요일 ≪한겨레≫ 종이신문에는 제 사진과 함께 단신이 실렸습니다. 이틀이 지난 수요일 ≪조선일보≫ 종이신문에도 기사가 났는데 기사 배치가 특이했습니다. 박스 왼쪽에는 서울시 1급 공무원이 책을 썼다는 내용을, 오른쪽에는 6급 공무원인 제가 책을 썼다는 내용을 비교하듯 실은 것입니다. 서울시 공무원들이 책을 썼다는 기사인데 두 저자의 직급이 크게 차이가 나 저는 황송한 기분이 들었습니다. 궁금해서 그런 기사가 어떻게 나왔나 알아봤더니, 처음에는 1급 공무원의 발간 기사만 쓰려고 했는데 개인적인 홍보로 비춰질까 봐 비슷한 시기에 책을 낸 제 이야기까지 한꺼번에 시정뉴스로 처리했다고 합니다.

가장 고맙고 기억에 남는 기사는 송한수 서울신문 기자(국장)의 칼럼 기사 세 편입니다. 2010년 겨울, 책 원고 작업을 거의 마무리하고 책 제목과 내용에 대해 당시 서울시 출입 기자였던 송한수 국장께 자문을 구한 적이 있습니다. 그때 눈이 많이 와서 '공무원은 삽질을 해야 한다'라는 책 내용을 언급했더니 며칠 후 서울시 공무원이 아내와 공직 생활을 하며 느낀 점을 책으로 낸다는 기사를 썼습니다. 종이신문에 갑작스럽게 실린 그 기사를 보고 깜짝 놀랐습니다. 송한수 기자는 4년이 지난 후 제 책을 언급한 칼럼 기사를 또 쓰셨습니다. 내용인즉슨, 책 제목으로 '삽질하는 시장'을 추천했는데 제가 "어떻게 시장님이 삽질한다는 제목의 책을 낼 수 있냐"라고 손사래를 쳤다는 것입니다. 기사의 핵심은 지방자치단체장이 엉뚱한 '삽질'은 하지 말고 눈이 오면 직접 '삽질'을 하는 공복이 되어야 한다는 내용이었습니다. 1년쯤 지난 2015년 11월에 또 비슷한 내용의 칼럼 기사를 쓰셨습니다. 국민들은 권위를 내세운 지도자가 아니라 눈이 오면 '삽질'을 하는

지도자를 원한다는 내용이었는데, 본인이 추천한 '삽질하는 시장'이라는 책 제목을 제가 쓰지 않았다는 에피소드를 덧붙였습니다. 저의 책 발간 이야기를 과분하게 세 번이나 기사로 써주신 송한수 국장께 다시 한번 감사의 말씀을 드립니다.

공무원의 업무가 전문화되면서 본인의 업무에 대한 경험과 노하우를 책으로 소개하는 공무원들이 늘고 있습니다. 서울시 공무원 중에서도 정책 브랜드 개발 이야기, 서울시장의 해외 출장 수행기, 지자체의 재정 분권에 대한 제안 등을 책으로 출간한 직원들이 있습니다. 개인적인 저서이지만 시정 홍보도 되고, 정부 부처나 다른 지자체 공무원에게도 유익한 정보를 제공하므로 저술 활동 지원, 대변인실의 보도자료 제공 등 시 차원에서 많은 관심을 기울이면 좋겠습니다. 다만 업무와는 무관한 에세이나 시집 등을 발간한 때는 비공식적으로 대변인실에 홍보기사를 부탁하는 것보다는 저자가 직접 기자들에게 책과 보도자료를 보내 정식으로 요청하는 것이 바람직하다고 생각합니다.

제3부

보도가 되게 하는 비법

“신문기자는 보도자료를 보고
기사를 쓸지 안 쓸지,
쓴다면 어떤 방향, 어느 정도 분량으로 쓸지
결정한다.
방송기자는 그림이 되는지 안 되는지,
된다면 메인 뉴스 아이템인지 저녁 뉴스인지,
또는 단신거리인지를 판단한다.”

27

시청률, 조회수, 열독률

보도자료를 언론에 배포하면 TV, 신문, 인터넷 등의 매체에 뉴스가 보도됩니다. 사람들은 어떤 매체로 뉴스를 가장 많이 볼까요? 힌트는 이 글의 제목에 있는데요, 한국언론진흥재단에서 실시한 '2018 언론수용자 의식조사' 주요 조사 결과(124~126쪽 표 참조)를 인용해 살펴보겠습니다.

먼저 지난 1주일간 미디어별 뉴스 이용률은 TV가 85.4%로 가장 높았고, 이어서 모바일 인터넷[1]이 80.8%, 다음으로 PC 인터넷[2]이 31.7%로 나타났습니다. 이 수치의 최근 3년간 추이를 보면 스마트폰이나 태블릿 PC 등으로 뉴스를 보는 사람들이 크게 늘어났음을 알 수 있습니다. 2016년에는 70.9%였는데 2018년에는 80.8%로 약 10% 포인트나 증가하였습니다. 같은 기간 동안 TV의 뉴스 이용률은 큰 차이가 없음을 볼 때 몇 년 후에는 TV를

1 모바일(기반) 인터넷이란 스마트폰, 태블릿 PC 등 미디어 콘텐츠를 볼 수 있는 개인 휴대 디지털 미디어를 통해 이용한 인터넷을 의미합니다(한국언론진흥재단 조사분석팀, 『2018 언론수용자 의식조사』, 105쪽).

2 PC (기반) 인터넷은 데스크톱, 노트북 등 미디어 콘텐츠를 볼 수 있는 디지털 미디어를 통해 이용한 인터넷을 의미합니다(『2018 언론수용자 의식조사』, 105쪽).

제치고 모바일 인터넷을 통한 뉴스 이용률이 1위가 될 것으로 보입니다. 반면에 데스크톱과 같은 고정형 인터넷으로 뉴스를 보는 사람들은 줄고 있고, 종이신문을 보는 사람들은 계속 감소하고 있습니다. 미디어별 하루 평균 뉴스 이용 시간도 순위가 같습니다. TV가 38.9분으로 가장 많고, 이어서 모바일 인터넷이 21.2분, PC 인터넷은 7.4분으로 나타났습니다. 최근 3년간의 연도별 이용 시간 추이를 보면 TV와 PC로 뉴스를 보는 시간은 조금 줄어들었고, 모바일로 뉴스를 보는 시간은 늘어나고 있음을 알 수 있습니다. 종이신문의 열독률[3]을 보면 2017년까지 떨어지다가 2018년에 1%포인트 반등을 했지만 지속적인 하락세입니다. 지난 1주일간 읽은 신문을 묻는 항목에는 조선일보, 중앙일보, 동아일보, 매일경제 순서로 응답했으며, 이 순위는 한국ABC협회가 2018년 12월 발표한 국내 일간신문들의 유료 발행부수 순위(126쪽 참조)와 똑같습니다. 이런 변화는 출근길 지하철 안의 풍경으로 확인할 수 있습니다. 과거에는 종이신문을 보는 사람들이 많았는데 차츰 없어지고 한때는 무료 신문을 보는 사람들이 상당히 많았습니다. 지금은 거의 다 스마트폰을 보는 승객뿐이죠.

인터넷 포털사이트의 뉴스 이용 행태 조사 결과를 보면 "포털사이트의 첫 페이지(메인 화면)의 뉴스 제목이나 사진을 보고 뉴스를 클릭해 이용한다"라는 답변이 제일 많았습니다. 그래서 조회수를 늘리기 위해, 메인 화면에 노출되도록 하기 위한 뉴스 경쟁이 지나쳐 자극적이거나 선정적인 제목을 만듭니다. 제가 이 개정판을 준비하면서 제로페이에 대한 기사 제목들을 찾아봤는데 잘 알려진 언론사보다는 인터넷뉴스 등 비교적 인지도가 떨어지는 언론사가 더 자극적인 제목을 썼네요.

다음으로는 "실시간 검색 순위에 오른 인물이나 사건을 찾아 이용한다"

3 열독률은 지난 1주일간 종이신문을 읽었다는 응답자의 비율을 일컫습니다.

라는 답변이 많았습니다. 요즘은 특정 인물이나 지명 또는 사건·사고가 실시간 검색어에 오른 것 자체가 뉴스가 되기도 합니다. 그다음으로는 "필요한 정보를 검색하다가 관련 뉴스를 본다"라는 답변이 많았습니다. '어느 포털에서 뉴스를 가장 많이 이용'하는지 알아봤더니 네이버가 93.9%로 압도적으로 높았습니다. 이어서 다음이 33.9%, 구글이 8.9%로 나타났습니다. 이 책 초판에 실린 2010년 조사 결과에서도 네이버가 62.7%로 가장 높았는데, 8년이 지난 현재 30%p 이상 증가했습니다. '네이버 공화국'이라는 신조어가 나오고, 네이버를 슈퍼미디어로 부르는 데 대한 방증이 아닌가 합니다. 또 하나 눈여겨볼 포털은 구글입니다. 2010년에는 이용률이 0.8%로 9위였는데, 2018년에는 이용률이 8.9%로 11배 정도나 높아져 3위가 되었습니다.

뉴스 미디어의 유형별 신뢰도를 조사했더니 TV 방송이 신문과 포털보다 높게 나타났습니다. 구체적으로 살펴보면 지상파 텔레비전의 신뢰도가 3.8점으로(5점 척도) 가장 높고, 이어서 종합편성채널이 3.75점으로 나타났으며, 전국의 종합신문은 3.47점을 받았습니다. 최근 5년 동안의 신뢰도 추이를 보면 지속적으로 하락세라고 할 수는 없지만, 2017년보다는 2018년 신뢰도가 낮게 나왔습니다. 2010년에는 가장 영향력 있는 언론사[4]와 가장 신뢰하는 언론사[5] 순위도 조사했는데 2012년쯤부터는 응답자의 주관성과 이러저러한 이유로 조사하지 않는다고 합니다.

결론을 다시 말하면 사람들은 TV 방송으로 뉴스를 가장 많이 봅니다. 그럼 많은 방송 채널 중 어느 뉴스의 시청률이 가장 높을까요? 저녁 8~9시에 방송되는 메인 뉴스의 시청률이 가장 높은데, 방송사별 시청률은 예민한

4 2010년 가장 영향력 있는 매체사(1순위 응답률)는 KBS(52.4%), MBC(25.1%), 조선일보(7.2%) 순서로 조사되었습니다.

5 2010년 가장 신뢰하는 매체사(1순위 응답률)는 KBS(44.2%), MBC(29.0%), 조선일보(6.3%) 순서로 조사되었습니다.

정보라 알기가 쉽지 않습니다. 인터넷에서 방송사 메인 뉴스를 검색하면 일간 시청률[6]은 알려주는데 주간·월간의 시청률 추이 등 상세 정보는 알 수가 없습니다. 2019년 4월 11일(목) 시청률을 보면 〈KBS 뉴스 9〉가 10.5%로 가장 높고, 다음으로는 〈SBS 8 뉴스〉가 5.6%이며, 이어서 〈JTBC 뉴스룸〉 4.9%, 〈MBN 뉴스8〉 4.1%, 〈TV조선 뉴스9〉가 3.5%, 〈뉴스 A〉는 2.7%, 〈MBC 뉴스데스크〉는 2.3% 순서입니다. 이 수치로만 보면 지상파 TV 시청률이 종편보다는 높고, 종편 중에서는 JTBC가 가장 높습니다. MBC는 과거에 SBS와 경합을 벌였지만, 2017년 파업 후 시청률이 크게 하락한 것으로 알려져 있습니다. TV 방송 뉴스 시청률은 이 책 'TV 방송 뉴스는 이렇게 만들어진다' 편에서 더 자세히 알아보겠습니다.

【2018 언론수용자 의식조사 주요 결과】

1. 지난 1주일간 미디어별 뉴스 이용률(응답자: 5,040명, 단위: %)

TV (85.4)	모바일 인터넷 (80.8)	PC 인터넷 (31.7)
메신저 서비스 (18.5)	종이신문 (17.7)	SNS (15.3)

2. 지난 1주일간 미디어별 뉴스 이용률 연도별 추이(단위: %)

구분	2016	2017	2018
텔레비전	83.2	85.5	85.4
모바일	70.9	73.2	80.8
PC	37.6	32.8	31.7
메신저	14.7	13.3	18.5
종이신문	20.9	16.7	17.7

6 뉴스를 포함한 방송 프로그램별 시청률은 닐슨코리아가 각 언론사가 제공하는 기준에 따라 집계한 것을 사용했습니다.

3. 지난 1주일간 미디어별 하루 평균 뉴스 이용시간(응답자: 5,040명, 단위: 분)

TV	모바일 인터넷	PC 인터넷	종이신문	메신저 서비스	SNS
(38.9)	(21.2)	(7.4)	(5.7)	(3.0)	(2.5)

4. 지난 1주일간 미디어별 하루 평균 뉴스 이용시간 연도별 추이 (단위: 분)

구분	2016	2017	2018
텔레비전	41.5	41.5	38.9
모바일	16.9	18.5	21.2
PC	10.2	8.2	7.4
메신저	2.3	2.5	3.0
종이신문	6.5	4.9	5.7

5. 종이신문 열독률 연도별 추이(단위: %)

2015	2016	2017	2018
25.4	20.9	16.7	17.7

6. 지난 1주일간 신문사별 열독자 점유율(응답자: 893명)

조선일보 (30.7%)	중앙일보 (16.2%)	동아일보 (15.8%)	매일경제 (9.7%)	경향신문 (5.8%)
농민신문 (5.4%)	한겨레 (4.5%)	스포츠조선 (3.9%)	부산일보 (3.8%)	서울신문 (3.3%)

7. 인터넷 포털사이트의 뉴스 이용 행태(단위: 점*)

- 포털사이트의 첫 페이지(메인화면)의 뉴스 제목이나 사진을 보고 뉴스를 클릭해 이용(2.81)
- 실시간 검색 순위에 오른 인물이나 사건을 찾아 이용(2.67)
- 필요한 정보를 검색하다가 관련 뉴스 이용(2.64)
- 포털사이트 뉴스홈(네이버 뉴스, 다음 뉴스 등)에서 관심 있는 분야/주제의 뉴스를 찾아 이용(2.58)
- 보고 싶은 기사를 검색창에 입력해 찾아 이용(2.39)
- 포털사이트 뉴스홈에서 '많이 본 뉴스' 이용(2.35)

* 4점 척도: 1점 '전혀 그렇지 않다' ~ 4점 '매우 그렇다'

8. 지난 1주일간 포털별 뉴스 이용자 점유율(응답자: 3,831명)

네이버 (93.9%)	다음 (33.9%)	구글 (8.9%)	네이트 (4.7%)
줌 (0.4%)	MSN (0.3%)	기타 (0.2%)	

9. 뉴스 미디어 유형별 신뢰도 추이(단위: 점, 5점 척도 평균)

구분	2014	2015	2016	2017	2018
지상파 텔레비전	3.90	4.15	3.85	4.07	3.80
종합편성채널	3.60	3.85	3.72	4.02	3.75
포털	3.50	3.57	3.50	3.59	3.43
전국종합신문	3.43	3.83	3.39	3.57	3.47
언론 전반	3.28	3.51	3.36	3.62	3.58

자료: 한국언론진흥재단(www.kpf.or.kr)

【국내 신문 유료 발행부수】

한국ABC협회가 2018.12.7. 발표한 국내 일간신문들의 2018년도 발행 유료 부수는 다음과 같다

매체명	유료 부수	비고	매체명	유료 부수	비고
조선일보	1,238,548		스포츠조선	107,339	
동아일보	736,546		스포츠서울	99,850	
중앙일보	726,390		매일신문	97,156	
매일경제	551,234		국제신문	84,055	
농민신문	373,868	(주 3회)	어린이동아	75,165	
한국경제	357,526		머니투데이	68,051	
한겨레	200,223		세계일보	67,772	
문화일보	169,911		소년조선일보	67,026	
경향신문	165,618		서울경제	60,218	
한국일보	165,240		일간스포츠	57,915	
국민일보	138,445		전자신문	49,454	
스포츠동아	119,044		영남일보	48,982	
서울신문	116,843		스포츠경향	46,215	
부산일보	113,703				

주: 부수 조사 대상기간은 2017년 1~12월.
자료: 한국ABC협회(www.kabc.or.kr).

28

보도자료를 만들어라

보도자료(press release)는 어떤 사안을 보도해 달라고 '언론사에 제공하는 공식적인 취재원'이라고 할 수 있습니다. 기자들이 기사를 쓰는 취재원은 다양한데, 보도자료, 독자의 제보, 취득한 정보 등이 있습니다. 그중에서 아마도 보도자료에 따른 기사 작성이 제일 많을 것입니다. 같은 날짜에 여러 언론사에 나오는 비슷한 뉴스들은 이와 같은 보도자료를 출처로 쓴 기사라고 보시면 됩니다. 그러니 보도자료는 언론홍보에서 가장 중요한 수단입니다.

서울시는 얼마나 많은 보도자료를 언론에 제공할까요? 2018년 서울시의 전체 보도자료 제공 건수는 3045건으로 일평균 9.7건입니다(자치구, 시 산하 기관[1] 제공 건수 제외). 서울시 공무원 한 명당 보도자료 제공 건수로 환

1 서울시 산하기관(23개): 서울교통공사, 서울시설공단, 서울특별시 농수산식품공사, 서울주택도시공사, 서울에너지공사, 서울의료원, 서울연구원, 서울산업진흥원, 서울신용보증재단, 세종문화회관, 서울특별시 여성가족재단, 서울시복지재단, 서울문화재단, 서울시립교향악단, 서울디자인재단, 서울장학재단, 서울특별시 평생교육진흥원, 서울관광재단, 서울특별시 50플러스재단, 서울디지털재단, 서울특별시 120다산콜재단, 서울특별시 공공보건의료재단, 서울기술연구원.

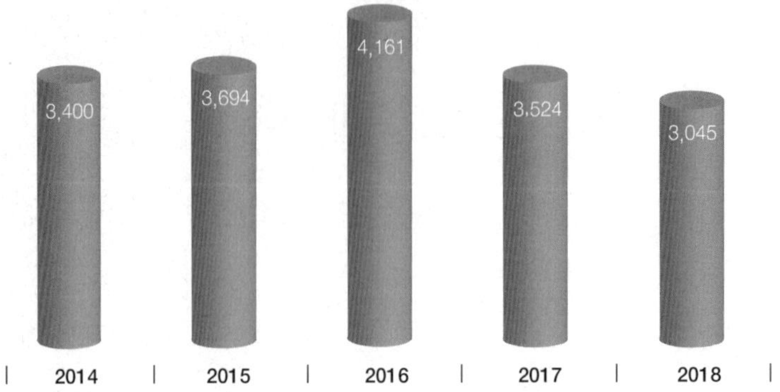

서울시 연도별 보도자료 제공 건수

산하면 1인 평균 0.3건입니다(3045건/서울시 직원 수 1만 243명). 최근 5년 동안의 보도자료 제공 건수 추이를 보면 2016년에 4161건으로 가장 많고 2014년과 2018년에 건수가 가장 적은데, 그해에 지방선거가 있었다는 공통점이 있습니다. 공무원 한 명당 평균 건수로 계산하면 0.3~0.41건으로 큰 차이는 없습니다. 공무원 한 명이 1년에 내는 보도자료가 한 건도 되지 않는 셈이지만, 그래도 서울시는 정부 부처나 다른 지방자치단체보다 보도자료 건수가 많은 편입니다.

몇 년 동안의 통계를 보면 서울시의 모든 공무원이 1년에 한 건의 보도자료를 내는 것은 쉽지 않아 보입니다. 하지만 이 책을 읽고 고민한다면 더 많은 서울시 공무원들이 보도자료를 만들어 시민에게 유익한 정보를 신문이나 방송으로 알릴 수 있습니다. 아무 말 없이 묵묵히 맡은 일만 하는 공무원은 이제 시민이 알아주지 않습니다. 자기가 하는 일을 적극 홍보해 시민 참여를 높이고 여러 의견을 수렴하여 사업 성과를 높여야 하는 시대입니다.

그렇다면 보도자료를 낼 만한 사업은 어떤 것일까요? 정답은 언론이 관

주요 보도자료 배포 시기

- 연초에 사업의 추진 계획을 확정했을 때. 다만 매년 반복하는 사업이면 작년과 달리 새로운 내용이 담겨야 보도자료 거리가 된다.
- 사업 절차상 용역 발주나 고시·공고를 할 때
- 사업 개시 전(한 달 전 또는 1주일 전)이나 사업을 착수할 때, 공사를 시작할 때
- 사업을 완료(완공)한 때. 그 후 1주일, 100일 또는 1년 등 특정 시기 도래 시
- 사업의 축소·확대·폐지 등 중요한 변경 사항 발생 시
- 계절이 바뀌거나 하반기 도래 시 또는 공휴일, 국경일, 기념일 등 특정일이 다가왔을 때
- 특정 언론에 사업 일부에 대한 보도가 났을 때(더 많은 내용을 넣어 보도자료 배포)
- 비판 보도 후 해당 사업을 보완·개선하기로 했을 때
- 주요 행사 개최 전, 행사 기간 중 또는 행사 종료 후
- 국내외에서 널리 알려진 상을 받았을 때

심을 가질 만한 사업입니다. 언론이 관심을 가질 만한 사업은 시민들이 관심을 기울이거나 서민생활에 큰 영향을 주는 사업입니다. 복지, 경제, 교통, 환경, 도로, 주택, 세무 등 대부분의 사업이 해당됩니다. 다만 기획, 평가, 재정, 경영, 조직 등 일반행정 분야의 사업들은 상대적으로 보도자료를 작성하기에 적합하지 않습니다.

자, 보도자료 거리가 된다면 언제 보도자료를 뿌려야 할까요? '주요 보도자료 배포 시기' 표에 보도자료를 제공하기 적당한 시기를 정리해 보았습니다. 대형 공사나 이해당사자가 많은 정책의 경우 뉴스 가치가 높아 보도자료에 크게 공들이지 않고 사실(fact) 중심으로 작성해 배포하더라도 보도가 될 확률이 높습니다. 그러나 매년 반복해 시행하는 사업이나 기념행사, 사업성과 등에 대한 보도자료는 평범하게 쓰면 보도가 될 확률이 낮습니다. 이런 경우에는 스토리를 만드는 것을 추천합니다. 미담이나 사례를 크게 소개한다든가, 이색적인 내용을 부각시켜 보세요. 한 가지 유념할 것은, 하나의 사업에 대해 사업 시작 전, 사업 착수 시, 사업 후 등 연속으로

보도자료 내는 것을 탐탁지 않게 생각하는 기자들이 적지 않습니다.

“서울시는 우려먹는 것이 많다”, “저번에 나왔던 얘기 아니에요?”라며 퉁명스럽게 말하거나 시큰둥한 기자들이 있으니 참고하시는 것이 좋습니다. 저도 과거에 사업 부서에서 일할 때 그랬지만, 실무자에게는 보도자료 작성하는 것도 별도의 일이어서 언론홍보에 소극적인 경향이 있습니다(물론 이는 조직 내부의 홍보 강화 기조에 따라 개선되고 있습니다). 그러므로 팀장이나 과장이 사업 시행 초기에 언제, 어떤 내용으로 보도자료를 만들 것인지 미리 생각하고 담당자에게 준비시키는 것이 좋습니다.

이렇게 언론사에 제공하는 모든 보도자료가 기사나 뉴스가 되는 것은 아닙니다. 정부 시책처럼 대상과 범위가 전국적이라면 많은 언론매체에서 비중 있게 다루겠지만, 지방자치단체나 민간기업체의 뉴스는 크게 보도되기가 쉽지 않습니다. 아무래도 지역적인 한계가 있기 때문이죠. 서울의 25개 자치구에서도 보도자료를 배포하지만, 단신 정도로 처리되는 경우가 적지 않습니다. 신문에서 서울시 관련 기사는 대부분 사회면이나 전국면, 또는 메트로면에 실립니다. TV 방송의 경우는 저녁뉴스(6~7시) 단신이나, 메인 뉴스(8시 또는 9시) 후반부 지역방송 타임에 편성되는 경우가 많습니다.

29

보도자료 O×퀴즈

보도자료를 만들기에 앞서 제대로 알아야 할 몇 가지를 말씀드리겠습니다(이 글의 ○× 퀴즈는 서울시 대변인실 성기연 메시지실장의 자료를 인용했음을 밝힙니다).

01 | 보도자료는 뿌리면 기자들이 다 써준다 ×

그렇지 않습니다. 기자들은 하루에 수십 개의 보도자료를 받습니다. 이 중 기사화하는 건은 몇 건에 불과합니다. 서울시에 1년 정도 출입한 기자면 보도자료 제목만 봐도 기사가 되는지 안 되는지 안다고 합니다. 언론사 단 한 군데도 기사로 내보내지 않는 보도자료도 있습니다.

02 | 보도자료는 양이 많을수록 좋다 ×

주요 정책이나 사업이 아니라면 보도자료는 첨부 자료 빼고 2장 정도가 적당합니다.[1] 너무 길게 쓰면 기자들이 "이 많은 걸 언제 다 읽으라고……"

하며 짜증 내는 경우도 있습니다. 내용이 충실하면 2장짜리라도 크게 보도가 되고, 내용이 빈약하면 분량이 많아도 단신거리밖에 안 될 수 있습니다.

03 | 보도자료는 대충 써서 주면 기자가 알아서 취재한다 ×

보도자료는 말 그대로 '보도가 될 자료'입니다. 읽어보는 기자가 내용에 궁금한 점이 없도록 핵심 내용을 빠짐없이 적어야 합니다.

04 | 보도자료에 기사를 다 써줄 필요는 없다 ×

가장 잘 쓴 보도자료는 보도자료 내용대로 기사가 나가는 자료입니다. '내가 기자가 되어 기사를 쓴다'고 가정하고 보도자료를 써보시기 바랍니다. 어떻게 써야 할지 모르겠다면, 비슷한 사업의 다른 부서 보도자료를 참고하거나, 인터넷에서 관련 있는 뉴스 기사를 검색해 읽어보시기 바랍니다.

05 | 석간용 보도자료는 문화일보에만 보도된다 ×

서울시에 출입하는 석간신문사는 내일신문, 문화일보, 아시아경제, 헤럴드경제가 있습니다.

1 서울시 보도자료는 글자 크기를 14~15포인트 크기의 글자를 사용하며, 분량은 보통 3~4쪽 정도 됩니다.

06 | 중요한 사업은 똑같은 내용이라도 보도자료를 반복적으로 낼수록 좋다 ×

보도자료에 새로운 내용('new's)이 없으면 뉴스 가치가 떨어집니다. "왜 같은 자료를 또 내냐!"라고 기자들이 대변인실에 따지는 경우도 있습니다. 반복적으로 실행하는 사업이라면 반드시 새로운 내용을 넣으시기 바랍니다.

07 | 중요 보도 아이템은 꼭꼭 숨겨놓았다가 짠~ 하고 내놓는 것이 좋다 ×

큰 뉴스거리는 언론사에 사전에 알려줘야 합니다. 그래야 데스크에 보고하고, 신문의 경우는 지면도 잡아놓고, 방송은 뉴스시간대를 결정하고, 나름대로 취재계획을 짭니다. 대변인실에서는 주간 단위로 출입기자들에게 주요 보도계획을 미리 알려주고 있습니다. 보도자료가 공지되면 그 날짜로 엠바고가 설정됩니다.

08 | 특정 언론사에 '잘 써달라'고 부탁하며 단독 자료를 주면 큰 기사가 날 것이므로 전략적이다 ×

이 경우는 매우 신중해야 합니다. 한두 번 정도는 크게 보도가 날 수도 있겠지만, 다른 언론사들이 예의 주시할 겁니다. 뉴스 내용에 따라 내부적으로 출처를 밝힐 수도 있습니다. 보도자료는 대변인실을 통해 모든 언론사에 제공하는 것이 좋습니다.

09 | 부정보도가 예상되는 취재에 무조건 자료를 주지 말아야 한다 ×

버티기, 모르쇠로 일관하는 대응 자세는 좋지 않습니다. 자칫 취재기자의 감정을 자극해 부정보도를 키울 수도 있습니다. 내부 보고를 한 후 최소한의 자료는 주며 설명을 충분히 하는 것이 바람직합니다.

10 | "○○신문, 그거 누가 보나요? 거기에 기사 하나 난다고 뭐 대단한 겁니까?" ×

매체 파워는 약하더라도 해당 기사의 뉴스 가치가 크다면 다른 언론사들이 받아쓰면서 뉴스가 온라인으로 순식간에 확산됩니다. 지금은 사람들이 컴퓨터나 스마트폰으로 뉴스를 소비하는 시대입니다. 어느 언론사가 썼는지 확인하고 뉴스 기사를 클릭하는 경우는 별로 없습니다. 그리고 일반 시민은 안 보더라도 정부 부처, 다른 지자체의 공무원들은 보도 스크랩[2]을 보고 알 수 있습니다.

2 보통 스크랩(scrap)이라고 말하는데, 정확히는 클리핑(clipping 또는 news clipping)이 맞는 표현입니다.

30

보도자료 제목을 섹시하게 뽑아라

여기서 '섹시하게'라는 말은 성적인 매력이 있다는 말이 아닙니다. 독자들이 제목을 보고 무슨 기사인지 보고 싶게 매력적으로 제목을 쓰라는 뜻입니다. 보도자료를 작성할 때 제목 잡기가 가장 힘듭니다. 제목을 잘못 잡으면 내용이 엉뚱한 방향으로 흘러갈 수 있기 때문에 제목은 가장 마지막에 쓸 것을 추천합니다. 언론사에서도 기사 제목은 중요하기 때문에 취재기자가 아니라 내부 편집부 기자가 정한다고 합니다.

신문기자는 보도자료를 보고 기사를 쓸지 안 쓸지, 쓴다면 어떤 방향, 어느 정도의 분량으로 쓸지 결정합니다. 방송기자는 그림(영상)이 되는지 안 되는지, 된다면 메인 뉴스 아이템인지, 아침이나 저녁 뉴스인지 또는 단신거리인지를 판단합니다. 그러므로 뉴스(기사)가 되기 위해서는 보도자료를 잘 만들어야 합니다. 대변인실은 서울시의 모든 부서와 산하기관에서 들어오는 보도자료들을 정리해 매일 10~13건 정도 언론사에 제공합니다. 보도자료를 낸다고 다 기사가 나는 것은 아닙니다. 10개 내면 6개 정도 나오는 경우가 있고, 간단한 내용인데도 크게 보도가 되는 경우가 있고, 보도자료의 양은 많은데 기사는 짧게 나오는 경우도 있습니다.

보도자료는 공무원이 작성하는 보고서나 행정 문서가 아닙니다. 공문 만들 듯이 보도자료를 만들면 기자들이 보고 "도대체 무슨 말이야?" 하며 짜증을 내는 경우도 있습니다. 보도자료는 알기 쉽게 기사체로 써야 합니다. 보도자료가 다분히 홍보 자료이고, 때로는 편파적이거나 과장되는 경우도 있지만 전하고자 하는 핵심을 일목요연하게 기술해야 합니다. 또 보도자료는 핵심이 가장 먼저 나와야 합니다. 역피라미드(▽) 방식으로 작성해 중요한 것부터 중요하지 않은 순서로 써야 합니다. 먼저 제목부터 어떻게 쓰는지 설명드리겠습니다.

제목(headline)은 보도자료를 받아본 기자가 이 자료를 기사화할지 말지를 판단하는 첫 번째 기준이고, 기사의 방향을 결정하므로 가장 중요한 부분입니다. 눈에 띄거나 흥미로운 요소를 포함하고 있어야 하고, 정책 전체의 흐름을 잡는 핵심 메시지를 전달해야 합니다. 손에 잡히는 이익, 위험, 일상, 감성 중 기자의 무엇 하나라도 자극할 수 있어야 하며, 일상 언어와 괴리된 추상적인 어휘 사용은 자제해야 합니다. 보도자료 제목이 기자의 시선을 끌지 못하면 기사가 될 가능성은 희박합니다. 신문을 펼칠 때 눈에 확 들어오는 제목의 기사는 먼저 읽어보게 마련입니다. 인터넷으로 뉴스를 검색하다 보면 '도대체 무슨 내용일까?' 하며 제목을 클릭하게 하는 기사가 있습니다. 이렇게 제목이 좋을 때 기자들은 "제목이 섹시하다"라고 표현합니다.

한국언론진흥재단에서 실시한 '2018 언론수용자 의식조사' 결과를 보면, 인터넷 포털사이트의 뉴스를 이용할 때 "포털사이트 첫 페이지(메인 화면)의 뉴스 제목이나 사진을 보고 뉴스를 클릭한다"라는 응답이 제일 많았습니다. 그만큼 뉴스 제목이 중요하다는 말입니다. 포털의 메인 화면에 걸리면 뉴스 조회수가 폭발적이어서 경쟁적으로 자극적이거나 선정적인 제목을 쓰는 경우를 종종 봅니다. 앞서 소개한 '서울시 복지 포인트 특종' 기사 제목처럼 특히 비판기사의 제목이 이런 경우가 많습니다. 제목 밑에는 본문 중 핵심 내용을 요약해 서너 개 정도의 소제목(sub headline)을 붙입니다. 제목과 소제목만 읽어봐도 보도자료가 무슨 내용인지 알 수 있게 써야 합니다.

이해를 돕기 위해 사업 부서에서 써온 제목을 대변인실에서 어떻게 바꾸었는지, 또 언론은 어떤 제목으로 뽑았는지 몇 가지 사례를 말씀드리겠습니다.

사업 부서	서울시 건축심의, 디자인 향상과 고객 편의 위주로 개선
대변인실	똑같은 모양, 높이의 성냥갑 APT는 더 이상 없다!
한겨레	한강변 '성냥갑 아파트' 못 짓는다

지금도 획일적인 모양의 아파트를 표현할 때 쓰는 '성냥갑 아파트'라는 말은 서울시 대변인실에서 만들었습니다. 다른 사례를 소개합니다.

사업 부서	13년 만에 「자치구 재원지원조례」 개정, 강남북 균형발전 기여!!
대변인실	서울시 재정교부금, 가난한 자치구에 더 준다
동아일보	서울시 '가난한' 구(區)에 교부금 더 주기로

담당 부서	경춘선 폐선부지, 대규모 선형공원으로 재탄생!
대변인실	경춘선 폐철로에 'S라인 녹지문화벨트' 펼쳐진다
조선일보	경춘선 폐철로 따라 'S라인' 녹지 생긴다

서울시의 실제 보도자료를 수록했으니 참고하시기 바랍니다.

2018. 05. 30.(수) 석간용
이 보도자료는 2018년 5월 30일 오전 06:00부터 보도할 수 있습니다.

I·SEOUL·U

보도자료

담당부서 : 기후환경본부 기후대기과

사진없음 □ 사진있음 ■ 매수: 4매

기후대기과장	신대현	2133-3590
기후변화대응팀장	하동준	2133-3592
담 당 자	라인영	2133-3597

올 여름 광화문광장에 찜통더위 잡는 시원한 안개비 내린다

- 서울시, 6.1.~8.31. 더위잡는 인공 안개비 '쿨링포그(Cooling Fog)' 가동
- 2중 여과 깨끗한 수돗물 미세입자로 분사해 주위 온도 2~3℃ 낮추는 쿨링효과
- 시 "그늘 없는 광화문광장을 시원하게… 시민 호응도 등 반영해 기간 연장도 검토"

□ 올 여름 광화문광장에 찜통더위를 식혀줄 시원한 인공 안개비가 매일 내린다.

□ 서울시는 광화문광장 보행로(교보생명 빌딩 방면) 77m 구간에 '쿨링포그(Cooling Fog)' 시스템을 적용한 쿨스팟(Cool Spot)이 6월1일(금)부터 본격 가동에 들어간다고 밝혔다.

□ '쿨링포그'는 일종의 '인공 안개비'다. 보행로 난간에 촘촘하게 설치된 152개 노즐에서 2중 여과시설을 거쳐 인체에 무해한 깨끗한 수돗물을 20마이크론(μ) 이하의 미세입자 형태로 분사하게 된다. 분무된 물이 더운 공기와 만나 기화하면서 열을 빼앗아 주위 온도를 2~3℃ 낮추는 효과가 있다.

□ 서울시는 광화문광장이 큰 그늘시설이 없는 만큼, 쿨링포그 시스템을 여름철 낮 시간대에 집중 운영해 폭염 피해를 예방하고, 광장을 찾은 시민들에게 청량감을 선사한다는 계획이다.

ㅇ 기상청은 2018년 여름 기온은 평년(23.3~23.9℃)과 비슷하거나 높고, 후반에는 무더운 날이 많을 것으로 전망했다.

□ 서울시는 작년 7월21일부터 광화문광장 보행로에 쿨링포그 시설을 설치해 약 한 달 간 시범운영한 결과 시민 호응이 높아 올해는 기간을 확대해 6월1일부터 8월31일까지 3개월 간 가동한다.

□ 광화문광장 쿨링포그는 비오는 날을 제외하고 매일 11시~19시 가동된다. 45분 간 가동 후 15분 동안 멈추는 식으로 운영된다. 다만, 기온이 25℃ 이하이거나 습도가 70% 이상이면 자동으로 가동이 중단된다.

□ 신대현 서울시 기후대기과장은 "시민은 물론 많은 관광객들이 찾는 광화문광장에 주변온도를 낮추는 효과가 있는 쿨링포그 시설을 여름철 내내 가동해 보다 시원하고 쾌적한 시간을 즐길 것으로 기대한다"며 "한낮 기온과 시민의 호응도를 반영해 기간 연장 운영방안도 검토할 계획"이라고 말했다.

※ 붙임 : '쿨 스팟' 운영 사진 4매.

31

보도자료는 두괄식으로 써라

보도자료의 제목 작성에 이어 전문, 본문, 일반적인 사항을 말씀드리겠습니다. 전문(lead)이란 보도자료의 첫 문장을 말합니다. 기자들은 영어 그대로 '리드'라고 부릅니다. 리드는 보도자료 전체의 가장 핵심적인 내용을 담은 1~2문장 정도로 작성합니다. 본문 내용의 요약이므로 전문만 읽더라도 보도자료의 전체 내용을 파악할 있도록 써야 합니다.

다음은 본문(body)입니다. 알리고 싶은 내용을 사실(fact) 중심의 역피라미드(두괄식) 구조로 작성하되 중요한 순서대로 써야 합니다. 쉽게 말씀드려, 보도자료 내용을 줄여야 한다고 가정한다면 제일 마지막 문단부터 없애도 내용 전달이 가능해야 한다는 말입니다. 그리고 본문은 말하려는 사업(정책)의 추진으로 시민들이 얻는 이익이 무엇인지, 사업 시행 후 개선점은 무엇인지 명확히 제시해야 합니다. 여기서는 사업의 모든 것을 나열할 것이 아니라 많은 내용 중 무엇을 취하고 무엇을 버릴 것인지 고민해야 합니다. 분량이 많을 경우에는 개조식으로 중간 제목을 달아주는 것이 효과적입니다. 또한 다음과 같은 사안에 유의해 작성해야 합니다.

거듭 말씀드리지만 금액, 거리, 인원, 비율, 주소 등의 숫자는 절대로 틀

보도자료 작성 시 유의 사항

- '중학교 2~3학년 학생에게 구두로 설명'하듯이 이해하기 쉽게 작성
- 흐름과 개요를 잡아 써나가고, 주술 호응, 맞춤법 등 기본적인 문장 작성에 유의
- 한 문장은 서너 줄 정도가 적당하고, 수동형·부정형보다는 능동형·긍정형 동사 사용
- 언론은 숫자, 순위, 최초 등을 좋아하니 적극 인용
- 통계나 숫자는 틀림이 없는지 반드시 확인(언론보도 후 오류가 확인되는 경우 정정이 어려움)
- 용어의 경우 당구장(※) 표시 등으로 그 뜻을 설명
- 외국어를 쓸 경우에는 괄호를 써서 우리말로 표현(어려운 말을 쓰면 기자들이 이해하기 어려움)
- 본문은 두세 매 정도로 작성하고 더 언급해야 할 자료(사업 개요, 조감도, 사진, 동영상, 인적 사항 등)는 첨부
- 사진이나 그림 자료는 별도의 이미지 파일(jpg)도 첨부

리지 말아야 합니다. 또한 담당 부서, 담당공무원의 이름과 전화번호(휴대폰)도 정확해야 합니다. 가끔 예전에 쓰던 보도자료(한글파일)를 쓰면서 바뀐 공무원의 이름과 연락처를 고치지 않아 기자들이 불편을 겪는 일도 있습니다. 대변인실에서 언론사들에 보도자료를 배포하면 뉴스통신사가 가장 먼저 보도합니다. 일반 언론사들은 통신사의 기사 방향과 분량 등을 참고로 기사를 작성하는 경우가 많습니다. 만약 틀린 숫자가 통신사에 보도되면 타 언론사의 기사에도 똑같은 오류가 생길 수 있습니다. 기사 송출 후 통신사에 '숫자가 틀렸으니 고쳐달라'고 요청하면, 통신사 기사에 대한 신뢰가 떨어질 수 있기 때문에 난색을 표하며 고쳐주지 않으려 합니다. 보도자료의 오류든 기자의 실수든 언론의 특성상 한번 잘못된 기사를 바로 잡는 것은 생각만큼 쉽지 않습니다.

그리고 큰 정책을 위한 하나의 단위 사업에 대한 보도자료를 작성할 때는 큰 정책을 반드시 설명하는 것이 좋습니다. 그래야 그 단위 사업을 왜 하는지 큰 그림을 이해하고 기자들이 기사를 쓸 수 있기 때문입니다. 간혹 기자들이 보도자료를 보고는 "서울시가 이런 사업을 왜 하냐?"라고 삐딱하

게 묻는 경우가 있습니다. 대충 짐작은 할 수 있지만 보도자료 내용 중 서울시가 어떤 배경에서 어떤 정책 목표를 가지고 사업을 추진하는지 설명이 부족하다는 지적입니다. 이렇게 되면 사업 부서에서 의도하지 않은 기사나 비판기사가 나올 수 있습니다. 설령 짧은 기사에 큰 정책이 무엇인지까지 다 쓸 수는 없지만, 취재기자는 서울시의 정책 의도에 맞게 기사를 쓸 것입니다.

보도자료에는 되도록 사진이나 그림 자료를 첨부하십시오. 이런 보도자료는 기사화될 가능성이 높습니다. 종이신문에는 지면 관계상 사진이 안 나오더라도 온라인 뉴스는 분량 제한이 없어 사진(이미지) 자료가 함께 보도될 수 있습니다. 동영상까지 첨부하면 방송 뉴스감이 될 수도 있습니다. 신문과 비교할 때 방송의 매체영향력은 훨씬 큰 것으로 알려져 있습니다. 방송보도용 보도자료 작성에 대해서는 따로 말씀드리겠습니다. 큰 내용이 아니더라도 스토리를 넣고, 사진도 넣는 등 성의 있게 보도자료를 잘 만들면 기사화될 가능성이 높아집니다. 서울시 보도자료는 서울시 홈페이지에서 볼 수 있습니다.[1]

1 서울시 보도자료 보기: 시 홈페이지(www.seoul.go.kr) → 메인화면 오른쪽 상단의 〈서울소식〉 클릭 → 화면 좌측의 '보도·해명자료' 클릭 → '보도자료' 클릭

2019. 1. 11.(금) 석간용
이 보도자료는 2019년 1월 11일 오전 06 : 00부터 보도할 수 있습니다.

I·SEOUL·U 보도자료

담당부서 : 주택건축본부 주택공급과

사진없음 □ 사진있음 ■ 쪽수 : 5쪽

주택공급과장	이진형	2133-6280
역세권사업팀장	이희향	2133-6295
담 당 자	한의성	2133-6298

서울시, 태릉입구역에 노원구 1호 '역세권 청년주택' 270세대

- 도시관리계획 10일 결정고시…건축심의 · 허가 후 6월 착공, '21년 7월 입주 시작
- 제3종일반주거지역→일반상업지역 용도지역 상향 통해 지하2층~지상20층 규모
- 주민편의시설 · 커뮤니티광장 · 나눔카주차장 등…청년주택이 공적임대주택 공급 추진 선도

□ 지하철 6·7호선 태릉입구역 인근에 오는 '21년 '역세권 청년주택'이 들어선다. 노원구에 건립이 결정된 첫 번째 역세권 청년주택이다.

○ '역세권 청년주택'은 서울시가 용도지역 상향, 용적률 완화, 절차 간소화, 건설자금 지원 등을 제공하면 민간사업자가 대중교통중심 역세권에 주거면적 100%를 임대주택(공공·민간)으로 지어 청년층에게 우선 공급하는 정책이다.

□ 지하2층~지상20층(연면적 11,834.47㎡)에 총 270세대(공공임대 74, 민간임대 196) 규모로 건립된다. 지상1층엔 입주민은 물론 지역주민이 함께 이용할 수 있는 커뮤니티 광장이 조성되고 지상1~2층엔 주민편의시설(근린생활시설)도 들어선다. 주차장(지하1층) 총 98면 가운데 20%를 나눔카 주차장으로 만든다. 건물 전면도로와 이면도로를 연결하는 폭 3m의 보행통로를 조성하고 24시간 개방해 가로활성화도 유도한다.

○ 주차장은 자주식 주차장 20대, 기계식 주차장 78대로 총 98대의 주차면수로 구성됐다. 이중 20%인 20대의 주차면수엔 나눔카를 시행할 예정이다.

□ 서울시는 노원구 공릉동 617-3 일원 태릉입구역 역세권 청년주택' 사업에

대해 이와 같은 내용으로 도시관리계획(용도지역 및 지구단위계획) 변경 결정을 10일(목) 고시했다고 밝혔다. 변경 결정 고시를 통해 사업계획이 결정된 것으로, 건축심의와 허가를 거쳐 올해 6월 착공해 '21년 7월 준공하고 입주를 시작한다는 목표다.

○ 태릉입구역 역세권 청년주택 사업은 「민간임대주택에 관한 특별법」 및 「서울시 역세권 청년주택 공급 지원에 관한 조례」에 따라 민간 사업시행자가 '18년 6월 시에 도시관리계획 변경 등을 포함한 사업계획서를 접수했다.

○ 시는 관련 규정에 따라 도시·건축공동위원회 심의 등 사업계획결정 절차를 완료, 10일 고시했다.

□ '태릉입구역 역세권 청년주택'은 부지면적 2,000㎡ 이하의 비촉진지구 사업이다. 도시계획위원회, 도시·건축공동위원회의 심의를 거쳐 기존 제3종일반주거지역에서 일반상업지역으로 용도지역을 상향해 기본 용적률 680%를 적용받는다.

□ 한편, 서울시는 지난해 2월 발표한 「공적임대주택 5개년 공급계획」을 통해 5년('18~'22년) 간 역세권 청년주택 8만호를 공급하겠다고 밝힌바 있다. 올해 첫 번째로 사업계획이 결정된 태릉입구역 역세권 청년주택을 시작으로 대학생, 사회초년생, 신혼부부 등 청년세대를 위한 역세권 청년주택을 지속 발굴·공급한다는 계획이다.

○ 시는 공적임대주택 계획에 따라 5년 간 공적임대주택 총 24만호(공공임대주택 12만호, 공공지원주택 12만호)를 공급하겠다고 발표했다. 이 중 역세권 청년주택은 8만호다.

□ 류훈 서울시 주택건축본부장은 "노원구 첫 번째의 역세권 청년주택이자 2019년 처음으로 사업계획이 결정된 태릉입구역 역세권 청년주택이 차질없이 진행되도록 지원하겠다"며 "서울시는 중앙정부와 긴밀히 협력해 법령·제도개선과 재정지원을 통해 역세권 청년주택을 비롯한 공공주택 공급을 확대하겠다"고 말했다.

※ 붙임자료 생략

32

보도자료에 넣는 사진의 용량을 줄여라

갈수록 읽는 뉴스보다 보는 뉴스의 소비가 늘어나다 보니 보도자료에도 사진, 그림 등의 자료를 추가해야 합니다. 그런데 파일 크기가 매우 큰 이미지를 쓰면 불편한 점이 생깁니다. 한글 문서에 대용량 사진을 넣으면 파일 용량이 커져 메모리를 많이 차지하고, 문서를 열거나 편집하는 데도 시간이 오래 걸립니다. 저해상도 사진을 쓰면 2~3MB 정도로 충분한 보도자료(한글 파일)가 대용량 원본 사진 파일을 그대로 써서 수십 MB가 되는 경우가 자주 있습니다. 서울시의 보도자료를 보면 한글 파일 용량이 10MB를 넘는 경우가 많고, 심지어 세 장짜리 보도자료에 사진을 네 장 넣었는데 30MB가 넘는 경우도 있습니다.

기자들이 하루에 수십 개, 많게는 100개가 넘는 보도자료를 이메일로 받습니다. 그런데 이렇게 받은 이메일을 지우는 것이 중요한 일과 중 하나라고 합니다. 왜냐하면 며칠간 받은 이메일을 그대로 두면 받은 편지함이 꽉 차서 정작 중요한 보도자료를 못 받는 경우가 생기기 때문이라는 것입니다.

서울시의 보도자료는 매일 대변인실 웹하드에 게시하고 출입기자들에게 이메일로 보내고 있습니다. 하루에 10여 개씩 나가는 보도자료에 대용량 사진을 쓰면 웹하드 용량이나 기자 메일함의 용량을 많이 차지하게 됩니다. 또 보도자료를 보기 위해 웹하드에서 다운로드를 하거나 파일을 열 때 시간이 오래 걸립니다. 기자들은 이것 때문에 불편해합니다. 기자들이 아니더라도 조금 성질이 급한 분들은 파일 여는 데 시간이 오래 걸려 짜증이 날 겁니다.

보도자료를 볼 기자의 편의와 효율적인 문서 작업을 위해 보도자료에 삽입하는 사진들은 적당한 용량을 써야 합니다. 신문에 실리는 대부분의 사진들은 아주 큰 사진을 제외하면 고해상도 사진이 아닙니다. 특히 인터넷뉴스에는 저해상도 사진 파일을 씁니다. 따라서 고해상도 사진을 삽입해서 보도자료를 보는 기자들에게 불편을 줄 필요는 없습니다. 사진도 꼭 필요한 몇 장만 넣으십시오. 신문기사를 보시면 알겠지만 관련 사진은 거의 다 한 장밖에 안 실립니다. 보도자료 내용과 마찬가지로 관련 사진을 다 담으려고 하지 말고, 정제해서 필요한 사진들만 삽입하시기 바랍니다. 이왕 만드는 보도자료라면 기자가 보기 편하고 활용하기 쉽게 작성하는 것이 좋지 않겠습니까?

보도자료 본문에는 작은 용량의 사진을 넣고, 대용량 사진은 꼭 필요한 경우에만 별도의 이미지 파일로 제공하면 됩니다. 그리고 사진에는 반드시 캡션(caption)을 달아 사진 속의 인물이나 장소, 상황을 설명을 해주시는 것이 좋습니다. 사진 용량(크기)을 조절하는 포토샵 같은 프로그램을 쓸 줄 모르신다고요? 사진의 용량은 전문 소프트웨어를 쓸 필요 없이 다음과 같이 흔글 프로그램에서 어렵지 않게 줄일 수 있습니다.

이렇게 작업을 하면 10MB가 넘는 사진 파일도 200~300kb로 줄어듭니다. 파일 크기가 줄어도 사진은 선명하게 잘 보입니다. 문서 작업이 빨라지고, 저장 공간을 덜 차지하며, 이메일 송수신이 용이하다는 장점이 많습니다. 사진 용량 줄이는 방법을 글로 쓰니까 어렵고 시간이 오래 걸리는 것처럼 보이는데, 실제로 몇 번 연습해 보면 1분도 안 걸리는 쉬운 작업입니다. 보도자료 작성이 아니더라도 보고서나 방침서 작성 등 모든 한글 문서 작업 때 저해상도 사진을 사용하면 여러 가지로 효율적입니다.[1]

한글 프로그램에서 사진 파일 용량 줄이는 방법

① 사진을 넣을 위치에 커서를 놓고 그림(사진)을 불러와 선택하고 '넣기'를 클릭

② + 커서를 이용해 사진을 적당한 크기로 키운 후 사진 위에 마우스 표시를 두고 오른쪽 버튼을 클릭한 후 '개체 속성'을 클릭

③ '그림' 탭 메뉴에서 '원래 그림으로' 버튼을 클릭한 후 '설정'을 눌러 원본 사진 크기를 확인

④ 다시 사진 위에 마우스 표시를 두고 오른쪽 버튼을 클릭한 후 '개체 속성'을 클릭

⑤ '그림' 탭 메뉴에서 가로와 세로 비율을 동일하게 축소한 후 '설정'을 눌러 사진을 쓰고 싶은 크기로 줄임['가로, 세로 같은 비율 유지' 앞 체크 (☑)]

⑥ 다시 사진 위에 마우스 표시를 두고 오른쪽 버튼을 클릭한 후 '그림 파일로 저장'을 클릭

⑦ 사진을 저장할 폴더를 지정한 후 파일 이름을 입력하고, 파일 형식은 JPG를 선택

⑧ 한 번 더 사진을 넣을 위치에서 용량을 줄인 해당 사진을 불러와 선택하고 '넣기'를 클릭

⑨ + 커서를 이용해 사진을 필요한 크기로 조절한 후, 다시 사진 위에 마우스 표시를 두고 오른쪽 버튼을 클릭한 후 '개체 속성'을 클릭

⑩ '기본' 탭 메뉴 안 '글자처럼 취급' 앞 체크 (☑)

⑪ 마지막으로 사진을 적절한 위치로 이동

1 한글 파일에 삽입되는 사진 용량을 줄이는 방법은 '그림' 탭의 줄이기-용량 줄이기 설정 기능 이용도 있습니다. 구체적인 방법은 인터넷에서 '한글 파일 용량 줄이기'로 검색해 보세요.

33

TV 방송 뉴스는 이렇게 만들어진다

TV 방송 뉴스(이하 '방송 뉴스')를 겨냥한 보도자료 작성에 앞서, 방송 뉴스에 대해 설명드리겠습니다. 신문을 종합지, 경제지, 조간, 석간 등으로 나눈다면 방송 뉴스는 지상파, 종합편성채널, 보도채널 등으로 구분합니다.

방송 뉴스 채널

구분	방송사명
지상파	KBS, MBC, SBS, OBS 등
종합편성채널	MBN, JTBC, TV조선, 채널A
보도채널	연합뉴스TV, YTN

방송 뉴스에 나가려면 신문과는 달리 더 신경을 써야 하는 것이 '그림'입니다. 그림이라고 하니까 카메라로 찍은 사진을 생각하실 건데, 방송기자들이 그림이라고 하면 '볼만한 영상'을 말하는 것입니다. 단순한 사진이나 조감도 정도로는 방송 뉴스를 만들기 곤란합니다. 뉴스로서의 시의성과 중요한 정보, 유익한 내용은 기본적으로 갖추어야 하고요.

앞에서 말씀드렸지만 방송보도의 파급력은 신문보다 훨씬 큽니다. 인터넷이나 종이신문보다 TV를 통해 뉴스를 보는 사람이 훨씬 많고, 뉴스 신뢰도도 신문이나 인터넷 포털보다 지상파 TV와 종합편성채널이 더 높습니다. 특히 KBS, MBC, SBS, 방송 3사의 메인 뉴스 위력은 엄청납니다. 앞에서 말씀드렸는데 2009년 12월, MBC가 광화문광장에서 열린 스노보드대회를 매우 이례적으로 연속 3일 메인 뉴스로 비판 보도한 적이 있습니다. 폭격으로 비유하자면 초토화했다고 할 수 있습니다. 이렇게 보도를 하니 "아니 스노보드대회가 도대체 뭐야?" 하면서 광화문광장을 찾은 사람들이 꽤 많았다고 합니다. 일부 홍보 전문가는 서울시가 노이즈 마케팅을 한 것으로 분석하기도 했습니다.

신문의 영향력을 구독 부수나 열독률로 평가한다면, 방송은 시청률로 매체 파워를 알 수 있습니다. 그런데 앞에서 말씀드렸지만 방송사별 뉴스 시청률은 쉽게 알 수가 없습니다. 이는 '영업 비밀'에 해당하는 내부 정보이기 때문입니다. 일반 시청자는 특정 기간대의 일간, 주간 시청률 정도만 알 수 있지만, 방송사 내부적으로는 일간, 주간, 월간 단위로 시청률 추이를 분석하고 특히 메인 뉴스의 경우에는 매일 뉴스 아이템까지 세밀하게 체크하는 것으로 알려져 있습니다. 따라서 오늘 메인 뉴스 내용 중 어떤 뉴스의 시청률이 가장 높았는지도 알 수 있습니다. 평기자들도 자세히는 모르고 주요 데스크 기자 이상이 공유한다고 합니다. 2019년 4월 11일(목) 시청률을 150쪽의 표로 정리해 보았습니다.

제가 2019년 1월부터 4월까지의 주간 시청률을 살펴봤더니 KBS 뉴스 9가 11.8~13.3%로 가장 높았습니다. 그다음은 JTBC 뉴스룸이 4.2~ 5.5%, MBN 뉴스 8이 3.5~4.2%였습니다. 시청률이 주간 단위로 나오지는 않지만, SBS 8시 뉴스는 5~6%대, MBC 뉴스데스크는 2~3%대로 추정이 됩니다. 이 책의 초판을 쓴 2011년에는 KBS가 10% 후반대, MBC와 SBS는 7~9%대 정도라고 했는데 그때와 비교해 많은 변화가 있었네요.

TV 방송 메인 뉴스 시청률(2019.4.11)

뉴스명	시청률(%)	방송시간
KBS 뉴스 9	10.5	오후 09 : 00
SBS 8 뉴스	5.6	오후 08 : 00
JTBC 뉴스룸	4.9	〃
MBN 뉴스 8	4.1	오후 07:30
TV조선 뉴스9	3.5	오후 09:00
뉴스 A	2.7	오후 07:20(주말 07 : 00)
MBC 뉴스데스크	2.3	오후 07:30(목 08 : 35, 주말 07 : 55)

종합편성채널의 출범으로 방송사 간에 경쟁이 심해져 지상파 뉴스의 시청률이 떨어진 것으로 보입니다. 하지만 KBS는 큰 차이로 계속 시청률 1위를 고수하고 있습니다. MBC는 2017년 파업 이후 시청률이 떨어져 지금은 종편보다도 낮은 시청률을 보이고 있습니다. 심해진 경쟁으로 인해 몇몇 방송사는 뉴스 시간을 저녁 8시에서 7시 30분으로 당기기도 했습니다. 그런데 요즘은 'TV 방송 메인 뉴스 시청률'과 같은 가구시청률 대신 '2049시청률'이 더 의미가 있다고 합니다. 나이 20세에서 49세까지의 시청률을 말하는데, 광고주로서는 이 연령대의 소비력이 크기 때문이라고 합니다. 시청률 조사업체에서는 KBS가 가구시청률에서 독보적이긴 하지만, 실제로는 TV만 켜놓고 보지 않는 노년층 시청자가 많아 허수를 감안해야 한답니다. 2049시청률을 보면 KBS, MBC, SBS, JTBC가 1~3%대로 가구시청률로 비교할 때보다 차이가 크게 줄어든다고 합니다.

메인 뉴스는 보통 25~30개의 아이템으로 구성이 됩니다. 신문이 34판, 35판 하는 식으로 판갈이를 하듯, 방송도 아침부터 방송 직전까지 아이템들이 계속 바뀝니다. 예를 들면, 아침에 메인 뉴스에 들어간 아이템이 오후에 큰 뉴스가 생기면 빠질 수도 있습니다. 서울시 뉴스는 많으면 세 개까지도 들어가고 보통은 한 개 정도, 아니면 들어가지 않는 날도 자주 있습니다. 그것도 방송사마다 차이가 있지요. 처음부터 메인에 올라가지 못할 아이템은 저녁뉴스나 다음 날 아침뉴스로 편성됩니다. 서울시 뉴스의 경우, KBS는 저녁 7시, MBC는 저녁 6시나 다음 날 아침뉴스, SBS는 그날 낮 12시나 저녁 5시, 또는 다음 날 아침뉴스로 보도가 됩니다. 연합뉴스TV나 YTN은 보도전문채널이라 하루에 몇 번씩 똑같은 뉴스가 나옵니다. 따라서 그림이 될 만한 사업들은 신문보다는 방송을 염두에 두고 보도자료를 작성하는 것이 더 홍보 효과가 큽니다.

과거 대변인실 방송팀에서 처음 일할 때 어떤 아이템이 방송 뉴스감인지 잘 몰라 애먹은 적이 있습니다. 방송사별로 선호하는 뉴스거리도 달라 까다로운 출입기자들의 취재를 지원하는 것이 어려웠습니다. 한 가지 예를 들면, 그 당시 서울 지하철 3호선의 연장 개통식이 메인 뉴스로 편성되었다가 빠진 적이 있습니다. 그 대신 저는 생각하지 못했던 아이템이 KBS와 SBS의 메인 뉴스 아이템으로 올라갔습니다. 설날연휴에 서울대공원의 기린이 새끼를 낳았다는 보도자료 내용이 메인 뉴스로 보도된 것입니다. 좀처럼 보기 어려운 기린의 출산 과정을 찍은 CCTV 화면이 선택된 것입니다. 시정 홍보에는 큰 도움이 되지 않지만 동물을 주제로 한 보도자료는 방송 뉴스거리가 될 확률이 매우 높습니다.

34

방송을 겨냥해 보도자료를 만들어라

방송 뉴스를 겨냥한 보도자료는 세 가지 요건을 잘 갖춰야 합니다. 첫째, 충분한 시각(visual) 자료를 확보해야 합니다. 둘째, 시기적으로 적절한 아이템이어야 합니다. 셋째, '이야기가 되어야' 합니다. 이야기가 되어야 한다는 말은 기자들이 아주 많이 쓰는 말입니다. 보도를 함으로써 이슈가 될 수 있느냐, 시청자의 주목을 끌 수 있느냐를 의미합니다. 요건별로 자세히 알아보겠습니다.

첫째, 시각 자료란 동영상이나 촬영할 현장을 말합니다. 단순한 사진 몇 장 정도로는 시청자에게 보여줄 그림이 나오지 않으므로 방송 뉴스를 제작하기 어렵습니다. 어떤 시설물의 건립 계획을 알릴 때 보도자료와 시설물 완공 후의 모습을 동영상으로 만들어 함께 제공하면 방송에 보도될 확률이 높습니다. 이런 동영상은 3D 작업을 해야 하니 시일이 오래 걸리고 큰 비용이 들기는 하지만, 방송 뉴스를 통한 언론홍보 효과, 광고로 환산할 때의 비용, 다른 홍보자료로도 활용한다는 것을 감안하면 충분한 투자 가치가 있습니다. 시설물이 완공된 후에는 공사 과정을 타임 랩스(time lapse) 기법[1]으로 촬영해 제공하면 완공된 시설물과 함께 보여줄 수 있어 훌륭한 방송 뉴스를 만들 수 있습니다. 한 가지 유의할 점은 방송사에 '클린본' 동영상을 제공해야 합니다. 클린본이란 영상에 자막이나 기관(기업)의 명칭, 로고 등이 없는 깨끗한 영상을 뜻합니다. 영상에 이런 표기가 있을 경우 화면 편집이 어렵고, 특정 기관을 홍보할 수 있기 때문에 방송사에서 뉴스 제작에 활용하기 어렵습니다.

현장도 좋은 그림입니다. 행사 현장, 공사 현장, 사업 지역 등 적지 않습니다. 위생, 보건, 환경 분야의 단속 성과를 알리고 싶다면 일반 시민들이 쉽게 볼 수 없는 단속 장면을 촬영해 제공하면 아주 좋습니다. 가끔 기자들과 함께 단속 활동을 나가 뉴스로 만드는 경우도 있습니다. 서울시 민생사법경찰단과 38세금징수과의 활동상은 이런 방법으로 방송 뉴스에 자주 소개되었습니다. 즉 시청자들이 화면을 보면서 '오~ 저런 게 있구나' 하게 만드는 그림이 되어야 합니다. 인간의 시각적인 욕구를 충족시킬 수 있는 장면, 앞에서 예를 든 광화문광장의 현란한 스노보드 게임, 청계천 등(燈)축제, CCTV에 찍힌 월드컵공원의 멧돼지나 서울대공원 기린의 출산 장면 등이 좋은 그림입니다.

둘째, 시기적으로 적절하다는 말은 계절적이나 사회의 흐름에 적합하냐는 말이 되겠습니다. 봄이 다가온다면 봄꽃, 대청소 등과 같이 '새롭게 시작하는 것'이 아이템인데 가벼운 생활 아이템이라 주말뉴스 거리로 적당합니다. 공휴일이나 특정일에 대한 뉴스거리도 됩니다. 설날, 정월대보름, 삼일절, 한식, 어린이날, 여름방학 등과 관련해 시민들에게 유익한 정보를 줄 수 있다면 충분한 방송 뉴스감이 될 수 있습니다. 이런 뉴스는 기자들이 보통 '달력 아이템'이라고 합니다. 서울시와 연관된 사회적 흐름이라면 낮은 출

1 타임 랩스 기법: 미속 촬영이라고도 하는데, 일정한 간격으로 찍은 영상을 정상 속도로 편집해 보여주는 특수 영상 기법입니다. 꽃이 피는 모습, 구름의 이동 모습을 특정 장소에 고정시켜 놓은 카메라로 일정 시간 간격으로 촬영한 후 하나의 영상으로 만들어 보여주는 경우입니다.

산율, 아파트 재건축, 제로페이 등이 될 수 있을 것입니다.

셋째, '이야기가 되느냐'는 조건은 사실 콕 집어서 말하기 쉽지는 않습니다. 다만 시의성(時宜性)과 연관이 있고, '뉴스가 분명한 메시지를 줄 수 있느냐'와도 관계가 있습니다. 단발성 보도로 끝나지 않고, 뉴스로 인해 사회적인 이슈가 되거나, 정치권의 대응, 법과 제도의 개선, 여론의 형성, 시민의 관심도 폭증 등 후속 보도를 끌어낼 수 있어야 이야기가 된다고 하겠네요. 역시 앞에서 말씀드렸는데, 예를 들면 2010년에 서울시의회에서 아파트 재건축 허용 연한을 줄여야 한다는 조례 개정 움직임이 있었습니다. 찬성하는 측은 오래된 아파트는 내진설계가 안 되어 있어 위험하고, 지하주차장이 없기 때문에 생활이 불편하다고 주장했습니다. 반대하는 측은 집값 상승이 우려되고, 서울에 지진이 발생한 적이 거의 없기 때문에 설득력이 없다고 반박했습니다. 이런 사례가 이야기가 되지요. 지하철에 무임승차할 수 있는 노인의 기준 연령 상향,[2] 늘어나는 현금복지의 지속 가능성, 종교인 과세 찬반 등이 이야기가 되는 방송 뉴스 아이템입니다. 그런데 시각적인 자료도 있고 시의성도 있는데 이야기로 만들기가 어려워 방송기자들이 머리에 쥐가 날 정도로 스트레스를 받는 경우도 종종 있다고 합니다.

2 현재 65세 이상 고령층은 지하철을 무료로 탈 수 있습니다. 그런데 고령화 추세로 노인인구가 늘어나면서 무임승차 운임손실액이 더 늘어나기 때문에 기준 연령을 상향해야 한다는 주장이 있습니다. 반면에 교통복지를 확대하고, 노인의 이동권 보장을 위해 현행대로 유지해야 한다는 주장도 있습니다.

2019. 2. 19.(화) 조간용
이 보도자료는 2019년 2월 18일 오전 11 : 15부터 보도할 수 있습니다.

I·SEOUL·U **보도자료**

담당부서 : 여성가족정책실 여성정책담당관

사진없음 □ 사진있음 ■ 매수 : 13매

여성정책담당관	윤희천	2133-5005
여성단체협력팀장	송영희	2133-5021
담 당 자	배성신	2133-5057
서울대 정진성 연구팀	김소라	

서울시, 일본군 '위안부' 모습 담은 사진 실물 3장 최초 공개

- 서울시·서울대 연구팀, 3.1절 100주년 일본군 '위안부' 〈기록 기억〉전시서 최초 공개
- 아시아·태평양 전쟁 말 미군이 찍은 사진 실물(29cm x 21cm) 세 점 확보
- 〈기록 기억: 일본군 '위안부' 이야기, 다 듣지 못한 말들〉 서울도시건축센터 2.25(월)~3.20(수)까지
- '3년간 기록물 사업으로 발굴한 '위안부' 증언, 사료와 함께 작가들의 예술작품도 전시
- 매 주말마다 '위안부' 피해자와 함께한 이들의 초청 강연 등 대시민 연계행사 개최

※ 사진 보도 시, '출처 : 서울시·서울대 정진성 연구팀'을 반드시 표기해 주시기 바랍니다.

□ 한국인 일본군 '위안부'의 모습을 담은 3장의 사진 실물이 국내 전시회에서 최초로 공개된다.

□ 위안부 피해 사실을 증언했던 고(故) 박영심 씨가 포로로 잡혀있을 당시 만삭이었던 모습이 담긴 사진 1점과 버마 미치나의 한국인 위안부 여러 명이 모여 있는 모습을 찍은 사진 2점으로, 우리에게는 한국인 위안부가 찍힌 대표적인 사진들로 잘 알려져있다. 그동안 미국 국립문서기록관리청이 소장하고 있던 사진을 스캔한 것으로만 공개됐다.

□ 이 사진들은 서울시와 서울대학교 정진성 연구팀(이하 '서울대 연구팀')이 지난 3년 간 추진한 「일본군 '위안부' 기록물 관리사업」을 통해 확보한 것이다.

○ 실물 사진 3점은 아시아·태평양 전쟁 중 미군이 만든 사진앨범의 일부다. 이 사진은 각기 1944년8월14일·9월3일 촬영됐으며, 미군이 1944~1945년 경 앨범으로 제작한 것으로 추정된다, 앨범 없이 낱장으로 흩어져 있던 사진을 `18년 9월 경 서울대 연구팀이 개인 소장자를 통해 확보했다.

○ 그 간 공개되었던 '위안부' 사진은 미국 국립문서기록관리청이 소장하고 있던 사진을 스캔한 것이지만, 실물 사진을 확보한 것은 처음이다. 가로 29cm, 세로 21cm로 인화된 상태이며, 보존 상태도 양호하다.

□ 서울시와 서울대 연구팀은 이 3장의 사진 실물을 비롯해 그동안 발굴한 사료, 사진, 영상 등과 함께 일본군 위안부 피해자들의 증언을 이야기로 엮어 〈기록 기억: 일본군 '위안부' 이야기, 다 듣지 못한 말들〉이라는 제목으로 전시회를 개최한다. 3.1운동 100주년을 기념해 열리는 이번 전시는 서울도시건축센터(종로구 신문로 2가 6)에서 25일(월)부터 3월 20일(수)까지 진행된다.

○ 서울시와 서울대학교 연구팀은 2016년부터 「일본군 위안부 기록물 관리 사업」을 통해 미국 등지에서 일본군 '위안부' 자료를 발굴하는데 힘써왔다. 2017년 한국인 '위안부' 영상을 최초로 공개했고, 그동안 증언으로만 있었던 남태평양 '트럭섬' 위안부 26명의 존재사실을 자료를 통해 처음으로 공식 확인했다. 2018년에는 피해자들의 증언을 근거 자료와 접목한 두 권의 사례집을 출간했다.

□ 이번 전시의 주제인 '기록 기억'은 위안부 문제의 진실을 보여준 피해자들의 용기 있는 증언을 '기록'해 계속해서 '기억'해 나가기 위한 의지를 담은 것. 그동안 조각조각 흩어져있었던 기록들을 모아 사진과 자료, 위안부를 주제로 제작한 작가들의 예술작품 등을 스토리텔링 방식으로 구성했다.

□ 특히, '위안부'들의 피해 사실을 담은 본인들의 증언 뿐 아니라, 주변인들의 증언과 역사 자료를 교차하여 '위안부'들의 삶을 종합적으로 생생하게 드러내고 있다.

□ 주요 전시물은 사진 실물 3장을 포함하여, 일본인과 조선인들의 귀환에

대해 다룬 뉴욕타임스 신문 실물(1946.3.2.일자), 쿤밍보고서 및 축섬승선자 명부(복제본), 일본군 '위안부' 최초 증언자 배봉기의 사진 (김현옥 개인 소장) 등 이다.

○ 실물 사진 3점 이외에도, 미국 국립문서기록관리청에서 수집한 중요 문서들을 그대로 재현하여, 시민들이 아카이브에서 마치 자료를 발굴하고 추적하는 것 같은 느낌을 받으며 발굴 과정을 체험할 수 있도록 하였다. 이외에도 역사적 이해를 도울 수 있도록 당시 신문이나 전단과 같은 실물 자료들이 전시된다.

□ 전시는 일본군 '위안부' 역사를 시민들이 쉽게 이해할 수 있도록 4개의 이야기로 구성되어 있다. 첫 번째는 버마 미치나의 조선인 '위안부' 이야기, 두 번째는 중국 송산과 텅충의 '위안부'와 박영심의 이야기로, 참혹한 전장에서 살아남은 이들의 삶과 죽음을 담아냈다.

□ 세 번째는 중부태평양 축섬의 '위안부'와 이복순의 이야기로, 승선 기록에 대한 추적을 통해 피해 여성의 이야기를 복원해 가는 과정을 그렸다. 네 번째는 오키나와의 '위안부' 배봉기의 삶과 그녀를 기억하는 제2의 증언자 오키나와 주민들을 들여다본다.

○ 전시에서는 일본군 '위안부' 피해자들의 강제동원 과정이나 피해 경험뿐만 아니라 전쟁이 끝난 뒤 고향으로 귀환하는 여정 및 그 이후의 삶을 함께 보여줄 수 있도록 구성하였다.

○ 서울대 연구팀은 중국과 오키나와 '위안부' 피해 지역을 직접 답사하였고 이를 영상으로 제작하였다. 과거와 현재와의 교차를 통해 시민들이 '위안부' 문제에 공감할 수 있도록 영상도 상영할 예정이다.

○ 전시에서는 '위안부'를 주제로 한 예술작품도 함께 공개한다. 존재했으나 존재하지 않는 미치나 '위안부'들의 증언을 다룬 최찬숙 작가의 〈밋찌나〉, 전쟁과 '위안부'의 모습을 재해석한 기훈센 작가의 〈안위〉, 고통의 시간을 견뎌 낸 '위안부' 여성들의 존엄을 상징하는 조소희 작가의 〈의자〉이다.

□ 또한, 전시 기간 중 매주 주말마다 시민 누구나 참여할 수 있는 강연 행사

가 총 4회에 걸쳐 열린다. 특히 3.3(일)에 개최되는 「박원순-정진성에게 듣는 '2000년 여성법정' 이야기」는 2000년 성노예전범 여성국제법정(이하 '2000년 여성법정')에 직접 참여했던 박원순 서울시장(당시 남측 대표 검사), 정진성 서울대학교 명예교수(당시 한국위원회 부대표)가 직접 만나 대담을 나누는 형식으로 진행된다.

□ 그 밖에도 일본군 '위안부' 피해자들을 직접 만나 기억하고 기록했던 인사들을 초청하여 전시에서 미처 다 듣지 못한 말들을 들을 수 있는 장을 마련한다.

○ 3월 2일(토) 오후 2시에는 재일조선인 여성으로서 북한의 '위안부'들을 직접 만나 그들의 이야기를 기억하고, 기록하며, 고민해 온 르포라이터 김영에게 북에서 여생을 살아간 '위안부'들 그리고 그 중 한 명인 박영심의 이야기를 듣는다.

○ 3월 9일(토) 오후 2시에는 이인순 희움일본군'위안부'역사관(이하 역사관) 관장으로부터 故 김순악 할머니의 기탁금을 씨앗기금으로 삼아 2015년 대구에 개관한 역사관, 그리고 축섬에서의 '위안부' 생활 후 대구로 돌아온 이복순의 삶에 관한 이야기를 듣는다.

○ 3월 16일(토) 오후 2시에는 오키나와의 '위안부'와 위안소를 연구했고, 오키나와 미야코섬에 '위안부' 추모비 설립을 주도했던 홍윤신 박사에게 오키나와 주민들의 기억 속에 남아 있는 배봉기와 오키나와 '위안부'들의 이야기를 듣는다.

□ 박원순 시장은 "3.1운동 100주년을 기념해 독립운동가가 많이 조명되고 있지만 자신의 피해 사실을 통해 일제의 만행을 세상에 알린 '위안부' 피해자 역시 공로를 인정받아야 마땅하다"며 "특히 이번 전시는 지난 정부가 일본군 '위안부' 연구 지원을 중단했을 당시 서울시와 서울대학교 정진성 연구팀이 함께 진행한 일본군 '위안부' 기록물 발굴 사업의 결과물이다. 서울시는 일본군 '위안부'의 역사를 기억하기 위한 노력을 계속 해나갈 것"이라고 말했다.

□ 정진성 서울대학교 명예교수는 "이번 전시가 '위안부'와 관련된 기록과 기

억 사이에 잠시 숨을 고를 수 있는 기회를 제공해주길 바란다"며, "이는 결국 더욱 새롭고 단단한 연결을 모색할 수 있는 장으로, 흐릿하고 부서지는 기록 위에 보다 선명하고 뚜렷한 기억이 떠오르고 이어지는 기회로 작용하기를 바란다"고 말했다.

□ 전시는 오는 2월 25일(월)~3월 20일(수), 10시부터 18시까지(기간 중 무휴) 서울도시건축센터에서 개최되며, 누구나 무료로 관람할 수 있고, 서울대 연구팀의 도슨트 프로그램이 평일은 매일 2시, 주말은 11시, 16시에 별도 사전신청 없이 진행한다. 기타 문의는 서울시 여성가족정책실(02-2133-5057)로 연락하면 된다.

※ 붙임: 1. 〈기록 기억〉 포스터

※ 붙임: 2. 주요 전시물 이미지

※ 붙임: 3. 전시 연계 프로그램

(붙임 자료 생략)

35

방송용 보도자료는 동영상을 넣어라

보도자료와 함께 제공하는 동영상 설명을 좀 더 하겠습니다. 방송을 겨냥한 보도자료를 배포하면 방송기자들이 여러 가지 문의나 요청을 하는데, 예전에 위생 단속과 관련한 보도자료 때문에 방송기자들과 대변인실 직원 간에 실랑이가 벌어진 적이 몇 번 있습니다. 보도자료에 동영상이 없어 뉴스 제작이 힘들다는 불만이었습니다. 무슨 소리인고 하니, 패스트푸드 포장지, 주택가 정육점, 닭고기 판매업소 등에 대한 위생 점검 결과를 보도자료로 제공했습니다. 점검 결과가 안 좋게 나오면 이런 아이템은 언론에 아주 잘 먹힙니다. 아무래도 먹거리인 만큼 소비자들의 관심이 매우 높기 때문이죠. 신문은 사진과 함께 글로 기사를 쓰면 되지만, 방송은 뉴스로 만들기 위해 반드시 쓸 만한 동영상이 있어야 합니다.

대변인실에서 단속 부서에 물어봤더니 위반업소에 대한 촬영 협조 지원이 어렵다고 했습니다. 위생단속에 걸려 기분이 안 좋은 업소에 방송 카메라를 들이대면 무슨 일을 당할지 모른다는 것이었습니다. 또 방송에 한 번 나가면 영업하기가 힘들어 해당 업주의 반발이 거세다고 합니다. 위반업소 명단 공개도 행정처벌이 확정되기 전까지는 할 수 없다고 합니다. 이런 이유 때문에 단속 부서는 방송사에서 요구하는 현장 촬영 섭외가 어렵다고 했습니다. 단속 부서와 방송사의 입장을 모두 이해할 수 있었습니다. 단속 부서의 협조 없이는 적발 업소 촬영이 거의 불가능합니다. 게다가 위생 점검이 다 끝나고 현장에 나가면 카메라에 담을 것이 별로 없다고 합니다. 생동감 넘치는 화면을 보여주려는 방송기자로서는 촬영이 제대로 되지 않으니 짜증이 날 만도 합니다.

이 대목에서 방송과 신문의 경쟁 관계를 들여다볼 수 있습니다. '동영상이 없으면 뉴스를 만들지 않으면 되지 않느냐?'고 반문할 수 있는데, 신문에는 큼직하게 기사가 나오는데 똑같은 내용이 방송에 안 나오면 물먹는 셈이 되지요. 그래서 뉴스를 만들려고 하는데 쓸 만한 동영상 자료가 없으니 힘들다는 것이었습니다. 방송기자로서는 서울시가 방송사들을 골탕 먹이는 것이라고 생각했나 봅니다. 그때 방송사들의 항의가 아주 거셌습니다. 그 일을 겪고 대변인실은 단속 관련 부서에 공문을 보내, 되도록 단속 활동을 방송사들이 동행 취재할 수 있도록 협조해 달라고 요청했습니다. 사정이 여의치 않으면 대변인실 전문 직원이 단속 활동을 촬영해 준다고 했습니다. 단속 부서가 찍은 동영상들은 보도하기에 수준이 낮다는 영상기자들의 지적도 있어, 단속 직원들을 대상으로 동영상 촬영 강의도 한 적이 있습니다. 위생 점검 결과가 좋지 않게 나오면 공공기관은 신속히 시민들에게 알려야 합니다. 효과적으로 알리고 싶으면 시각적이고 파급력 높은 방송 뉴스가 더 좋습니다. 방송 뉴스를 겨냥한 보도자료는 사진 몇 장 정도로는 턱도 없고 꼭 동영상이 필요하다는 점을 강조합니다.

36

스토리텔링형 보도자료는 이렇게 써라

스토리텔링(storytelling)은 홍보나 마케팅 수단 중 하나입니다. 공공기관이 제공하는 보도자료는 정책 홍보가 대부분이라 일반 시민들에게는 큰 재미가 없는 스트레이트 기사로 보도가 됩니다. 그런데 독자의 감성과 공감을 자극할 수 있는 스토리텔링으로 보도자료를 쓰면 재미있는 기사가 나올 수 있습니다. 스토리텔링형 보도자료를 작성하는 요령을 알려드리겠습니다(이 부분은 서울시 대변인실 김은국 인터넷뉴스팀장의 자료를 인용했음을 밝힙니다).

스토리텔링은 스토리(story)와 텔링(telling)의 합성어입니다. '상대방에 알리고자 하는 바를 생생하고 재미있게 이야기체로 설득력 있게 전달하는 방식'으로 정의할 수 있습니다. 알리고자 하는 바를 인물 구조로 전환해서 서술·진행하는 기법이라고도 말씀드릴 수 있습니다. 예를 들면, 사건(현장)기사를 인물 스토리로 상세히 풀어쓴다거나, 한번 기사화된 인물(또는 소재, 사물, 사실, 현상)의 현재를 추적하는 것입니다. 숫자와 도표는 따분하니 역사와 구별되는 '이야기'를 구체화하는 것도 스토리텔링이라고도 할 수 있습니다. 이야기는 줄거리이고, 줄거리는 기승전결 또는 생로병사라고 볼 수가 있지요. 어떤 분들은 스토리텔링을 재미나게 표현해서 '구라'라고 부르기도 합니다. 거짓말이 아니라 '이야기'를 속되게 이르는 말이요.

스토리텔링의 소재는 어떤 것들이 있을까요? 이야기의 소재는 무궁무진합니다. 아는 만큼 보입니다. 서울시의 구성요소라고 할 수 있는 특정사물이나 인물이 소재가 됩니다. 3B[Baby(아기), Beast(동물), Beauty(미녀)]의 법칙도 잘 먹히지요. 서울시 인구, 가구 수, 차량 수 등의 사실이나 역사도 소재가 됩니다. 서울시 정책의 현장과 현상도 소재가 될 수 있습니다. 실례를 몇 가지 말씀드리겠습니다.

먼저, 인물에 대한 스토리텔링 사례입니다. 오래된 기사지만 2010년 초 ≪동아일보≫에 "서울 도심에 백호(白虎)가 산다고요?"라는 기사가 난 적이 있습니다. 백호의 해를 맞아 서울시 언론담당관으로 근무하고 있는 백호(白虎) 과장을 소개한 기사였습니다. 원래 이름은 '길남'이었는데 백호로 개명한 이유와 이름에 얽힌 사연을 일화로 소개했습니다. 그 당시 이 기사는 서울시 출입기자들과 공무원 사이에 크게 회자되어 히트를 쳤습니다.
동물을 소재로 삼은 경우도 있습니다. 2009년 5월, 재미있는 제목의 뉴스들이 보도되었습니다. "코끼리가 던졌다? …… 미궁에 빠진 돌팔매 사건", "코끼리에 돌 맞은 40대여(女) 미스터리" 등등. 서울 어린이대공원에 있는 '태산'이라는 코끼리가 돌을 던져 관람객이 머리를 다쳤다는 뉴스였습니다. 머리를 다친 관람객은 코끼리를 수사해 달라고 경찰에 신고를 했다고 하네요. 기사에 난 태산이는 20여 일이 지나 스타로 등극해서 다시 언론에 등장했습니다. 다음과 같은 제목으로요. "동물원 관람객에 돌 던진 '돌팔매 코끼리'는 무죄?", "서울시 직원, 블로그서 코끼리 '결백' 주장", "폭력 용의자 코끼리를 위한 변론" 등등. 기사 내용은 코끼리가 말을 못해 심문을 못하고 물증도 없어, 수사에 애를 태우고 있다는 것이었습니다. 이런 것이 바로 스토리텔링 기사입니다.

스토리텔링 기사 작성 원칙

Why(왜)	How(어떻게)		And(그리고)
	리드(기사의 앞부분)	전개	
독자는 이야기(non-fiction story)를 원한다.	리드는 '서랍'이다. 독자의 시선을 한 번에 못 잡으면 독자는 그냥 닫는다.	독자에게 전하려 하지 말고 말하라.	기사를 신문에 싣기 전에 큰 소리로 읽어보라.
독자는 기사의 현장에 오고 싶어 한다.	주인공의 주변을 꼼꼼히 스케치하라. 책상이나 거실, 차고, 헤어스타일, 옷, 안경 등 외적인 요소 중 하나가 주인공을 표현하는 데 가장 적합할 수도 있다.	주인공이 복잡한 상황에 직면하고 이겨내는 모습에 포인트를 맞춰라.	
	당신의 첫 느낌을 드라마틱한 세트로 만들어서 독자를 초대하라.	역피라미드(앞부분에 기사의 요점을 요약하는 방식) 형식을 버려라.	

자료: dongA.com, 2009.9.15, "눈이 아닌 가슴으로 쓰는 기사 …… 신문에 휴머니티가 흐른다".

또 있습니다. 역사가 스토리텔링의 소재가 된 경우입니다. "서울에 히틀러가 보낸 나무 있다?", "강감찬 장군 지팡이가 1000년 고목으로?" 서울에 있는 천연기념물과 보호수 225그루에 대한 사연을 소개한 서울시 보도자료(2010.5)를 보고 쓴 기사들의 제목입니다. 현장도 스토리텔링의 소재가 됩니다. 동대문구가 중소기업청과 함께 전통시장의 경쟁력 강화를 위해 개최한 상인 대학 관련 기사입니다. "배워야 판다, 상인들은 열공 중"이라는 제목으로 동대문구 상인대학의 사진과 함께 독자들이 마치 현장에 있는 것처럼 기사(2010.5)를 썼습니다. 노숙인 정책도 스토리텔링 기사로 보도된 적이 있습니다. 서울시가 노숙인들에게 희망과 꿈을 주기 위해 노숙인축구단 '희망FC(FC)'를 창단했는데, "자활을 향해 …… 노숙인 축구단 희망 드리블"이라는 제목의 기사(2010.5)로 소개가 되었습니다. 노숙인의 힘든 삶, 축구단을 결성한 사연, 그리고 그들의 희망에 대한 이야기를 기사로 담았습니다.

몇 가지 사례를 말씀드렸지만, 아무런 얘기가 안 될 것 같은 사물(인물)이나 현상이 생생한 이야기를 통해 재미있는 기사로 많은 사람들에게 알려졌습니다. 스토리텔링 기사 쓰는 방법을 읽어보시고 담당하는 업무를 재미있는 이야기로 만들어 시민들에게 소개해 보시기 바랍니다.

2018. 8. 25(土) 조간용
이 보도자료는 2018년 8월 24일 오전 11:15부터 보도할 수 있습니다.

I·SEOUL·U　　　　　　　　　　　　　　　　　　　　　　　　　　**보도자료**

담당부서 : 서울역사박물관 청계천박물관

사진없음 □　사진있음 ■　쪽수 : 9쪽

청계천박물관장	사종민	2286-3401
담 당 자	박현민	2286-3431
관련홈페이지 (메뉴)	www.museum.seoul.kr (상단/전시-기획전시)	

추억의 빽판, 빨간책, 전자오락…6080대중문화 중심 '세운상가' 특별전

- 청계천박물관, 8.24~11.11 「메이드 인 청계천:대중문화 '빽판'의 시대」 무료전시
- 1960~80년대 라디오DJ앨범, 금지곡 '동백아가씨', 서구 팝송 등 복제 LP '빽판' 한눈에
- 당시 유행한 빨간 잡지 전시, 추억의 오락실 게임 '너구리', '갤러그'도 체험

□ 음반수입이 전무했던 1960년대 세운상가에 가면 라디오 DJ 이름으로 만들어진 앨범부터 정부가 방송을 금지했던 가수 이미자의 '동백아가씨' 일본판 버전, 서구의 팝송까지 LP로 구할 수 있었다. 불법 복제된 일명 '빽판'이다. 저작권에 대한 개념조차 없었던 시대였다.

□ 플레이보이, 허슬러, 각종 복제된 빨간 비디오나 만화도 세운상가에 가면 은밀하게 거래되곤 했다. 일본 비디오게임과 오락실용 게임 카피판도 세운상가에선 원판의 1/4 값으로 저렴하게 구매할 수 있었다.

□ 서울역사박물관 분관 청계천박물관(관장 사종민)은 이처럼 1960~80년대 청계천 세운상가를 중심으로 성행했던 추억의 빽판, 빨간책, 전자오락을 한 눈에 볼 수 있는 특별기획전 「메이드 인 청계천 : 대중문화 '빽판'의 시대」를 개최한다고 밝혔다. 청계천박물관 기획전시실(1층)에서 24일(금)부터 11월11일(일)까지 무료로 관람할 수 있다.

ㅇ 〈메이드 인 청계천〉은 청계천박물관이 청계천에서 만들어진 유·무형의 자산을 보다 깊이 있게 들여다보기 위해 기획한 시리즈 전시다. 대중문화 '빽판'의 시대는 첫 번째 전시다.

□ 전시회에선 라디오 전성시대였던 1960년대에 유명 DJ들이 이름을 걸고 음악방송에서 나온 음반을 편집해 만든 '라디오방송 빽판'을 볼 수 있다.

빨간 비디오가 유통됐던 세운상가를 상징적으로 연출한 '빨간 방'을 통해 세운상가 인근에서 유통했던 잡지들도 전시했다. 추억의 오락실 게임인 너구리와 갤러그도 체험할 수 있다.

□ 이번 전시회를 기획한 청계박물관은 "한 때 세운상가 주변을 찾는 다는 것은 대중문화를 찾는 것이란 의미가 있었다"며 "전시회를 통해 대중문화의 언더그라운드 청계천이 서울에서 대중과 대중문화에 끼친 영향을 시민들이 느낄 수 있도록 보여주고자 한다"고 기획의도를 설명했다.

청계천 3, 4가와 세운상가

□ 청계천 3, 4가는 해방 직전에는 공습 시 화재가 확산되는 것을 방지하기 위한 소개공지疏開空地로 공터가 되어 해방 후 월남민, 이촌향도 한 이주민들이 이 지역에 모여 생계와 주거를 해결하는 터전으로 삼았다.

→ 청계천 3,4가는 해방 직전, 공습 시 화재의 확산을 방지하기 위해 일제에 의해 소개공지疏開空地, 즉 '아무 것도 없는 빈 터'로 만들어졌다. 해방 이후 자연스럽게 이곳에 월남민이나 무작정 상경한 무거주자들이 자리를 잡게 되어 일종의 '빈민굴'이 형성되었다.

□ 가장 큰 변화는 김현옥 시장 시절에 이뤄졌다. 도심의 유곽지역을 정비하고 판자촌을 정리한 자리에 세운상가를 건립했다. 당대 랜드마크 세운상가는 최초의 주상복합건물로 1970년대 중반까지의 큰 인기를 구가했으나 백화점과 강남아파트, 용산전자상가에 밀려 약 8년간의 짧은 전성기를 뒤로하고 몰락한다.

→ 이곳은 김현옥 서울 시장 재임시 큰 변화를 맞게 된다. '도심 미화' 사업이라는 명분하에 청계천 일대에 대대적인 재개발이 이루어지고 그 결과로 '세운상가'가 들어선다. 국내 최초의 주상복합건물로 지어진 이 건물은 일대의 랜드마크 역할을 하며 1970년대 중반까지 번영을 누렸으나, 강남 개발과 현대적인 백화점의 등장, 용산전자상가의 급부상 등으로 몰락의 길을 걷게 된다.

○ 1960년대는 4.19 의거(4.19 혁명), 5.16 군사정변, 그리고 한일국교 정상화가 연이어 전개되던 시점이다. 시민과 학생들은 끊임없이 저항하였고 국가는 탄압을 반복했다. 정치적 불안은 1980년대 군사정부까지 이어졌다.

○ 경제적으로는 국가주도의 경제성장이 어느 정도 성과로 나타났다. 경제발전 5개년계획 등으로 누구도 낙관하지 않았던 경제는 급속하게 성장했다. 사회는 극심한 변화를 겪고 있었다.

→ 경제적으로는 국가주도의 경제성장이 어느 정도 성과를 내고 있었지만, 그에 따른 극심한 빈부격차, 수도권 인구 집중, 전통적인 공동체 붕괴 등 부작용도 걷잡을 수 없이 일어나고 있었다.

해적판 연대기

□ 빽판은 특히 LP판을 한정하는 말로 은밀히 뒤에서 제작돼 Back에서 기인했다는 설과 복제판을 흰색종이로 포장해 백白색 포장에서 나왔다는 설이 있다. 우리나라의 해적판은 1950년대부터 만들어 졌으며 80년대 최전성기를 맞이한다.

→ '빽판'으로 불리던 불법 복제품들은 특히 LP판에서 유래한 것으로 알려졌다. 은밀히 뒤에서 제작되었기 때문에 'Back'에서 기인했다는 설과 복제판을 흰색종이로 포장하여 백白색 포장에서 나왔다는 설이 있다. 우리나라의 해적판은 1950년대부터 만들어 졌으며 80년대 최전성기를 맞이한다.

○ 해적판은 저작권자의 허락 없이 불법으로 복제돼 판매·유통되는 음반이나 서적, 테이프, 소프트웨어 등을 말한다.

□ 1960년대는 라디오의 시대였다. 라디오를 통해 흐르는 음악은 곧 유행이 됐고, 문화방송(MBC 1961), 동아방송(DBS 1963), 라디오서울(RSB 1964, 후에 동양라디오 TBC로 변경) 등 민간 상업 라디오 방송사가 잇달아 설립됐다.

○ 1960년대는 음반의 수입이 전무 했던 시대로, 저작권에 대한 개념조차

없었다. 외국가수 음반은 모두 빽판이었다. 라디오 방송사는 음악프로그램 청취율 경쟁에 돌입했고, 오락 매체로서 라디오의 전성기를 이끌었다. 1세대 음악방송 DJ 최동욱과 이종환의 탑튠쑈, 탑튠왕 시리즈 앨범을 선보였다. 모두 빽판이라고 할 수 있다.

○ 미8군이나 중고음반(유통 업자) 등을 통해 입수한 원판을 한국인의 정서에 맞게 선곡해 제작한 편집음반들이 해적판 시장의 최대 히트 상품으로 각광받았다.

○ 1970년대 들어 경제발전을 바탕으로 라디오와 TV가 보급되며 한국대중음악의 번영기를 구가한다. 저렴한 가격과 심의 및 검열을 피할 수 있다는 점에서 해적판이 성행했다. 해적판을 통해 서구의 음악을 향유한 청소년들이 음악인으로 성장해갔다.

○ 1980년대는 카세트테이프가 생산되기 시작하면서 소규모로 제작된 해적판들이 전국적으로 범람한 시기이다. 길거리의 해적판 판매원들이 가요를 선곡하여 판매하는 길보드가 탄생하고 해적판에 대한 정부의 단속과 법적 처벌이 강화되어 해적판 생산이 위축됐다.

□ 신성일, 엄앵란 주연의 영화 '동백아가씨'의 주제곡이었던 이미자의 '동백아가씨'는 돌풍을 일으켰지만 금지곡이 됐다. 이 노래는 1966년 현해탄을 건너 일본에서 싱글로 발매됐다.

○ 1965년 방송 금지곡이 됐다. 표면상으로는 왜색풍이 원인이었으나 그 배경에는 한일국교정상화 과정에서 불거진 국민적 저항을 차단하고자 했던 정치적 원인이 있었다.

○ 이번 전시에서는 이미자의 일본어 동백아가씨가 수록된 빽판 '리듬파레이드25집'을 선보인다. 재킷의 뒷면에는 '이미자 히바리고도마도리 유행가집'이라는 조악한 등사지의 가사집도 붙어있다.

뭐 좋은 거 보여 줄까?
빨간 방 연출을 통해 세운상가 주변의 기억과 추억 전달

□ 세운상가 주변은 누군가에게는 볼 빨간 기억으로 남아 있는 장소다. 플레이 보이, 허슬러, 각종 복제된 비디오와 빨간 만화들이 은밀하게 거래된

곳이다. 특히 어린 시절 치기어린 호기심에 큰 맘 먹고 구입한 비디오에서 전국노래 자랑이 엉뚱하게 튀어나와 당황했던 그 시절로 돌아 가본다.

ㅇ 전시에 등장하는 '빨간 방'은 마치 세운상가의 음란물의 유통과 소비의 과정을 극적으로 연출했다. 당시에 음란물을 취급했던 상가는 셔터가 미쳐 다 닫혀 있지 않았다. 사람들은 그곳에서 서로의 안전을 담보한 후 새로운 신세계를 만나볼 수 있었다.

→ 전시에 등장하는 '빨간 방'은 당시 세운상가의 음란물 유통과 소비 과정을 극적으로 연출하기 위해 기획, 제작되었다. 음란물을 주로 취급했던 가게들은 셔터를 완전히 닫지 않는 것으로 자신들의 '상품'을 은밀히 암시했고, 그 '사인'을 아는 사람들은 신세계에 입장할 수 있었다.

ㅇ 빨간 비디오테이프를 구입하고, 집에 와 몰래 시청하기 까지는 많은 난관이 있었다. 구입하는 과정에서 만나는 낯선 아저씨의 '뭐 좋은 거 보여줄까'라는 은밀한 호객과, 집에 돌아와 부모님이 오시기전까지의 긴박한 순간을 모두 무너트리는 송해 아저씨의 '전국~ 노래자랑~'은 빨강 방을 관통하며 명랑하게 울려 퍼진다.

풍기문란과 단속, 규제 그리고 청소년 보호

□ 1960년대까지만 해도 아직 대중에 대한 인식은 크지 않았다. 대중문화가 존재하였음에도 불구하고 대중의 문화를 '문화'라는 용어를 부여하면서까지 인식하지는 못했다.

→ 1960년대까지만 해도 아직 '대중'이라는 개념에 대한 이해가 성숙하지 못하였다. 자생석인 대중문화가 이미 분명한 실체로써 자리 잡고 있었으나, 그것을 학계나 언론에서 '문화'라는 시각으로 바라볼 만큼 관점이 정립되지 못하였던 것이다.

□ 1970,80년대 들어서 경제발전과 대중문화에 대해 인식의 전환이 있을 때마다 정권의 혹독한 탄압과 검열이 뒤따랐다. 이 시기 국가의 규제와 통제 정책은 상상을 초월해서 방송, 영화, 만화, 대중가요 등 여러 영역에서

행해진 강제적 탄압은 광범위한 영역에서 집요하게 행해졌다.

→ 70~80년대 들어 급변하는 사회환경으로 인해 '대중문화'에 대한 인식 전환의 계기가 만들어질 때마다 당시 군사정권은 이를 강력하게 탄압하였다. 대중문화의 성장은 '민주주의의 성장'과 맞물릴 수밖에 없었기 때문이었다. 군사정권의 대중문화 억압은 21세기를 사는 우리들의 상상을 초월할 만큼 광범위하고 집요하며 체계적이었다.

- ㅇ 1970년대 민주화운동이 거세게 일어나자 탄압하기 위한 조치로 긴급조치 제9호가 시행되었다. 학생·노동운동 등을 봉쇄하는 장치였지만 표면적으로는 "건전한 문화예술활동을 계속지원하고 사회기강을 해치고 국민정신을 좀먹는 저속하고 퇴폐적인일부 대중예술을 과감히 정화하여, 건전한 국민정신과 사회기풍을 진작한다고 피력하였다."

  → 1970년대 성장하는 민주화 운동에 대한 탄압을 상징하는 것이 바로 박정희 정권의 '긴급조치'들이다. 초헌법적인 이 조치로 인해 노동운동, 학생운동은 직격탄을 맞았고 특히 '긴급조치 제9호'는 대중문화에 치명상을 입혔다. 물론 표면적으로는 '건전한 문화예술활동을 계속지원하고 사회기강을 해치고 국민정신을 좀먹는 저속하고 퇴폐적인 일부 대중예술을 과감히 정화하여, 건전한 국민정신과 사회기풍을 진작한다'고 선전하였다.

- ㅇ 긴급조치 제9호가 시행되면서 '무더기'로 금지곡이 양산됐다. 풍기문란의 단속 명분은 대중문화를 위축시켰지만 거꾸로 더 음성적인 시장을 탄탄하게 만들었다. 금지음반은 빽판으로 제작됐고 불량도서는 청계천에서 더 은밀히 거래됐다.
- ㅇ 세운상가만 단속하면 된다는 말이 있을 정도로 세운상가 일대는 음란물의 유통에 있어 중추적인 공간이었다. 단속은 1950·60년대 미성년자보호법, 외국 간행물수입배포와 같은 불량서적 단속에서 시작됐다.
- ㅇ 세운상가는 "이곳을 찾을 때마다 청년들이 다가와 '비디오를 보고 가라'며 손을 잡아끄는 곳이었다." 그리고 "헌책을 구매하러 들어온 중학생들에게도 도색잡지를 보여주는 몰지각한 어른들이 있는 세상"이기도 했다.

게임의 전설 : 전자오락

□ 일본의 비디오게임이나 오락실용 기판을 카피해 수출하며, 국내 전자시장의한 한 축을 담당했었던 곳 역시 세운상가였다. 보통 게임을 카피하여 원판의 1/4도 안 되는 싼 값에 공급했다. 1990년대까지도 지적재산권에 대한 인식이 부족했기에 별다른 단속도 없었다. 오락실에서 이용했던 대부분의 아케이드 게임 기판은 세운상가에서 만든 복제 기판들이었다.

ㅇ 일본 세이부社에서 제작, 1982년 시그마社에서 발매한 '너구리'의 원제는 'PONPOKO'로 너구리가 배를 두드리는 의성어의 일본어다. 특히 '너구리'는 전 세계에서 우리나라에서 유독 인기가 높았다. 전시장에 연출된 오락실에서 너구리, 갤러그 게임을 체험할 수 있다.

□ 전시 관람 시간은 평일, 토·일·공휴일 오전 9시부터 오후 7시까지(11월부터 토·일·공휴일 관람시간은 오전 9시부터 오후 6시까지)다.

(문의 02-2286-3410)

붙임 : 전시자료 및 전시포스터

(붙임 생략)

37

기자설명회를 하라

서울시청 본관 2층에 있는 브리핑룸에서 주 2~3회 정도 기자설명회가 열립니다. 기자설명회란 서울시장, 부시장, 또는 실·본부·국장 등 고위공무원이 출입기자들 앞에서 큼지막한 보도거리를 설명하는 자리를 말합니다. 기자설명회를 희망하는 사업 부서는 대변인실과 상의해서 날짜를 정하고, 대변인실은 출입기자단에 통보를 하고 진행을 합니다.

기자설명회는 평일(월요일~목요일) 오전 10시(그날 석간신문용)나 11시(다음 날 조간신문용)에 개최합니다. 간부 공무원이 10~15분 정도 파워포인트를 이용해 프레젠테이션(presentation)을 하고, 이어서 기자들이 질문하고 답변하는 순서로 약 20~30분 정도 걸립니다. 기자들은 기자설명회 내용이 큰 뉴스거리가 될 만하다고 판단하면 조간신문은 다음 날 기사로, 방송은 그날 저녁 아이템으로 잡아두므로 충분한 뉴스 가치가 있어야 합니다. 서울시의 경우 새해 예산 편성이나 매우 큰 정책을 발표하는 경우 시장이 직접 기자설명회를 하고, 행정1부시장과 행정2부시장도 기자설명회를 합니다만, 그 외 대부분은 실·본부·국장이 발표를 합니다.

서울시에 새로 온 기자 중에 "서울시가 기자설명회를 잘한다"라며 긍정적으로 평가하는 기자도 있습니다만, 기자설명회 내용이 기대에 못 미치면 출입기자들은 다양한 불만을 쏟아냅니다. "저번에 나왔던 것 아니냐", "얘기가 안 된다", "설명을 왜 어렵게 하느냐!" 등 못마땅해합니다. 기자설명회마다 굵직굵직한 뉴스거리를 발표해 서울시 정책을 홍보하고 기자들에게 충분한 기삿거리를 주면 좋겠지만 매번 그럴 수는 없습니다. 부시장이 발표를 했는데도 기대보다 뉴스 건수나 기사 분량이 적어 당혹스러운 경우도 있고, 급하게 기자설명회 일정이 잡혀 준비가 다소 부족했는데도 크게 보도가 되는 경우도 있습니다.

기자설명회가 있으면 많은 기자들이 미리 해당 보도자료를 꼼꼼하게 읽어봅니다. 기사를 대부분 써놓고 궁금해하는 부분을 기자설명회 중에 질문합니다. 따라서 해당 부서에서는 예상되는 질문에 대한 답변 자료를 준비해야 합니다. 예상치 못한 질문들이 뉴스의 야마(핵심)로 이어지는 경우가 종종 있습니다. 기자는 아무것이나 물어보지 않고 자기가 쓸 기사를 보충할 만한 것을 질문합니다. 그러기에 기자들의 질문에 신중히 답변해야 합니다. 한번은 기자설명회 때 발표했던 고위공무원이 기자의 질문에 엉뚱한 답변을 하는 바람에 대변인실이 수습하느라 진땀을 흘린 적이 있습니다. 사실 기자설명회 준비는 큰 일거리입니다. 가장 중요한 보도자료를 대변인실과 상의해서 잘 만들어야 하고, 파워포인트 발표 자료와 질문·답변 자료도 만들어야 합니다. 실무적으로 가장 시간이 오래 걸리고 어려운 작업이 파워포인트 자료 작성입니다. 파워포인트 자료는 기자설명회의 보조 자료이고 기자들에게는 그다지 중요하지 않은데, 공무원은 보기 좋게 만들려고 엄청난 에너지를 소모합니다. 갈수록 예쁘게, 보기 좋게 만들다 보니 공무원이 직접 만들지 않고, 상당한 예산을 들여 외부 홍보사에 제작을 맡기기도 합니다. 개인적으로 파워포인트는 장점보다 단점이 더 많아 공공기관이나 민간기업에서 활용을 줄이면 좋겠다고 생각합니다.

2019년 5월 서울시청 브리핑룸에서 열린 '2019년 추가경정예산 발표' 기자설명회 장면

기자설명회용 보도자료는 일반 보도자료보다 일찍 기자들에게 배포되어 전날 저녁이나 당일 이른 아침부터 기자들이 해당 과장, 팀장, 주무관에게 전화를 할 수 있으니 휴대폰을 잘 받으시는 것이 좋습니다. 방송 뉴스를 만들려면 관계자 섭외와 인터뷰, 현장 촬영이 필수이므로 미리 준비를 하셔야 합니다. 크게 보도해 달라고 기자설명회를 하는 만큼 발표할 간부 공무원이 일찍 기자실에 와서 기자들에게 인사도 하고 설명회 후에는 부족한 부분에 대해 상세히 설명해 주면 좋습니다.

현장에서 진행하는 기자설명회라 할 수 있는 프레스 투어(press tour: 현장설명회)를 하면 더 생생한 기사와 방송 뉴스를 기대할 수 있습니다. 프레스 투어는 주로 박물관이나 공원 등 새로운 시설물을 개장하기 전에 미리 기자들에게 보여주며 사업을 설명하는 행사를 말합니다. 마찬가지로 사업부서에서는 대변인실과 상의해 날짜를 정하면 되는데, 몇 가지 제약이 있습니다. 실외에서 진행되는 경우가 많은 만큼 춥거나 비가 오는 등 날씨가 안 좋으면 개최가 어렵습니다. 또한 기자들을 프레스 투어 현장까지 이동시킬 차량도 준비해야 합니다. 「김영란법」에 저촉되지 않은 범위 안에서 작은 기념품이나 다과도 준비해야 합니다. 기자설명회와 마찬가지로 보도자료, 발표 자료, 질의응답 자료를 준비해야 합니다. 일반적으로 사업 현장에서 고위 공무원이 회의실 같은 곳에서 사업 설명을 한 후 시설물을 쭉 돌아보며 기자들에게 설명을 하고 질문에 답변하는 절차로 진행합니다. 현장에서 방송 뉴스 제작을 위한 인터뷰도 실시합니다. 준비할 것이 많지만 큰 언론홍보 효과가 있고, 공무원과 기자가 외부에서 조금 편안한 마음으로 소통할 수 있는 좋은 기회이므로 활용하시길 추천합니다.

2019. 01. 09.(수) 석간용
이 보도자료는 2019년 1월 9일 오전 10:00부터 보도할 수 있습니다.

I·SEOUL·U **보도자료**

담당부서 : 지역발전본부 동북권사업과

사진없음 □ 사진있음 ■ 쪽수 : 8쪽

동북권사업과장	오장환	2133-8275
서울아레나팀장	이유국	2133-8438
담 당 자	김연수	2133-8439

서울시, 국내 최초 K-POP 전문 공연장 '서울아레나' '24년 개장

- 「서울아레나 복합문화시설 민간투자사업」 적격성 조사 최종 통과… 민자사업 본격화
- 18,400명 동시수용 연간 약 90회 이상 대형공연… 한국 공연문화산업 도약 및 글로벌 위상 강화
- 주변엔 중형공연장(2,000석), 영화관(11개관), 대중문화전시관 등 '복합문화시설'
- '20년 9월 착공, '23년 말 준공 목표… 총 사업비 5,284억 원 전액 민자
- 총생산 5,994억 원, 총부가가치 2,381억 원, 7,765명 고용·취업 파급효과 전망

지난 2013년 태양의 서커스(Cirque du Soleil)의 '마이클잭슨 임모털 월드 투어' 내한공연이 올림픽공원 체조경기장에서 열렸다. 서커스 공연 특성상 설치해야 할 구조물이 많았지만 체조경기장은 당초 스포츠 경기를 위해 계획된 곳이다 보니 바닥보강공사, 골조 구조물 설치 등에 1억3,000만 원의 비용이 발생했다. 세계적 아티스트 마돈나의 내한공연은 과거 여러 차례 추진됐지만 최소 2만 명을 수용할 수 있는 전문 공연장에 대한 요구가 충족되지 않아 번번이 무산됐다고 알려져 있다.

영국의 공연장 'O2 아레나 런던'은 적자였던 기존 시설(밀레니엄 돔)을 엔터테인먼트 복합단지로 전환한 이후 런던의 티켓 판매량이 5년간 10배로 증가('04년 31만 장→'09년 309만 장)하였으며 영국의 라이브 콘서트 시장은 4년간 6.5배 성장했다.

□ K-POP 스타들은 무대를 둘러 싼 관객과 호흡하며 최고의 공연을 펼치고, 관객들은 다양한 무대연출과 최고의 사운드를 경험할 수 있는 국내 최초의 콘서트 전문 공연장 '서울아레나'가 오는 2024년 문을 연다.

□ 창동역 인근 약 5만㎡ 시유지에 총 18,400명을 동시 수용할 수 있는 규모

로 들어선다. 국내 최대 규모의 실내 공연장으로, 올림픽공원 체조경기장(1만5천 석 규모) 등 기존에 공연장 대체시설로 활용됐던 여타 시설을 압도하는 규모다. K-POP 콘서트는 물론 해외 뮤지션의 내한공연, 음악 시상식과 페스티벌, 대형 아트서커스 등 연간 약 90회 이상의 대형공연 등이 펼쳐진다.

□ 아레나 주변으로는 신진 아티스트의 공연과 팬미팅, 어린이 뮤지컬 등 다양한 행사가 열리는 '중형 공연장'(2,000석)과 영화관(11개관), K-POP 특별전시관 같은 대중음악 지원시설, 레스토랑 등 각종 편의시설 등이 함께 조성돼 이 일대가 K-POP 중심의 복합문화시설(연면적 24만3,578㎡)로 탈바꿈한다.

○ '아레나(Arena)'는 스탠드를 설치해 관객이 중앙 무대를 둘러싸고 있는 원형식 실내 공연장으로, 주로 1만석~2만석 규모다. 관객과 무대와의 거리감을 해소하여 시야가 확보되고 다양한 무대연출이 가능해 전 세계적으로 핵심적인 공연 인프라이지만, 세계 10대 도시 중 아레나가 없는 도시는 서울이 유일하다.

○ 미국, 영국 등 세계 음악산업을 선도하는 국가들은 '80년대부터 15,000석~ 24,000석 규모의 아레나 공연장을 각국의 음악산업 거점으로 조성해 왔다.

〈 세계 주요도시의 아레나 현황 〉

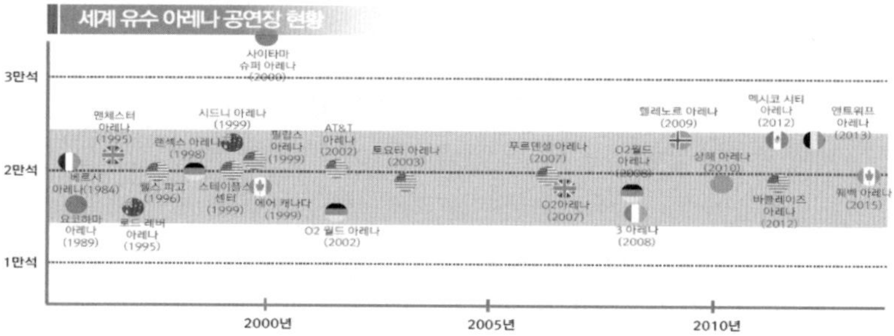

□ 이와 관련해 서울시는 민간제안자인 KDB인프라자산운용 외 8개사 컨소시엄인 '(가칭)서울아레나㈜'가 제안한 「서울아레나 복합문화시설 민간투자사업」이 '한국개발연구원(KDI) 공공투자관리센터(PIMAC)'의 민자 적격성 조사를 최종 통과('18.12.31.)했다고 밝혔다. 이는 해당 사업이 사업

성과 경제성을 확보했음을 의미하는 것으로, '서울아레나' 건립이 본격화 된다.

○ 최초 제안자인 서울아레나㈜가 제출한 제안서에 대해 시(市)가 적격성 조사를 의뢰('16.1.)한지 약 3년 만이다. 서울시는 지난 '15년 2월 '서울아레나' 건립계획을 발표하고 9월 민간이 제안하고 관이 검증하며 실현해나가는 '민간제안방식'을 채택해 사업설명회를 개최했다. 같은 해 11월 민간사업자가 제안서를 시(市)에 제출했다.

○ 당초 제안한 민간제안은 대관(임대) 방식의 편익산정으로 경제성이 낮아 '17년 12월에 철회한 후 개정된 지침과 사업계획을 일부 조정한 민간제안을 '18년 2월에 공공투자관리센터(PIMAC)에 다시 제출하여 사업성과 경제성을 최종 확보했다.

○ 또, '17년 7월 정부의 '국정운영 5개년 계획'에 서울아레나(K-POP 아레나)가 지역공약과제로 채택되고, 정부가 작년 '19년 경제정책 방향'을 발표('18.12.17.)하면서 서울아레나 등 대규모 프로젝트의 조기착공 추진을 약속하면서 사업의 추진동력을 확보했다.

〈민간제안 개요〉

○ **제 안 자:** (가칭)**서울아레나**㈜ (KDB인프라자산운용 외 8개사)
○ **위 치: 도봉구 창동 1-23, 1-24일대**
○ **대지면적: 50,149**㎡
○ **연 면 적: 243,578**㎡(본사업 165,350㎡(68%), 부대사업 78,228㎡(32%))
○ **도시계획: 준주거지역**(용도지역), **문화시설/시장**(도시계획시설)
○ **주요시설: 아레나**(18.4천석), **중형공연장**(2천석), **영화관**(11개관), **대중음악지원시설**
- 대중음악지원시설 : 한국대중음악 명예의 전당, K-POP 특별전시관 등
○ **총사업비: 5,284억원**(BTO, 수익형 민자사업)
○ **사업기간: '20년~'23년**(건설 40개월), **'24년~'53년**(운영 30년)

〈18,400명 동시수용 대형 실내공연장과 중형공연장, 영화관 등 '복합문화시설'〉

□ 민간사업자인 서울아레나㈜는 서울시가 세운 기본방향에 맞춰 서울아레나를 '공연문화산업 발전을 위한 문화복합시설(Culture Complex)'로 조성하겠다고 제안했다. 총 사업비 5,284억 원 전액 민자를 투입한다. 준공

과 동시에 소유권이 시에 귀속되며 민간사업자가 30년 간 운영하는 '수익형 민간투자방식(BTO)'이다.

□ 제안 내용을 보면, 대상지 50,149㎡(도봉구 창동 1-23, 1-24 일대)에 ▲서울아레나(1만8,400석) ▲중형공연장(2,000석) ▲영화관(11개관) ▲대중음악지원시설(한국 대중음악 명예의 전당, K-POP 특별전시관 등) 등 주요 시설 건립계획이 담겼다. 다만 최종 사업내용 등은 협상과정을 통해 최종 결정할 예정이다.

○ 서울아레나 : 세계적으로 가장 활발하게 운영되는 아레나 공연장 관람석 규모(1만5천 석~2만4천 석)의 중간 규모인 약 1만8,400석으로 조성된다. 콘서트에 최적화된 전문시설(무대, 조명, 음향 등)을 갖춰 공연시 설치·해체에 드는 비용과 시간을 획기적으로 줄이고 전문가 수준의 사운드를 체험할 수 있는 공간으로 만든다는 계획이다.

○ 중형공연장 : 플랫폼창동61과 연계해 발굴한 신진 아티스트들의 쇼케이스와 콘서트를 비롯해 팬미팅, 어린이 콘서트 및 뮤지컬 등의 다양한 행사 개최 공간으로 활용할 계획이다.

○ 영화관 : 독립·예술·다큐멘터리 전용상영관과 어린이들을 위한 프로그램을 마련하는 등 다양한 관객층 모두가 이용하는 시설로 운영할 예정이다. 영화상영 기능뿐 아니라 문화시설, 식당, 카페 등 편의시설도 함께 조성해 공연이 없는 날에도 문화와 휴식을 즐길 수 있는 지역명소로 만든다.

○ 대중음악지원시설 : 대중음악 관련 자료를 체계적으로 수집·보관·정리해 시민들에게 전시하고 우리 사회 전반에 영향을 준 대중음악인을 기리는 '대중음악전시실'을 설치한다. 시대별 전시관, 명예의 전당, 교육공간, 뮤지엄 샵, 가상 공연체험관 및 악기체험 스튜디오 등으로 구성된다.

□ 서울시는 K-POP의 세계적 돌풍 속에서도 여전히 체육시설을 대관해야 할 정도로 대형 공연장 인프라가 열악한 가운데, '서울아레나'를 서울에 조성해 글로벌 문화경쟁력을 확보한다는 계획이다. 또, 기존 지하철 1·4·7호선 이외에 GTX-C노선 신설, KTX 동북부 연장, 동부간선도로 지하화 등 최고의 접근성을 활용해 이 일대를 한국 최고의 한류관광 메카로 만들어간다는 목표다.

○ 현재 K-POP 스타들의 대형 콘서트나 해외 아티스트의 내한 공연의 경

우 대규모 인원을 수용할 만한 전문 공연장이 없어서 체육시설이나 대학 부속시설 등에서 이뤄지고 있다. 대형 콘서트 단골장소인 올림픽공원 체조경기장의 경우, 체육행사에 우선 배정되기 때문에 공연장 대관 경쟁이 치열하고 대관에 실패한 경우 객석 수가 적은 시설로 옮기거나 공연 자체가 연기·무산되는 경우가 빈번한 실정이다.

○ 공연이 주목적인 공간이 아니다보니 무대장치 시스템이 제대로 갖춰지지 않아 무대 설치에 많은 돈과 시간이 드는 것 역시 큰 애로다. 무대공간 구성이나 연출, 장비 활용 등에 제약이 많아 해외 뮤지션의 내한공연 같은 다양한 공연 유치를 가로막는 요인이 되기도 한다.

※ 국내 1만석 이상 실내·외 공연가능시설

▲ 상암 월드컵경기장(6만6천 석 *실외) ▲ 잠실 주경기장(6만9천 석 *실외)

▲ 올림픽공원 체조경기장(1만5천 석 *실내) ▲ 고척스카이돔(2만5천 석 *실내)

▲ 잠실 실내체육관(1만1천 석 *실내)

□ 한국 공연 문화산업의 도약과 산업적 성장도 이끈다. 최근 '듣는' 음악에서 '보는' 음악으로 이동하면서 국내 음악시장이 매년 9.1%의 성장세를 보이고 있는 가운데 '서울아레나' 건립을 기폭제로 삼아 라이브 엔터테인먼트(live entertainment) 시장을 확대하고 이 분야 일자리 창출도 이끈다는 목표다.

〈최근 10년 간 국내 음악산업 매출액 추이(2008~2017년)〉

(단위 : 조, 년)

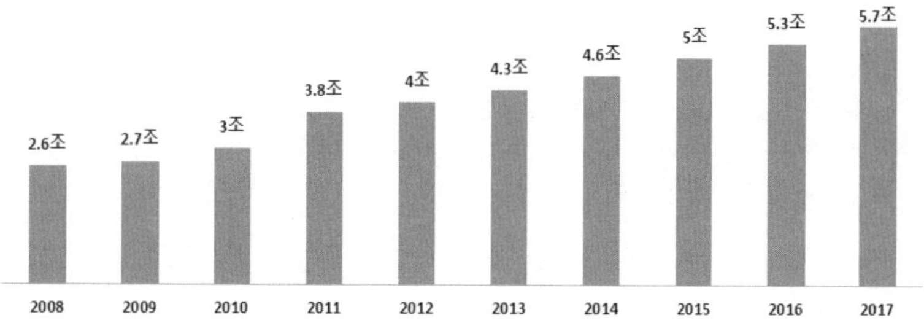

※ 출처: 한국콘텐츠진흥원 2017년 음악산업백서 및 2017년 4분기 및 연간 콘텐츠산업 동향분석 보고서

□ 「서울아레나 민간투자사업」(*부대사업 제외)은 총생산 5,994억 원, 총부가가치 2,381억 원의 지역경제에 미치는 파급효과와 함께 총 7,765명의 고용·취업효과(공사기간 4,465명, 운영기간 3,300명)가 있을 것으로 전망됐다.(*서울아레나 민간투자사업 적격성 조사 결과)

□ 서울시는 제3자 제안공고('19.5.)를 거쳐 우선협상대상자를 지정('19.9.)하고 협상절차를 거쳐 실시협약을 체결('20.6.)한다. 우선협상대상자와 실시설계, 각종 인허가와 관련된 협상을 병행해 내년 9월 착공에 들어가 '23년 말 공사를 마무리하고 '24년 1월 정식 개장한다는 계획이다.

□ 한편, '서울아레나'는 '23년 창동환승주차장 부지에 최고 49층 규모로 조성될 '창동·상계 창업 및 문화산업단지'와 함께 「창동·상계 신경제중심지 조성사업」의 핵심 축이다. 대표적 베드타운인 창동·상계를 일터와 삶터가 어우러진 동북권 광역중심으로 재생, 이 일대를 대중문화의 생산·소비·유통이 동시에 이뤄지는 세계적 음악도시로 탈바꿈시키고, 서울의 강남북 균형발전에도 기여한다는 목표다.

□ 김선순 서울시 지역발전본부장은 "국내 최초의 콘서트 전문 공연장인 '서울아레나'가 건립되면 서울을 넘어 우리나라의 글로벌 문화경쟁력이 높아질 것으로 기대된다. K-POP 콘서트를 보기 위해 해외 한류팬들이 서울을 찾으면서 관광산업의 획기적 성장과 지역균형발전에도 기여할 것"이라며 "서울아레나 건립을 통해 서울 동북권 지역을 일자리·문화중심의 미래 신경제중심지로 조성해 나가겠다"라고 말했다.

38

보도자료만 뿌리면 끝나는 게 아니다

보도자료 작성에서 기사가 나기까지 최소 일주일 정도의 시간이 필요한데 서울시의 경우 어떤 절차를 거치는지 설명드리겠습니다. 사업 부서에서 보도자료 제공 계획이 있으면 가장 먼저 보도 희망일 최소 7일 전(D-7일)에 대변인실과 상의해 보도 일자를 결정해야 합니다. 대변인실은 모든 부서의 보도자료들을 요일별로 안배해 보도 효과를 높여야 하므로 사업 부서에서 원하는 날짜에 나가지 않을 수도 있습니다. 또 사업 부서는 조간신문 보도를 원하지만 석간신문으로 결정될 수도 있습니다.

보도 일자 결정 후에 사업 부서는 보도자료를 작성해 늦어도 보도 날짜 이틀 전(D-2일)까지는 대변인실에 제출해야 합니다. 대변인실에서는 사업 부서의 보도자료(안)를 검토한 뒤 제목 수정, 내용 수정·편집 등의 작업을 해서 보도자료의 완성도를 높입니다. 사업 부서의 확인을 거쳐 완성된 보도자료는 보도 일자 이틀 전 저녁에 출입기자들에게 배포됩니다. 통신사가 기사를 가장 먼저 쓰기 때문에 일반 언론사보다 통신사가 먼저 보도자료를 받아봅니다. 조간신문용 보도자료는 보도 일자 하루 전(D-1일) 오전 11시 15분에 통신사의 기사를 시작으로 여러 언론사의 기사가 인터넷과 언론사

서울시 보도자료 작성~기사화 과정(조간 기준)

D-7일		D-2일	
보도자료 배포일 결정 (사업 부서 ↔ 대변인실)	→	보도자료 제출 (사업 부서 → 대변인실)	→
D-2일		**D-2일**	
보도자료 수정·검토 (사업 부서, 대변인실)	→	보도자료 배포 (대변인실 → 출입기자)	→
D-1일		**D-day**	
온라인 및 방송 보도 (언론매체)	→	조간신문 보도 (언론매체)	

홈페이지 등에 게재됩니다(석간용 보도자료는 보도일 오전 6시에 온라인으로 보도됩니다). 방송은 그날 정오뉴스, 저녁뉴스, 메인 뉴스로 내보냅니다. 마지막으로 보도 일자(D-day)에 종이신문으로 기사가 나옵니다.

보도자료를 받아본 기자는 보도자료를 읽어보고 기사를 쓸지 말지 쓴다면 무엇을 핵심 내용으로 어느 정도 분량으로 쓸 것인지 결정합니다. 기사를 쓰기로 하고 보도자료 내용만으로 자료가 부족하다면 담당자나 팀장, 과장에게 전화로 문의를 합니다. 따라서 보도자료를 내고 먼저 해야 할 일은 기자들의 전화를 잘 받는 것입니다(요즘은 대부분 사업 담당 공무원의 휴대폰으로 전화를 합니다). 기사를 써달라고 보도자료를 냈으니, 기자의 전화를 공손하게 받고 친절하게 설명을 해야 합니다. 간혹 기자들이 "보도자료를 내고 담당자가 전화를 안 받는다"라고 볼멘소리를 하는 경우가 있습니다. 그렇기에 담당자에게 기자들 문의 전화가 올 수 있다고 미리 대비를 당부하는 사전작업도 필요합니다. 기자들이 전화해서 문의하는 것은 다양합니다. 해당 사업에 대한 상세 내용 요청, 구체적인 숫자 확인, 관련 전문가 소개, 사업 관계자와의 인터뷰 섭외, 사업 현장 방문, 관련 사진 요청 등입니다.

이런 요청이나 문의는 매체의 특성상 방송과 신문기자 사이에 조금 차이가 있습니다. 방송이나 신문 모두 대부분의 취재는 그날 오후 4시쯤 마감합니다. 기자들은 하루하루 기사를 쓰므로 기자들의 요청 사항은 즉시 처리해 주는 것이 좋습니다. 특히 젊은 기자일수록 시간 개념이 확실하니 원하는 시간까지 자료를 주거나 답변을 주는 것이 좋습니다.

제가 대변인실 방송팀에서 일할 때 어느 부서에서 "서울 시내 수질 좋은 약수터 10개소"라는 보도자료를 낸 적이 있습니다. SBS가 취재를 위해 그중 세 군데 약수터를 찾아갔는데, "첫 번째 약수터에 들어갈 수가 없다"라고 저에게 전화를 했습니다. 사정이 있었긴 합니다만 보도자료에 나온 사업 현장은 기자들이 취재와 방문을 할 수 있게 미리 조치를 해놓아야 합니다. 이런 경우도 있었습니다. 어느 부서에서 고물상(민간 수집상)에 버려지는 폐가전제품에서 재활용이 가능한 금속자원을 수거하겠다고 보도자료를 내고, 고물상에 버려진 폐가전제품의 사진을 몇 장 삽입했습니다. SBS가 담당 부서에 그 고물상의 취재 지원을 요청했는데, 담당자가 위치와 전화번호만 알려줄 수 있고, 함께 가기는 곤란하다고 했습니다. 고물상이나 재건축 현장, 공사장 등 특정 지역(장소)에 언론사 카메라가 가면, 뉴스에 부정적으로 나온다고 촬영을 못하게 하기 때문이라고 했습니다. 그래서 담당 부서에서 공무원을 내보내는 것이 곤란하다고 한 것입니다. 이런 경우 기자는 대변인실에 다시 한번 취재 협조를 요청합니다.

두 가지 사례에서 말씀드렸듯이 보도자료에 나온 내용에 대해서는 기자의 취재를 최대한 지원해 주어야 하고, 그렇지 못할 내용은 보도자료에 담지 말아야 합니다. 취재기자가 "담당 부서에서 협조를 안 해준다"라며 "이럴 거면 뭐 하러 보도자료를 내냐!"라고 대변인실에 항의하면 참 곤혹스럽습니다.

39

언론보도 모니터링은 이렇게 하라

언론사에 뉴스를 공급해 주는 뉴스도매상이라 할 수 있는 통신사의 첫 보도는 중요한 의미가 있습니다. 언론사들이 뉴스를 만드는 데 통신사 기사의 방향과 분량을 참고하기 때문입니다. 통신사가 긍정적으로 상세히 보도하면 대체로 다른 언론사의 보도도 비슷하게 납니다. 다만, 통신사는 대량으로 뉴스를 공급하는 언론사이므로 모든 언론사가 통신사 보도를 뉴스로 만들지는 않습니다. 참고로 통신사가 언론사들에 무료로 뉴스를 공급하지는 않고, 언론사별로 일정한 계약을 체결해 뉴스 공급 서비스를 하고 있습니다.

통신사 뉴스의 중요성에 대한 사례를 한 가지 말씀드립니다. 예전에 서울시 상수도사업본부에서 "서울시민의 52%가 아리수[1]를 마신다"라고 보도자료를 낸 적이 있습니다. 그런데 연합통신이 이를 뒤집어 "서울시민의 47.9%가 생수나 정수기 물을 먹는다"라는 제목으로 기사를 썼습니다. 기자는 보도자료가 지나치게 과장되어 있다고 생각했나 봅니다. 아리수 음용

1 '아리수'는 고구려 때 한강을 부르던 말로 평생을 마셔도 좋은 서울시 수돗물의 이름입니다.

률에 대한 설문조사 결과를 보면 "수돗물을 그대로 마신다"라는 시민은 2.3%에 불과했고, "끓여 마신다"라는 시민이 50%였습니다. 기준의 차이가 있겠습니다만 취재기자는 끓여 마신다는 시민 50%는 "수돗물을 마시지 않는 것"으로 봤습니다. 심하게 표현하면 "기자를 바보로 알고, 시민의 52%가 아리수를 먹는다는 보도자료를 냈느냐"라고 생각한 것 같습니다. 통신사의 최초 보도에 따라 다른 언론사들도 기사를 좋게 쓰지 않았습니다. 보도자료를 너무 부풀려 쓰면 이런 일이 생기기도 합니다.

보도자료를 배포한 사업 부서는 혹시 통신사의 보도 내용이 틀리거나 방향이 이상하면 신속히 취재기자에게 전화를 해서 정중하게 설명을 할 필요가 있습니다. 대변인실도 모니터링해서 취재기자에게 요청을 해야 합니다. 통신사의 최초 보도에 이어 여러 언론사가 인터넷으로 관련 뉴스를 보도(출고)합니다. 어떤 언론사가 어느 정도의 분량으로 기사를 썼는지, 기사를 안 쓴 언론사는 어디인지도 분석해 보시기 바랍니다. 기사들을 모니터링해서 잘못된 부분은 없는지, 기사 내용이 이상하지 않은지도 신속히 확인합니다. 간혹 지명, 인명 등 고유명사에 오류가 있으니 잘 읽어야 합니다. 그리고 저녁 가판신문 내용도 확인해야 합니다. 가판신문은 기사를 정정할 수 있으니 잘못된 내용이 있으면 취재기자에게 신속히 연락해 바로잡아야 합니다. 방송사가 취재를 하면 그날 방송 뉴스도 모니터링해야 합니다. 마지막으로 다음 날 조간신문을 모니터링합니다. 보도자료를 인용한 뉴스 기사 대부분은 1회 보도로 끝나기 마련입니다. 이렇게 보도가 끝나면 언론사별 보도의 유무, 기사의 제목과 주요 내용, 기사의 분량 등을 비교·분석할 수 있습니다.

담당 부서의 모니터링은 대부분 여기에서 끝나는 경우가 많은데, 취재기자에게 피드백을 해주는 것이 좋습니다. 기자는 독자가 자기 기사를 칭찬해 줄 때 보람을 느낀다고 합니다. 이메일이나 문자, 간단한 전화통화, 다 좋습니다. 기사의 내용이 아주 좋았다고 생각되어 점심 정도의 감사 표시를 제의하면 기자도 기꺼이 받아들입니다. 기자와 밥을 한 끼 먹으며 일면식이 생기면, 작지만 좋은 인연을 만들 수도 있습니다. 다시 말씀드리지만 기자는 공무원과의 소통을 원합니다. 좋은 취재원이 되어 아이템을 줄 수도 있으니까요. 설령 기사가 좋지 않게 났더라도 피드백을 해줄 필요가 있습니다. "기사 잘 봤고, 지적한 부분은 앞으로 적극적으로 검토를 하겠다" 이런 식으로 간략한 이메일을 보내면 좋겠습니다. 기자들은 손품, 발품 팔아가며 열심히 기사를 썼는데, 뉴스 관계자나 독자들로부터 아무런 반응이 없을 때 기분이 별로라고 합니다.

40

초등학교 친구의 어려운 부탁

대변인실에서 3년간 근무 중에 소중한 추억을 간직하게 되었습니다. 대변인실에 온 지 석 달쯤 지났을 때 일이었습니다. 서울시 공무원 중 하나밖에 없는 시골 초등학교 친구가 전화를 해서 저에게 도움을 청했습니다. 그 친구는 서울시 인재개발원에서 신규로 임용된 공무원의 교육훈련 업무를 맡고 있었는데, 새내기 공무원들의 교육훈련이 보도될 수 있게 해달라고 저에게 부탁했습니다. 일단 보도자료를 만들어서 보내라고 했습니다. 내용을 보니 서울시 신입 공무원들이 경상북도 문경새재에서 2박 3일 동안 '실무 리더 과정' 교육을 받는다는 것이었습니다. 그해에 처음으로 하는 교육도 아니고 1000명이 넘는 신입 공무원들이 100명씩 몇 회로 나누어 받는 평범한 교육과정이었습니다. 아무리 생각해도 보도자료를 내봐야 기사가 나는 것은 고사하고, 내용이 빈약해 언론에 뿌릴 보도자료 감도 안 될 것 같았습니다.

며칠을 생각하다가 친구에게 전화를 걸어 솔직히 말해줬습니다. "이건 도저히 뉴스거리가 안 된다", "기자들한테 욕만 먹는다"고요. 친구는 제 말을 이해하면서도 어떡해서든지 한 개 신문에라도 기사가 나오게 해달라고 애원했습니다. 저더러 보도자료를 잘 써달라는 부탁까지 하면서 말입니다. 몇 번을 안 된다고 말했는데도 친구가 막무가내로 부탁을 해 도저히 뿌리칠 수가 없었습니다. 마음씨 좋은 친구는 자기가 하는 일보다 공직을 막 시작하는 서울시 신입 공무원들을 알리고 싶어 했습니다. 마음을 고쳐먹고(솔직히 조금 감동해서) 친구로서 도와주기로 했는데 뾰족한 수가 없었습니다.

출입기자들과 어느 정도 친분이 있었다면 아마 조금 수월하게 도와줄 수 있었을 것입니다. 그냥 솔직하게 부탁하는 거죠. 굵직한 뉴스 아이템을 찔러주는 것도 아니고 한번 신세를 지는 셈인 거죠. 그런데 그때는 대변인실 온 지 얼마 되지 않아 그런 부탁을 할 만큼 친분 있는 기자가 없었습니다. 용기를 내서 그래도 도와줄 것 같은 서울신문 기자에게 부탁을 했습니다. 진솔하게 사정 이야기를 했습니다. 서울시에 하나밖에 없는 친구의 부탁이라고 하면서요. 그 기자가 보도자료를 대충 읽어보더니 "한번 써볼게요"라고 하더군요. 창피만 당하는 것이 아닌가 은근히 걱정을 했는데 그래도 긍정적인 답변을 받은 것이 다행이었습니다. 그다음 날 단신으로 기사가 났습니다. 고맙다고 간단히 메일을 보냈더니, 오히려 "내용이 없어 크게 쓰지 못했다"라고 답장이 왔습니다. 정말 고마웠습니다. 또 두 군데 인터넷신문에도 기사가 났습니다. 친구에게 알려줬더니 아주 좋아했습니다. "신문기사를 상사에게 보고해 자랑까지 했다"라고 하더군요.

여기서 끝났으면 이 책에서 말할 거리가 안 되지요. 보도된 그 교육훈련 과정이 얼마 후 KBS2 TV 〈VJ특공대〉에 아주 볼만하게 방영되었습니다.

〈VJ특공대〉에 방송된 사연은 이렇습니다. 친구한테 처음 보도자료를 보고 도저히 안 되겠다 싶어 다른 쓸 만한 자료가 있냐고 물어봤습니다. 이미 교육과정이 몇 차례 있어 교육 내용을 찍어놓은 동영상이 있다고 하더군요. 동영상을 본 순간, '이건 〈VJ특공대〉에 나가면 좋겠다'는 생각이 번

새내기 공무원들이 왕복 13km의 행군 후 '바람직한 공직자'를 주제로 과거를 치르는 모습(사진: 서울특별시인재개발원)

쩍 떠올랐습니다. 그래서 친구한테 "친구야, 신문보도는 내가 좀 해볼 테니깐, 너는 〈VJ특공대〉에 동영상을 보내 방송되도록 한번 해봐라"라고 말했습니다. 그러고 나서 며칠이 지나 친구한테 전화가 왔습니다. 〈VJ특공대〉에 동영상을 보내고 연락을 해봤더니 의외로 한번 검토를 해보겠다는 답변을 들었다는 것이었습니다. 친구의 성격이 끈질기다는 것을 그때 처음으로 알았습니다. 솔직히 초등학교 다닐 때는 같은 반 된 적이 거의 없어 썩 친한 사이는 아니었거든요. 그리고 저더러 〈VJ특공대〉 PD한테 전화를 해서 부탁을 좀 해달라고 하더군요. 서울시 대변인실에서 전화를 하면 방송될 가능성이 높아지지 않겠냐면서요. 이왕 도와준 것 끝까지 도와주자고 담당 PD에게 전화를 걸어 "정말 잘 부탁드린다"라고 이야기했습니다.

생각해 보면 그때 운이 좋았습니다. 당시 〈VJ특공대〉가 '목표 달성을 위한 끈기'라는 주제로 한 코너를 기획하고 있었는데, 아이템이 딱 맞아떨어진 것입니다. 촬영팀이 신입 공무원들과 문경으로 내려가 하루 종일 꼬박 촬영을 했다고 합니다. 방송을 보니 서울시 새내기 공무원들 소개가 아주 잘된 데다가 친구의 상사인 인재개발원장의 인터뷰까지 나왔습니다. 멋있었고 보람을 느꼈습니다. 대변인실에 온 지 얼마 되지 않아 돈 한 푼 들이지 않고 지상파 방송을 통해 제대로 시정을 홍보했기 때문입니다. 친구는 좋아서 어쩔 줄 몰랐고, 저는 가슴이 뿌듯했습니다. 친구는 인재개발원 원장으로부터 칭찬을 듣고 식사 대접도 받았습니다. 방송을 통한 홍보 효과를 감안하면 그 정도 보상으로는 턱없이 부족하지요. 성과급으로 최소한 100만 원 정도는 받아야 하는데 공무원의 인건비는 참 저렴합니다.

언론홍보라고 하면 보통 신문이나 방송의 뉴스(보도) 프로그램만 생각하는데, 이처럼 다른 방법으로 언론매체를 활용해 홍보할 수 있는 방법들이 있습니다. TV나 라디오의 시사·교양·오락 프로그램을 통해서도 시민에게 유익한 정보를 제공할 수 있습니다. 언론홍보, 절대 어려운 것이 아닙니다!

41

BTS 덕분에 대박 난 서울시

언론사가 보도자료를 인용해 신문·방송 보도를 하면, 이 뉴스를 보고 TV의 예능이나 시사교양 프로그램에서 후속 방송을 하는 경우가 있습니다. 예를 들면 유명 연예인을 공공기관 홍보대사로 위촉하거나, 노후 아파트의 재건축 허용 연한을 변경한다고 발표하는 경우입니다. 그중 제가 겪은 경험담을 소개합니다.

서울시가 2017년 12월 방탄소년단(BTS)이 부른 서울 홍보 노래 「WITH SEOUL」의 음원을 공개한다는 보도자료를 내자 많은 언론들이 크게 보도했는데, 그 덕분에 서울시 공무원이 TV 방송의 예능 프로그램에 출연하는 좀처럼 드문 경우가 생겼습니다. 어떻게 된 일일까요? 서울시가 「WITH SEOUL」의 음원을 서울관광 홈페이지에 공개했는데, 순간 접속이 폭주해 홈페이지 서버가 다운되는 소동이 벌어졌기 때문입니다. 당시 방탄소년단은 미국 주간지 ≪피플(People)≫에서 '세계에서 가장 인기 있는 보이 그룹(World's Hottest Boy Band)'으로 소개되는 등 해외에서 인기가 급상승하던 때였습니다. 2017년 12월 12일 SBS의 연예 프로그램 〈본격연예 한밤〉은 왜 방탄소년단이 서울 홍보 노래를 부르게 되었는지, 서울관광 홈페이지는 어떻게 다운됐는지 등을 담당 공무원과의 인터뷰 중심으로 상세히 소개했습니다.

저는 그때 관광사업과의 팀장으로 외국 관광객을 유치하는 글로벌 마케팅 업무를 맡고 있었습니다. 마케팅의 핵심 사업은 해외에서 방영될 서울관광 광고를 만드는 일인데, 광고대행사를 통해 2017년 서울관광 해외 광고 모델로 방탄소년단을 어렵게 섭외했습니다. 지금 같아서는 세계가 인정하는 글로벌 스타가 되어 광고 모델 섭외가 매우 힘들겠지만, 2017년 초에는 국내외에서 폭발적인 인기를 얻기 전이라 큰 비용을 드리지 않고 BTS를 섭외할 수 있었습니다. 그때 방탄소년단을 광고 모델로 선정한 것은 '신의 한 수'였습니다. 저렴한 예산으로 방탄소년단을 통해 서울을 전 세계에 알리는 엄청난 효과를 거두었습니다.

방탄소년단이 모델이 된 서울관광 광고는 'BTS's Seoul Life'라는 이름으로 그해 전 세계 100여 국에 TV와 온라인으로 방영되었는데, 서울의 매력을 노래에 담아 세계에 알려달라는 서울시의 제안을 방탄소년단이 받아들여 서울송 「WITH SEOUL」이 만들어졌습니다. 「WITH SEOUL」의 음원을 2017년 12월 6일 정오에 서울관광 홈페이지에 무료 공개한다는 보도자료를 냈을 때 어느 정도 예상은 했지만 홈페이지가 다운되는 일까지 벌어지리라고는 상상을 못 했습니다. 정확히 공개 5분 후에 홈페이지 접속이 마비되는 상황이 터지고 말았습니다. 황급히 홈페이지에 "불편을 드려 죄송하다"라는 양해의 글을 게시하고서, 저와 부서 직원들은 대박이 터졌다고 즐거운 비명을 질렀습니다. 추정컨대 국내외 수많은 팬이 BTS가 신곡을 발표한다는 소식을 듣고 음원이 발표되기를 기다리고 있다가 동시에 홈페이지에 접속하다 보니 서버가 버티질 못하고 다운이 된 것으로 보였습니다. 서울관광 홈페이지는 그날 오후 4시간 넘게 접속이 되지 않았습니다.

'홈페이지 다운' 소식은 큰 뉴스가 되어 여러 언론사들이 앞다퉈 흥미로운 제목으로 기사들을 쏟아냈습니다. "방탄소년단, 서울 홍보송 공개… 서울시 관광홈피 다운", "BTS가 홍보송 불렀더니… 서울시 관광홈페이지 서버 다운돼", "서울시, BTS '팬덤' 실체 몰랐나?… 홍보송 무료 배포했다가 서버다운" 등 1주일 동안 50여 건의 뉴스 기사가 이어졌습니다. 12월 12일 〈본격연예 한밤〉 프로그램이 방송된 후에는 서울시 공무원이 TV 방송에 출연해 "방탄소년단 때문에 홈페이지가 다운됐는데 신의 한 수라 생각한다"라고 말했다는 내용의 후속 기사들이 또 이어졌습니다. 뉴스에 새 뉴스가 보태져 뉴스를 낳고 또 다른 뉴스를 만들었으니 방탄소년단의 인기는 가히 상상을 초월했습니다. BTS 덕분에 누린 서울 홍보 효과는 두말할 나위도 없었죠.

「WITH SEOUL」은 어떤 노래일까요? 방탄소년단이 2017년에 서울시 해외 마케팅 관광 모델로 활동하면서 느낀 서울의 따뜻함과 아름다움을 담은 노래입니다. 국악을 연상시키는 리듬과 팝 사운드에 오케스트라의 화려함까지 더해 우리의 전통적인 감성, 방탄소년단만의 개성에 유행을 절묘하게 조화시켰습니다. 다음 페이지에 노래 가사가 있으며, 유튜브에서 'With Seoul by BTS'를 검색하면 뮤직비디오로 감상할 수 있습니다. 들을수록 은근히 중독성이 있습니다. 「WITH SEOUL」 음원 발표 후 방탄소년단과 함께 광화문광장이나 서울광장에서 이벤트 개최를 시도했는데 BTS의 일정이 너무 바빠 성사되지 못한 기억이 있습니다. 이 글을 통해 서울관광 명예홍보대사가 되어 서울을 전 세계에 알리고 외국인 관광객 유치에 크게 기여한 방탄소년단에게 진심으로 감사의 말씀을 전합니다. 그 덕분에 제가 〈본격연예 한밤〉에 출연한 것도 감사드립니다.

특정 공공정책이 이처럼 다양한 신문기사와 방송보도, 예능 프로그램 등으로 모두 소개될 수는 없지만, 사안에 따라 뉴스와 같은 보도 프로그램 외에 다른 방송 프로그램에서도 다룰 수 있는 경우가 적지 않습니다. 더구나 요즘은 지상파 TV 외에 MBN, JTBC, TV조선, 채널A와 같은 종합편성채널까지 있으니 유익한 정보가 다양한 미디어를 통해 알려질 수 있도록 노력해 보시기 바랍니다.

네가 힘이 들고 지칠 때
찾게 되는 그 곳, 나 그곳이 될게

아무것도 놓을 수 없어서
삶이 버거울 때 꼭 네 곁이 될게

I love Seoul Seoul
희망을 네 곁에 둘게
(Seoul Seoul)
너의 눈을 보고 너의 걸음에 맞춰서
널 웃게 할게

I love Seoul Seoul
네 사랑 받을 수 있게
(Seoul Seoul)
날 노래 할 수 있게
그런 내가 될게

Oh Seoul
그래 나 이곳에서
모든 걸 준비해
너는 기대해
행복해질 테니까

Oh Seoul
그래 나 이곳에서
오 언제나
너를 듣고 바라보고 안을게

하루하루가 힘든 네게
주고픈 게 많아 나 잊지 않을게

하나하나 돌려줄 거야
네가 내게 줬던 그 믿음만큼은

I love Seoul Seoul
희망을 네 곁에 둘게
(Seoul Seoul)

너의 눈을 보고
너의 걸음에 맞춰서 널 웃게 할게

I love Seoul Seoul
네 사랑 받을 수 있게
(Seoul Seoul)
날 노래 할 수 있게
그런 내가 될게

Oh Seoul
그래 나 이곳에서
모든 걸 준비해
너는 기대해 행복해질 테니까

Oh Seoul
그래 나 이곳에서
오 언제나
너를 듣고 바라보고 안을게

늦은 밤
침묵하던 너의 한숨소리가 이 거리에 퍼질 때

너무나
지쳐버려 작은 바람에도
네 심장이 부서질 때 Don't worry

I'll be by your side forever
I'll be by your side forever

나는 이 도시 위에서 너를 느낄 수 있어
I SEOUL U 너와 나 사이의 서울

Oh Seoul
그래 나 이곳에서
모든 걸 준비해 기대해
행복해질 테니까

Oh Seoul
그래 나 이곳에서
나 언제나 너를 듣고 바라보고 안을게

I love Seoul I love Seoul I love Seoul

제4부

서울시 대변인실 사람들

공무원은

언론 부서에서 반드시 일해봐야 한다.

그 이유 중 하나가

바뀐 지위로 살아야 하는

기회를 얻을 수 있기 때문이다.

을로 살다 보면 갑이 부러워 보인다.

42

서울시 대변인

1996년생

1992년 제36회 행정고시 합격

1994년 용산구 근무(청소과장, 기획예산과장, 총무과장)

2000년 서울시 행정과장, 인사과장, 경제정책과장 역임

2014년 국장 승진(일자리기획관, 행정국장, 관광체육국장)

2018년 서울시 대변인

2019년 현재 서울특별시 기후환경본부장

이메일: kes@seoul.go.kr

페이스북: www.facebook.com/euiseung.kim

서울시 본청 조직에는 실장, 본부장, 국장이라는 직함의 고위 공무원이 30여 명 있는데, 대변인만큼 힘들고 바쁜 자리는 드뭅니다. 매일 쏟아지는 시정 뉴스에 신경을 곤두세우고, 수많은 기자들에게 전화, 문자, 카톡으로 취재를 지원하고, 민감한 보도에는 신속하게 대응 방향을 결정해야 하는 대변인은 긴장감 속에 24시간을 사는 어려운 자리입니다. 2018년 1월부터 2019년 6월까지 서울시 대변인의 중책을 맡았던 김의승 국장의 이야기를 들어봅니다.

Q1 서울시 대변인은 무슨 일을 하는지 말씀해 주십시오. 보통 하루 일과는 어떻게 되나요?

막상 하는 일을 설명하려고 하니 의외로 쉽지가 않은데요? (웃음) 서울시 대변인은 서울시에서 추진하고 있는 다양한 정책과 소식들을 언론매체를 통해 알리고, 언론의 취재 요청에 응해서 기자들이 궁금해하는 내용을 각 부서를 통해 확인하고 이를 알기 쉽게 설명하는 일종의 창구 또는 중개자 역할을 한다고 이해하면 될 것 같습니다.

하루 일과는 영업 비밀(?)인데 ……. (웃음) 사실 그때그때 상황이 다 다르기는 합니다. 그래도 보통 하루 일과는 새벽 5시경 집에서 조간 주요 기사들을 확인하는 것으로 시작합니다. 예전에는 꼭두새벽 출근해 각 매체 지면을 일일이 확인해야 했지만, 지금은 첨단 IT 덕분에 '스크랩마스터' 등 앱을 통해 휴대전화로 기사들을 한꺼번에 모니터링할 수 있어 무척 편리해졌지요. 비단 시정 관련 내용뿐만 아니라, 각 매체의 1면 헤드라인과 그날의 정·재·관계의 주요 쟁점이 무엇인지 함께 살펴보려고 노력하는 편입니다. 그래야 이들 쟁점과 관련된 서울시 입장을 미리 가다듬는 데도 도움이 되고, 낮 시간에 기자들 문의 시 초점에서 벗어난 답변을 피할 수도 있으니까요. 그동안 대변인실 당번 팀장과 직원들은 시정 관련 꼭지들을 추려 조간 주요 보도 스크랩을 정리합니다. 아침에 출근하면, 이 스크랩을 같이 보면서 주요 쟁점을 다시 정리하고 후속 취재에 어떻게 대비할 것인지, 또 사실과 다른 내용에 대해 어떻게 해명 또는 설명 자료를 낼 것인지 등 방향을 논의합니다. 이어서 석간과 온라인 뉴스 모니터링이 진행됩니다. 또 중간중간에 언론사의 인터뷰 요청에 따른 인터뷰 자료를 준비하거나, 취재를 원하는 기자들의 전화를 받고 필요한 사항을 지원하면서 분주한 일과를 보내고 있습니다.

Q2 서울 시정 뉴스가 언론을 통해 많은 시민들에게 전달되도록 하는 일이 쉽지 않을 것 같습니다. 어떤 점이 어려운가요?

대변인으로서의 가장 큰 책무는 서울시에서 하고 있는 다양한 사업들을 언론을 통해 시민들에게 잘 전달함으로써 결과적으로 서울시 정책의 최종 수혜자인 시민들이 온전하게 혜택을 누리도록 하는 것이라고 생각합니다. 하지만, 취재기자 입장에서는 서울시가 잘하고 있는 내용뿐만 아니라, 제대로 못 하고 있거나 잘못하고 있는 일을 비판하는 역할을 맡고 있어, 그 과정에서 항상 고민하게 되는 것이 사실입니다. 물론 정말 잘못하고 있는 일이라면, 마땅히 그 비판을 흔쾌히 수용하고 더 나은 개선 방안을 찾는 것이 맞겠지요. 실제로 정책을 입안하는 과정에서 미처 생각을 못 했던 문제점들을 언론에서 지적함으로써 정책 내용을 개선하고 완성도를 높여가는 경우도 많습니다.

그 과정에서 어려운 점은 우선 우리 시 조직 내부에서의 일과 언론사와 관계에서 일어나는 일, 양 측면에서 설명할 수 있겠습니다. 먼저, 서울시 조직 내부에서 부딪히는 어려운 점으로는 간혹 부서에서 언론이 필요로 하는 자료들을 잘 내놓지 않는 경우가 있습니다. 부서 입장에서는 자료로 나갔다가 괜히 부정기사로 이어질까 봐 걱정하는 것 같습니다. 하지만, 기자가 해당 부서에 자료를 요청하거나 추가 설명을 해달라고 할 때는, 대개 이미 일차적으로 기본적인 취재를 마친 상태에서 보다 정확한 사실관계를 담기 위한 경우가 많습니다. 따라서 자료를 제공하지 않는다고 해서 관련 기사가 안 나가는 것은 아니라는 것이지요. 오히려 이때 전후 관계나 배경을 충분히 설명해 잘못된 정보를 바로 잡는 것이 결과적으로는 좋은 결과를 가져올 수 있다는 점을 기억하면 좋겠습니다. 물론, 사안에 따라서는 자료를 제공할 수 없는 경우도 있지만, 이런 경우에도 왜 자료

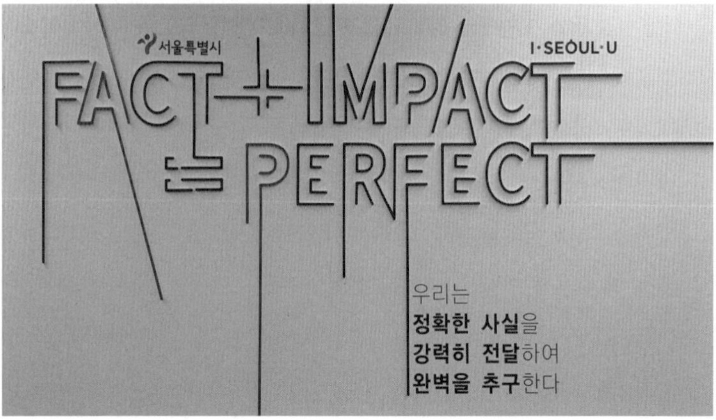

서울시 대변인실의 조직 미션

를 제공할 수 없는지를 소상하게 설명하고 이해를 구한다면 최악의 경우는 막을 수 있습니다.

다음으로, 언론과의 관계 때문에 시정 관련 뉴스를 시민들에게 전달하는 데 장애가 발생하기도 합니다. 결국 기자들도 사람인지라 취재원의 충실한 설명과 친절한 피드백을 받게 되면 관련 기사 역시 은연중에 이런 분위기가 반영될 수밖에 없습니다. 종종 기자들이 취재 과정에서 겪은 불쾌한 경험 때문에 대변인에게 문제 제기를 하는 경우가 있습니다. 본인은 정당하게 취재를 했을 뿐인데, 해당 간부나 담당자가 불쾌한 언사를 하거나 도를 넘는 지나친 반응을 했다는 것이지요. 이럴 때면 대변인으로서 참 난감해집니다. 이 밖에도 서울시가 추진하고 있는 정책의 의도가 아무리 좋아도, 각 언론사에서 추구하는 방향과 배치되는 경우가 있습니다. 자칫 민감할 수도 있어서 구체적으로 설명하긴 좀 조심스럽네요(웃음). 아무튼 이런 경우 철저히 '팩트'를 가지고 이야기하는 수밖에는 없습니다. 설사 서울시의 정책에 흔쾌히 동의하지 않는다고 하더라도 최소한 사실관계만큼은 정확하게 반영할 수 있을 테니까요. 대변인으로서 가장 큰 어려움을 느끼는 경우인지도 모르겠습니다.

Q3 대변인께서 시 출입기자의 취재 지원을 신속히 잘해준다는 평가가 있습니다. 100명이 넘는 출입기자들의 문의에 만족스럽게 응대하는 비결은 무엇인가요?

기자분들이 정말 그렇게 평가를 해주신다면 정말 감사한 일이지요. 160여 명 출입기자를 포함, 비출입 언론사까지 합하면 전화나 카톡 등으로 평소 연락하는 기자들이 줄잡아 500여 명은 족히 될 것 같습니다. 평소 적어도 하루에 20~30여 명과 연락을 하는데, 대형 이슈가 있는 날에는 100여 건 이상 전화가 폭주하기도 합니다. 제가 매번 만족스럽게 응대하고 있는지는 솔직히 자신은 없어요. 뭐, 특별한 비결이 따로 있을 수도 없고요. 다만, 걸려오는 전화는 가급적 다 받으려 노력합니다. 혹, 회의 중이라서 걸려온 전화를 놓치게 되는 경우에도 콜백(callback)은 백퍼센트 다 해드립니다. 기자들이 궁금한 내용이 있어서 대변인을 찾았는데 연락조차 안 된다면 얼마나 허탈할까를 역지사지해 보면 금방 이해할 수가 있는 거니까요. 그런데 가끔은 부서 전화번호를 알려달라는 단순 문의를 하는 경우도 있는데, 이럴 때는 솔직히 힘이 빠지기도 합니다(웃음). 아무튼 언론매체와 서울시 사이의 가교 역할을 하는 대변인의 입장에서 기자들의 문의에 성실하게 답변해 준 것을 좋게 평가해 주시는 것 같습니다. 알고 있는 것은 사실관계에 입각해서 차분하게 설명하고, 또 모르는 것은 솔직히 모른다고 인정하고 추가로 확인해서 연락드리면 대부분의 기자분들이 만족해 하시는 것 같습니다. 때로는 제가 해당 사실관계를 알고 있지만 시기적으로 확인을 해줄 수 없는 곤란한 상황도 생기는데, 이때도 확인해 줄 수 없는 사안이라고 말씀드리고 정중하게 양해를 구하면 대부분은 이해를 해

주시더라고요. 결국 '진정성'과 '솔직함'이 언론으로부터 신뢰를 얻는 첩경이라고 생각합니다.

Q4 "뉴스에 일희일비(一喜一悲) 마라"라는 말이 있습니다만, 그래도 가장 힘들었던 순간과 보람을 느꼈던 적은 언제였나요?

"뉴스에 일희일비 마라", 정말 멋진 말인데요?(웃음) 평소에 늘 잘 새겨야 할 경구(警句)인 것 같습니다. 매일 쉴 새 없이 쏟아지는 시정 관련 뉴스를 접하면서 시 입장이 제대로 반영되지 않았다고 실망하거나, 반대로 생각보다 잘 다루어주었다고 희희낙락하다 보면 정작 더 중요한 전체 그림을 놓칠 수가 있지요. 차분하게 관조하면서 언론 대응의 어떤 부분이 좋은 결과를 가져왔는지, 혹은 비판 또는 부정 기사를 접하더라도 다음에 어떤 점을 보완해야 하는지 세심하게 살펴보는 노력이 중요합니다.

가급적 즐겁게 일하려고 노력하는 편입니다만, 그래도 힘들었던 순간이 없을 수는 없겠죠. 우선 대변인으로 발령받은 지 얼마 되지 않았던 2018년 1월, 미세먼지 비상저감조치 발령 시 대중교통 요금 무료 정책을 처음으로 적용했던 때가 생각납니다. 날로 심각해지는 서울의 대기질 개선을 위해 지난 2017년 6월, 3000여 명의 서울 시민들이 참석한 자리에서 '서울 시민과의 약속-서울시 대기질 개선 10대 과제'를 채택해 발표했는데, 대중교통 요금 무료 정책이 포함되어 있었습니다. 다만, 첫 시행이 이루어졌던 것은 2018년 1월 15일, 17일, 18일 3일간이었어요. 당초 시민참여로 정책이 채택되었을 때는 그다지 큰 비판이 없었던 사안인데, 정작 시행에 들어가자 하루 50억 혈세를 낭비한다며 많은 언론매체에서 연일 십자포화를 퍼붓기 시작했습니다. 대중교통 요금 무료가 최종적인 목적이 아니라 차량2부제 또는 차량등급제와 같은 더욱 강력한 조치를 제도화하기 위한 '마중물'이라는 시의 설명은 반영될 틈조차 없었습니다. 아인슈타인은 "매번 똑같은 행동을 반복하면서 다른 결과를 기대하는 것은 미친 짓"이라고 말했는데, 물론 의견은 다를 수도 있었겠지만 심각한 미세먼지 문제를 해결하고자 새로운 시도를 한 서울시의 노력이 왜 그렇게도 혹독한 비판을 받아야 했는지 안타깝기만 했습니다.

아무튼 당시 한바탕 소동을 겪으면서 미세먼지에 대한 전 국민적 관심을 끌어냈고, 국회 논의도 급물살을 타면서 그해 8월에는 이른바 「미세먼지 특별법」이 공포되었습니다. 서울시도 관련 조례를 제정해 미세먼지 비상저감조치 발령 시엔 차량 등급 5등급 차량의 운행 제한을 도입하게 되었지요. 이로 인해 2019년 유례없는 7일 연속 비상저감조치 발령 속에서도 서울시를 비판하는 기사는 찾아보기 어려웠습니다. 작년과 비교할 때 지옥에서 천국을 오가는 느낌이었습니다(웃음).

Q5 서울시가 하는 일이 언론에 제대로 알려지고 있다고 생각하시는지요? 부족한 점이 있다면 어떤 방법을 통해서 언론홍보 효과를 높여야 한다고 생각하십니까?

글쎄요, 어떤 경우에도 사람이 하는 일이 매사에 완벽할 수는 없겠지요. 정부 부처들도 서울시의 정책홍보나 언론 대처 역량을 높게 평가하는 분위기지만, 앞으로 개선하여야 할 점은 있을 겁니다. 예를 들자면, 급변하고 있는 미디어 트렌드에 적극적으로 부응하려는 노력이 요구되고 있습니다. 특히, 미디어의 융·복합 현상이 두드러지면서 어디까지가 언론의 영역이고 어디까지가 전통적 홍보 영역인지 경계가 모호해진 것이 사실입니다. 최근, 종이신문을 주력으로 한 매체들도 자체 디지털 기능을 보강하고 동영상을 활용한 뉴스를 내보내고 있는 현실을 고려할 때, 서울시도 대변인실과 시민소통기획관으로 구분되어 있는 현재 직제상 상호 기능적으로 더욱 긴밀하게 협력하는 방안을 적극적으로 모색해 볼 필요가 있을 겁니다. 아울러, '한 장의 사진'이 글로 쓴 기사보다 더 강력한 영향을 남길 수 있다는 점을 감안, 각 부서에서도 보도자료를 만들 때부터 '카드 뉴스'를 전제로 하거나, 최소한 관련 사진 자료를 풍부하게 첨부하는 등의 노력이 경주되었으면 좋겠습니다. 아울러 무엇보다 좋은 홍보는 상품이 좋아야 한다는 대전제를 잊어서는 안 될 것입니다. 결국 좋은 정책을 만드는 것이 다른 어떤 홍보 기법보다 중요하다고 생각합니다.

Q6 한국언론진흥재단의 조사 결과를 보면 언론 신뢰도가 전반적으로 떨어지고 있습니다. 가짜뉴스, 왜곡 및 허위보도가 큰 원인이라고 하는데요, 이 왜곡이나 허위보도는 왜 나온다고 보시나요?

질문이 점점 더 어려워지는데요? (웃음). 언론에 대한 신뢰도가 저하되는 것은 언론 자체의 문제일 수도 있지만, 어떤 의미에서는 그 사회의 전반적 분위기와도 밀접한 관련이 있다고 생각합니다. 뉴스의 생산과 배포를 언론매체에서 독점하던 시절, 진실이 왜곡되거나 가려졌던 뼈아픈 기억들을 우리는 가지고 있습니다. 일반 시민들도 주요 뉴스를 만들어가는 인터넷 환경이 조성되면서 과거에 수동적인 존재에서 능동적인 뉴스생산자로 바뀌게 되었지요. 물론, 미국과 같이 완전히 자유로운 언론 환경에서도 이른바 '가짜뉴스'의 문제가 불거지고는 있지만, 결국 한 사회를 이끌어가는 정치 지도자들이 신뢰받고 존경받는 리더십을 발휘하고 이를 뒷받침하는 깨어 있는 시민들이 많아질 때, 왜곡 및 허위보도 또한 설 자리를 잃게 될 것입니다.

Q7 대변인과 출입기자와의 관계는 불가근불가원(不可近不可遠)이라고 생각합니다.

평소 기자들과는 어떻게 소통을 하시나요?

대변인과 출입기자는 언제나 '절친'이 되어야 하는 것 아닌가요?(웃음). 흔히 공직자와 언론인은 '불가근불가원'의 관계라고 하는데, 이 말에 상당히 함축적인 의미가 있다고 봅니다. 하지만 각자의 위치에서 자신에게 주어진 역할과 책무에 최선의 노력을 다한다는 점을 서로가 공감하면, 오히려 가장 친한 사이가 될 수 있고 또 마땅히 그래야 한다고 믿습니다. 저 역시도 평소에 진솔한 자세로 기자분들께 다가가려고 노력하는 편입니다. 흔히, 술을 잘 마셔야 기자들과 소통을 잘할 수 있다고 하는데 이는 반은 맞고 반은 틀린 것 같습니다. 요즘 술자리를 꺼리는 기자분들도 정말 많아졌거든요. 거듭 말씀드리게 되지만, 결국 소통의 핵심은 '진심'인 것 같습니다.

Q8 홍보의 중요성이 갈수록 강조되고 있습니다. 서울시 직원들에게 언론홍보에 대해 한 말씀 부탁드립니다.

"정책에 실패한 공무원은 용서받을 수 있어도 홍보에 실패한 공무원은 용서받을 수 없다"는 말도 있습니다. 그만큼, 홍보가 중요하다는 의미이지요. 특히 시민들에게 영향을 미치는 정책을 입안하는 공직자들에게 언론홍보는 정책의 '알파'요 '오메가'라고 할 수 있습니다. 알려지지 않은 좋은 정책이란 '네모난 원'이라는 말처럼 결코 존재할 수 없기 때문입니다. 평소 이런저런 크고 작은 업무에 짓눌려서 자칫 홍보 업무에 소홀하기 쉽지만, 어떤 의미에서 공직자의 가장 중요한 책무는 언론을 통해 시민들에게 정책을 정확하고 소상하게 알리는 것이라는 점을 꼭 기억했으면 합니다.

43

새벽에 출근하는 공무원

규모의 차이는 있으나 공공기관이나 민간기업에는 홍보 부서가 있습니다. 서울시는 두 개 홍보 조직이 있는데요, 시민소통기획관은 인터넷, 간행물, 광고판 등 시 보유 온라인·오프라인 매체를 통해 일반 시민에게 직접 홍보를 하고, 대변인실은 신문, 방송, 인터넷 등 언론보도를 통해 간접홍보 업무를 관장하고 있습니다.

대변인실 총책임자는 대변인이고, 대변인을 보좌하기 위해 언론담당관[1]이 있습니다. 그리고 대변인과 언론담당관 업무를 보조하기 위해 신문팀장, 방송팀장, 언론행정팀장 등 일곱 명의 팀장과 주무관 등 총 45명의 직원들이 근무하고 있습니다(2019년 4월 기준). 저는 2009년 3월부터 2012년 2월까지 3년 동안 주무관으로 신문, 방송, 인터넷 등을 통한 시정 언론홍보 계획을 수립하고 언론 취재를 지원하는 업무를 담당했습니다.

1 2010년에 언론홍보 기능을 강화하기 위해 대변인 산하의 언론담당관을 '언론행정담담관'과 '언론지원담당관' 두 개 조직으로 확대했으나, 2012년 조직 개편을 통해 다시 '언론담당관' 1개 조직으로 환원되었습니다.

서울시 대변인실 조직도

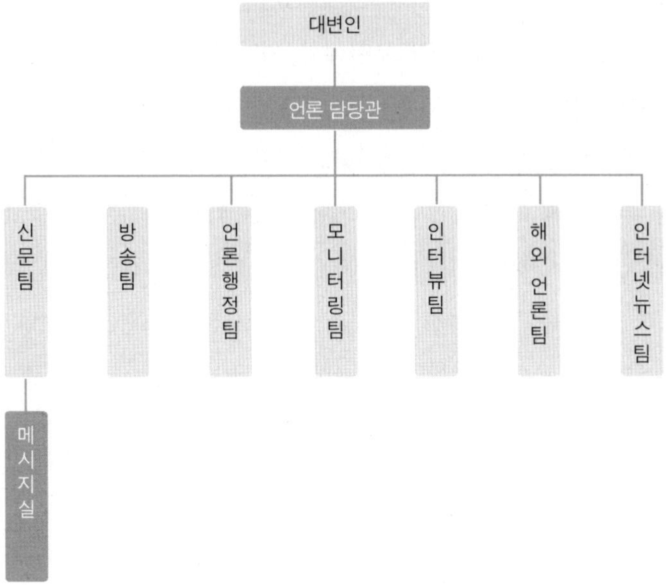

대변인실 직원은 서울시 다른 부서에는 없는 '당번근무'를 한 달에 두세 번 합니다. 당번이 하는 일은 그날의 서울시 관련 언론보도를 모니터링하고 대응하는 업무인데, 직원들이 가장 힘들어하는 일입니다. 당번은 네 명이 한 팀입니다. 팀장이 총책임자이고, 직원 한 명이 컴퓨터 프로그램을 이용해 신문기사 스크랩 파일을 만듭니다. 다른 두 명은 컴퓨터 프로그램에서 빠진 서울시 관련 기사들이 있는지 직접 종이신문, 인터넷뉴스, 방송 뉴스를 모니터링합니다.

당번 근무는 점심 후 오후 1시부터 석간신문(내일신문, 문화일보, 아시아경제, 헤럴드경제)에 서울시 관련 기사들이 어떻게 나왔는지 모니터링을 하는 것부터 시작합니다. 석간신문에는 서울시가 그날 아침 언론사에 배포한 보도자료들을 근거로 쓴 기사들이 대부분 나옵니다. 그러나 그 외에도 기자들이 직접 취재해서 쓴 기사들도 있습니다. 당번은 이런 서울시 기사들이 어떻게 나왔는지 체크를 합니다. 보도자료를 배포하지 않았는데 서울시에 대한 기사가 나왔을 때는 해당 부서에 그 기사의 사실 여부와 어떻게 그 기사가 나왔는지를 알아보기도 합니다. 이렇게 석간신문에 나온 서울시 기사는 스크랩되어 내부 전산망에 게시되고 직원들이 읽어봅니다. 석간신문 모니터링 후 본인의 고유 업무를 처리하다가 오후 6시 근무시간 종료 후 다시 당번 업무를 수행합니다. 이번에는 7종의 가판(街版)신문[2]을 모니터링합니다. 가판신문은 익일 아침 배달판이 나오기 전에 나오는 신문을 말합니다. 과거에는 가판이 종이신문이었는데 지금은 대부분 온라인으로 보는 디지털 가판입니다. 마찬가지로 가판신문의 서울시 기사들을 모니터링합니다. 가판신문은 아침 배달판 인쇄가 들어가기 전까지 기사 내용을 고칠 수 있으므로 만일 서울시에 대한 잘못된 기사가 있으면 즉시 해당 언론사 취재기자에게 기사 내용 중 잘못된 부분의 정정을 요청합니다.

가판신문의 모니터링이 끝나면 TV의 메인 뉴스를 모니터링합니다. 요령은 마찬가지입니다. 방송 뉴스 내용 중 서울시 뉴스가 나오는지 봅니다. 대부분은 사실이나 긍정적인 뉴스가 나오지만, 가끔 비판적인 뉴스가 나오는 경우도 있습니다(대변인실에 알려주면 해당 언론사에 충분히 설명해 좋은 기사가 나올 수 있기 때문입니다). 예상하지 못했던 부정보도가 나오면 신속하게 관련 부서에 연락해 뉴스 내용의 사실 여부를 파악해야 합니다. 당번 근무시간 중간중간에 인터넷뉴스도 모니터링합니다.

이렇게 하면 밤 10시가 되는데 당번 임무가 끝난 것이 아닙니다. 마지막으로 다음 날 조간신문을 모니터링해야 합니다. 제일 힘든 일은 오전 6시

2 2019년 4월 기준 가판신문: ≪국민일보≫(디지털 가판), ≪서울신문≫(종이), ≪한겨레신문≫(디지털가판), ≪매일경제≫(종이), ≪서울경제≫(디지털 가판), ≪파이낸셜뉴스≫(디지털 가판), ≪한국경제≫(디지털 가판).

까지 출근하는 것입니다. 알람을 맞춰놓고 잠자리에 들지만 깊은 잠을 이룰 수는 없었습니다. 혹시나 늦잠을 잘지 모른다는 불안감 때문이지요. 새벽에 갑자기 울리는 알람 소리에 일어나는 것은 정말 기분 좋지 않은 일입니다. 아내가 깨지 않도록 조용히 준비하고, 이른 새벽이라 차가 없어 택시를 타야만 했습니다. 요즘은 업무용 카드로 콜택시를 이용하는데, 오래전에는 직원들이 자기 돈으로 택시를 타고 출근했다고 합니다. 집이 제법 먼 직원들은 시청 근처 찜질방에서 자다가 출근하기도 했다는군요.

사무실에 도착하면 엄청난 양의 조간신문들(약 20종)을 다 읽어봐야 합니다. 정확히는 서울시 관련 기사들을 빠지지 않고 찾아내는 것입니다. 대변인실로 오기 전에는 조간신문들이 그렇게 많은지 몰랐습니다. 역시 뉴스 대부분이 전날 배포한 보도자료를 근거로 쓴 기사들이지만, 종종 비판기사를 포함한 단독보도 기사들이 실리기도 합니다. 기자들이 좋아하는 특종이지요. 가장 힘든 것은 이런 특이한 기사들의 사실 여부를 신속히 파악하는 일입니다. 먼저 기사에 거론된 부서를 알아야 하는데 160개가 넘는 부서 중 어디의 업무인지 신속하게 찾기가 어렵습니다. 시 조직도에 있는 부서별 업무 분장을 봐도 확인하기가 힘든 경우도 가끔 있고, 담당 부서를 알아냈어도 새벽에 담당자와 전화통화를 해서 기사 내용을 확인하는 것이 쉽지 않습니다. 담당공무원의 휴대폰 번호를 모르는 경우, 전화를 안 받는 경우, 통화는 됐는데 자기는 모르고 다른 직원이 안다는 경우가 있기 때문입니다. 그래서 당번이 걸리면 모두 '제발 이런 일 없이 무사히 넘어가길' 바랍니다. 신문기사를 읽다가 가끔 서울시 기사를 놓치는 경우도 있는데, 예를 들면 제목은 서울시와 아무 관계가 없는데 본문에 서울시를 살짝 언급한 경우입니다. 저도 당번을 하면서 '서울시'라는 글씨가 들어간 사설 하나를 빼먹어 혼난 적이 있습니다.

신문 모니터링이 끝나면 다음으로 통신사 기사를 포함한 인터넷에 올라

온 서울시 뉴스를 검색합니다. 조간신문 스크랩(보통 40~60장)이 완성[3]되면 내부적으로 보고하고 내부 전산망에 게시합니다. 당번 직원의 임무는 끝났지만 당번 팀장은 그날의 언론보도 내용을 한두 장 정도로 요약하는 보고자료[4]를 만들어야 합니다. 마침내 당번 임무가 끝났습니다. 당번 팀장과 직원들은 시청 근처 음식점에서 늦은 아침을 먹고 다시 사무실로 돌아와 정상 근무를 합니다. 당번 근무를 하면 원칙상 오후 4시에 퇴근할 수 있지만, 본인의 업무를 처리하다 보면 늦게 퇴근하는 경우가 많습니다. 이와 같은 당번 업무 때문에 서울시 공무원들은 대변인실 근무를 꺼립니다.[5]

3 시정보도 신문 스크랩을 전담하는 직원은 자정에 출근해서 다음 날 오전까지 컴퓨터 소프트웨어로 시정관련 뉴스를 검색하여 스크랩 파일을 만드는 격무를 맡고 있습니다.

4 당번 팀장이 작성한 일일 시정보도 요약 자료는 월·수·금요일 아침마다 부시장이 주재하는 '슈퍼데스크' 회의에서 대변인이 간부들에게 보고합니다.

5 제가 근무할 때는 당번 근무가 한 달에 서너 번 돌아왔고 새벽 5시 출근이었는데, 지금은 근무 강도가 완화되어 다행입니다.

44

공무원이 을(乙)로 살아야 하는 이유

대변인실에 근무하면 '갑(甲)'과 '을(乙)'이라는 지위를 진지하게 생각하게 됩니다. 공무원을 국가나 사회의 심부름꾼인 공복(公僕, civil servant)이라고 부르니, 시민은 갑이고 시민을 섬기는 공무원은 을입니다. 그런데 갑으로 대우받는 경우가 적지 않습니다. 공무원이 대규모 공사를 발주하거나, 물품을 구매하거나, 재정을 보조해 주거나, 허가를 내줄 때 상대방보다 우월한 위치에 있는 것으로 인식됩니다.[1] 직업의 특성상 끊임없는 로비의 대상이 됩니다.

다른 사람들에게 별로 아쉬운 소리를 할 필요 없는 사업 부서에서 갑처럼 지내다가 대변인실로 오면 지위가 을로 바뀝니다. 언론, 즉 기자라는 갑이 있기 때문입니다(젊은 기자들은 "요즘 갑이나 을이 어디 있느냐?"라고 반문하기도 하지만, 법적으로 누구든지 언론을 규제하거나 간섭하면 안 되기 때문에 갑의 대접을 받습니다). 사실 저는 대변인실에 근무하기 전까지 '갑이다', '을이다' 이런

1 서울시는 2014년 8월 공무원이 계약 상대자나 민간위탁단체, 인허가 대상자 등에게 소위 '갑질'을 하지 못하도록 서울시 모든 문서에서 '갑을 용어'를 퇴출하고, 부당한 계약 특수조건을 금지하는 내용 등의 '갑을관계 혁신대책'을 발표한 바 있습니다.

이야기를 들은 적이 별로 없었습니다. 공무원은 당연히 갑이라고 생각했었나 봅니다. 대변인실에서 을이 되어 2년 넘게 일하자 다시 갑의 편한 지위로 돌아가고 싶다는 생각이 슬슬 들었습니다. 대변인실 직원(을)은 민원인(시민)을 대하듯 기자(갑)를 공손하고 친절하게 대해야 합니다. 갑에게 먼저 인사를 해야 하고 갑의 말을 잘 경청해야 합니다. 갑의 공식적인 그리고 비공식적인 요청 사항들을 부드럽게 처리해야 합니다. 그래서 을은 잘 참고 자기 자신을 잘 다스릴 줄 알아야 합니다. 대변인실에 와서 여전히 갑처럼 지내려고 하면 본인과 조직, 기자 모두가 힘들어집니다. 서울시뿐만 아니라 공공기관이나 민간기업의 홍보 부서 직원의 입장은 아마 마찬가지일 것입니다.

공무원은 언론 부서에서 한 번쯤 근무해 봐야 합니다. 그래야 을의 입장을 경험하고 이해할 수 있습니다. 을로 살다 보면 갑이 부러워 보이고, 가끔은 곱지 않게 보이기도 하고, 불편하다고 느끼기도 합니다. 그런 경험을 통해 본인의 언행을 되돌아볼 수 있습니다. 공무원은 전혀 의도가 없었지만 '시민의 입장에서는 그렇게 느낄 수도 있겠구나' 생각하며 반성도 합니다. 공무원인 저도 과거에 민원 때문에 구청이나 동주민센터(그 당시는 동사무소) 방문했을 때 불친절을 경험하며 심리적으로 위축된 적이 몇 번 있습니다.

대변인실 직원은 항상 을로 지내야 하지만, 사업 부서 직원들도 가끔은 을이 되어야 합니다. 보도자료를 낼 때입니다. 보도자료를 언론에 제공하는 것은 '서울시가 이런 일을 하고 있으니 좋은 기사를 써서 시민들에게 널리 알려달라'고 기자에게 부탁하는 겁니다. 기사를 쓰고 안 쓰고는 기자가 결정을 합니다. 보도자료를 낸 후에는 기자들의 문의와 요청을 최대한 신속히 들어주는 것이 바람직합니다. 보도자료를 내지 않은 때라도 업무 중 기자의 전화를 받을 때는 공손한 태도로 응대하는 것이 좋습니다. 기꺼이 을이 되어보십시오. 기자가 취재를 위해 공무원에게 전화를 했는데 불쾌하거나 기분 나쁘게 말을 했다는 민원이 종종 대변인실로 들어옵니다. 여러 가지 이유가 있겠지만, 갑끼리의 충돌, 즉 갑(공무원)이 또 다른 갑(기자)을 만났기 때문이 아닐까 생각합니다.

보도 실적 때문에 마지못해 보도자료를 내고 기자가 알아서 취재하라고 하면, 을이 아니라 또 다른 갑이 될 수 있습니다. 기자들이 "이런 것을 왜 보도자료로 내느냐!" 혹은 "보도자료를 내놓고 왜 취재 협조를 안 해주냐?"라며 항의하는 경우가 있습니다. 보도자료 쓰기가 귀찮으신가요? 을이 되어 시민에게 유익한 정보를 제공하기가 힘드신가요?

"홍보되지 않는 정책은 정책으로서 중요도가 후순위로 밀린다."

대변인실에 와서 알게 된 경구(警句)입니다.

45

신뢰는 기자도 춤추게 한다

2009년 3월 대변인실로 발령을 받고 제일 먼저 해야 한 일은 100명 정도 되는 서울시 출입기자들의 이름과 얼굴을 익히는 것이었습니다. 매일 아침 같은 층에 있는 기자실을 찾아가 기자들에게 문안 인사(?)를 했습니다. 처음에는 이번에 새로 온 누구라고 소개를 하고 다음 날부터는 "안녕하십니까?"라고 인사를 했습니다. 또 취재와 관련해 도움이 필요하면 언제든지 알려달라고 했습니다. 점심식사 후에도 기자실을 찾아 돌아다니면서 "식사 맛있게 하셨습니까?" 하며 인사를 했습니다. 무슨 일이든지 처음이 제일 힘든 법이지요. 쑥스럽고 하기 싫었지만 조직을 위해 '을'이 되어 열심히 했습니다. 처음 1주일은 이렇게 쭉 돌면서 인사만 했습니다. "안녕하세요" 하면 기자는 간단하게 "네", 이게 끝이었습니다. 똑같은 시간에 매일 찾아가니 어느 기자는 부담스럽다는 듯이 이렇게 말하더군요. "주임님,[1] 이렇게 매일 찾아오실 필요 없는데 ……" 머리가 띵했습니다.

1 서울시 6급 이하 실무 공무원은 2010년 2월부터 '주무관'이라는 명칭을 쓰고 있습니다. 그 전에는 통상적으로 '주임'이라고 불렀는데 지금도 기자나 직원들은 그렇게 부르는 경우가 있습니다.

약 2주 정도 지나니 아침에 기자에게 인사를 하면 간단한 대화가 오가는 관계로 발전했습니다. 처음에는 경계를 하며 얼굴도 잘 쳐다보지 않던 기자들이 가벼운 미소를 던지며 쌀쌀맞지 않게 대해줬습니다. 기자들 이름 외우고 얼굴 익히는 것이 정말 힘들더군요. 하도 안 외워지니까 나중에는 기자들 명함에 사진을 붙여가면서까지 노력을 했습니다. 스마트폰을 산 뒤로는 전화번호부 기능을 이용해 기자들의 이름과 사진, 소속 언론사를 수시로 확인했습니다. 기자들도 정치부를 출입하면 담당하는 여당 혹은 야당 국회의원들의 이름과 지역구 등 정보를 외워야 실수하지 않는다고 합니다.

기자들에게 저의 존재감을 알리는 것이 참 어려웠습니다. 충분히 이해는 갔지요. 국장, 과장, 팀장도 아닌 실무자 한 명이 대변인실에 새로 왔다고 바쁜 기자들이 관심을 가져줄 리 만무하지요. 모든 기자들이 그런 것은 아니지만, 기자가 새로운 출입처로 가면 자신의 존재감을 알리는 방법이 하나 있다고 합니다. 그 출입처(특히 기관의 대표자)를 크게 홍보해 주거나 강하게 비판하는 기사를 쓰는 것이라고 합니다. 한 두어 달 정도 지났을까요, 기자들과 어느 정도 친분 관계가 생기니 기자들이 취재와 관련해서 여러 가지 부탁을 하기 시작했습니다. 어떤 업무에 대한 "담당 부서와 담당공무원 전화번호를 알려달라",[2] "예전에 나왔던 보도자료를 찾아달라", "사진 좀 구해달라" 등등. 아주 열심히 기자들의 취재를 도왔습니다. 기자들이 요청한 사항들은 가능한 한 빨리 답을 주는 것이 좋습니다. 그날그날 기사를 쓰기 때문입니다.

시간이 흐르면서 기자실 가는 것이 즐거워졌습니다. 친해진 기자들과는 몇 마디 농담도 하고, 서울시 돌아가는 분위기도 말해주고, 어렵지 않게

2 서울시 조직이 방대해서 직원인 저도 어떤 일을 어느 부서의 누가 담당하는지 알기가 쉽지 않습니다. 서울시 업무를 잘 모르는 기자는 담당자를 찾기 위해 전화를 몇 번이나 해야 하고, 담당자와 통화도 쉽지 않아 불편을 겪는 경우가 있습니다.

점심이나 술 약속을 하는 사이가 되었습니다. 처음에는 제가 찾아가면 의식적으로 기사를 쓰던 노트북을 덮거나 경계하던 몇몇 기자들도 편하게 맞아줬습니다. 그렇게 기자실을 찾아가는 이유는 대변인실 직원으로서 기자들의 취재를 돕기 위해서입니다. 기자들과 이런저런 이야기를 하거나 필요한 자료들을 구해주다 보면 '기자들이 무슨 기사를 쓰고 있구나' 대충 감을 잡게 됩니다. 좀 친하다 싶은 기자들에게는 꼭 필요한 경우에 기분 나쁘지 않게 어떤 기사가 나가는지 물어보기도 합니다. 서울시 출입기자들이 이 글을 읽으면서 혹시 오해하실 것 같은데, 저의 임무가 기자의 노트북을 훔쳐보거나 책상 위의 자료를 보면서 '무슨 기사를 쓰고 있나' 은밀하게 정보를 빼오는 것은 결코 아니었습니다. 그런 목적으로 기자실을 들락날락했으면 아마 얼마 지나지 않아 기자들의 강력한 항의를 받고 쫓겨났을 겁니다.

한번은 이런 일이 있었습니다. 시 고위 공무원 인사철 즈음으로 기억하는데, 친하게 지내는 기자로부터 "인사가 언제 나느냐? 누가 옮기느냐?"라는 질문을 받았습니다. 공개 가능한 최대한의 정보를 알려줬는데, 그 기자가 "아, 그러냐? 큰일 났다, (회사 통신망에서) 기사 빨리 내려야겠다"라고 하더군요. 아마 서울시 인사 관련 기사를 써놨는데 팩트가 잘못되었던 모양입니다. 이런 일도 있었습니다. 친하게 지내던 기자에게 업무 관계로 "지금 어디세요?"라는 문자를 보냈는데, 이상한 답장이 돌아왔습니다, "그걸 왜 물어보세요?" 그 순간 당황했습니다. 저는 그냥 별생각 없이 궁금해서 물어본 것인데, 그 기자는 제가 자기를 감시하고 있다고 오해를 한 것입니다. 오랜 시간이 흘러 겨우겨우 오해는 풀었지만, 나중에 그 기자를 만날 때마다 그때 일이 떠올라 마음 한쪽이 안 좋았습니다(물론 그때 기자의 입장에서 소통을 했어야 한다고 생각합니다). 시간이 지나 기자실 출입이 줄었는데 간혹 어느 기자가 "조 주무관님, 또 기자실 사찰하러 오셨구나!"라며 농담을 하곤 했습니다.

대변인실 근무 시절 모 방송 기자가 이런 말을 해준 적이 있습니다. “공보실 직원과 기자는 흉금을 터놓고 얘기할 수 있는 사이가 되어야 한다”라고요. 홍보 부서 직원이 기자와 친분을 맺는 방법으로 정보를 준다, 술을 함께 먹는다, 밥을 먹는다 등이 있겠지만, 가장 바람직한 방법은 기자가 신뢰하는 직원으로 인정받는 것이 아닐까 합니다.

46

대변인실에서 그것도 제대로 못하냐!

가끔 서울시 출입기자들이 뉴스거리가 없다고 투덜거리는 때가 있습니다. 매년 1~2월에는 연간 사업계획을 수립하는 시기라 보도자료를 내기에는 다소 이른 시기입니다. 7~8월이 되면 여름휴가철이라 또 보도자료가 줄어듭니다. 평상시에도 보도자료가 변함없이 나가는데 가끔 쓸 만한 내용이 없다는 경우도 있습니다. 이렇게 되면 대변인실이 바빠집니다. 뉴스거리를 나서서 찾아내야 하기 때문입니다. 이 일은 사업 부서의 협조 없이는 힘든 일입니다.

서울시는 정부 부처나 다른 지자체에 비해 보도자료에 의존하는 뉴스들이 상대적으로 많은 편입니다. 기자 입장에서는 이 책의 「기자가 서울시를 좋아하는 세 가지 이유」에서 말씀드린 것처럼 기사 쓰기가 편하다고 볼 수 있죠. 매일매일 10개 내외의 보도자료 중 골라 쓸 수 있으니까요. 그런데 쓸 만한 보도자료가 없으면 기자가 발품과 손품을 팔아서 기삿거리를 찾아 써야 합니다. 아무래도 기사 쓰기가 힘들겠죠. 이런 취재 방식을 대변인실에서는 "임의 취재"라고 부릅니다. 기자들이 임의 취재를 하면 긍정적인 기사보다는 부정기사가 나올 확률이 높습니다. 이럴 경우 대변인실은 바짝 긴장합니다. 대변인실은 나름대로 꾸준하게 보도자료를 제공하는데도 기자들이 "쓸 것이 없다"라고 하니 사업 부서에 요청해 보도자료 건수를 늘리든지 보도자료의 뉴스 가치를 높여야 합니다.

쓸 만한 보도자료가 너무 많아도 문제가 됩니다. 신문은 지면이 한정되어 있고, 방송은 뉴스 시간이 정해져 있기 때문에 모든 보도자료가 뉴스가 되기 힘들고, 보도 분량도 많지 않을 수 있습니다. 과거와 달리 최근에는 종이신문에는 보도되지 않지만, 온라인 기사로 나오는 경우가 많아 그나마 다행입니다. 그렇기 때문에 사업 부서에서 양질의 보도자료들이 한꺼번에 많이 들어오면 대변인실에서는 제공 시기를 조절해 보도자료를 분산·배포함으로써 보도 효과를 높이고 있습니다. 한번은 모든 언론에 보도될 만한 큰 뉴스거리가 특정 신문에만 보도된 적이 있었습니다. 보도 경위를 알아봤더니 간부 공무원이 기자들과의 사석에서 흘린 말이 단초가 되었다고 합니다. 보도할 자료가 궁할 때 그런 일이 생기면 대변인실로서는 매우 아쉽습니다. 앞에서 말씀드린 대로 아주 큰 단독보도가 아니면 뉴스의 가치가 크게 떨어져 다른 언론사들이 받아쓰는 경우가 많지 않기 때문입니다.

어려운 일은 이뿐만 아닙니다. 특정 날짜에 어떤 보도자료가 나간다고 기자들에게 공지를 하면 그때까지는 엠바고가 설정이 됩니다. 그런데 특정 언론사가 엠바고를 깨고 기사를 쓰는 일이 간혹 생깁니다. 엠바고가 파기된 경위를 알아보면 같은 언론사 소속의 다른 출입처 기자가 관련 내용을 미리 알았거나, 서울시에 온 지 얼마 안 되는 기자가 모르고 쓴 경우가 많습니다. 이럴 때도 다른 언론사들이 받아쓰는 경우가 적습니다. 앞에서 말씀드린 대로 '물먹었기' 때문입니다. 엠바고를 파기한 언론사는 출입기자단의 결정에 따라 징계를 받겠지만, 시정보도가 줄어들어 억울하게 피해를 당하는 건 서울시입니다. 대변인실에서는 보도가 크게 되리라 예상하고 보도자료를 뿌렸는데 몇 개 언론사만 기사화하면 당황스럽습니다. 또 사업 부서에서 언론취재가 있었다는 것을 대변인실에 일찍 알려주었으면 보도가 잘될 수 있는 뉴스거리를 사전에 알려주지 않아 대변인실이 낭패를 보는 경우도 있습니다.

어느 부서라고 힘든 일이 없겠습니까만 대변인실은 보도가 제대로 되지 않았다고 사업 부서로부터 "대변인실에서 그것도 제대로 못하냐!"라는 소리를 들을 때 화도 나고 꽤 힘듭니다. 뉴스 기사가 잘 나오면 공(功)은 담당 부서로 돌아가고, 그렇지 않으면 책임이 대변인실로 돌아오는 경우가 있습니다. 대변인실 직원들은 말할 것 없고, 모든 부서 공무원들의 언론 감각이 높아진다면 서울시가 하는 많은 일과 시민에게 유익한 정보를 언론을 통해 널리 알릴 수 있다고 믿습니다. 공무원의 능동적인 언론 마인드가 필요한 이유입니다.

47

구제역 보도의 추억

대변인실의 방송팀은 서울시가 시민을 위해 하는 일이 방송 뉴스에 잘 나오도록 기자들의 취재를 지원합니다. 항상 긍정적인 뉴스만 나오면 좋은데, 언론의 특성상 비판 보도가 안 나올 수 없습니다. 이렇게 서울시가 잘못했다는 뉴스의 취재를 지원할 때는 난감하기 이를 데 없습니다. 담당 부서에서도 대부분 비협조적이라 기자의 취재를 지원해 주는 것이 어렵습니다.

2010년 4월 중순, 서울시가 잘못한 경우는 아닌데 이런 일이 있었습니다. 연합통신이 "구제역 때문에 전국 동물원들에 비상이 걸려 급히 방역활동을 하고 있다"라고 보도했는데, 이 기사를 보고 방송기자들이 취재 지원을 요청했습니다. 서울대공원(동물원)으로 촬영을 가고 싶으니, 구제역 방역 장면을 찍고 담당자 인터뷰를 섭외해 달라는 것이었습니다. 기자들의 요청을 받고 동물원에 전화를 했더니, 뜻밖에도 취재 지원이 곤란하다는 답변이 돌아왔습니다. "왜 그러냐?"라고 물었더니, 방송 뉴스에 동물원의 구제역 방역 장면이 보도되면 방문객이 급감하기 때문이라는 것입니다. 과거에 구제역과 조류독감이 발생했을 때 방역 활동이 방송을 탔더니 동물원 방문객이 70~80%가 줄었다고 합니다. 동물로부터 구제역이 옮는 것이 아

방송사의 서울동물원 구제역 방역 활동 취재를 지원하러 간 저자(사진: 서울시 대변인실 김현기)

닌데도 사람들이 "동물원 가면 큰일 난다"라고 안 왔다고 합니다.

이런 동물원 측의 입장을 기자들에게 설명하고 양해를 구했는데, 방송사들이 물러서질 않았습니다. 그날 "구제역 확산은 매우 중요한 뉴스 아이템이라 도저히 빼기가 힘들다"라는 것이 이유였습니다. 기자들은 "데스크의 취재 지시도 있기 때문에 취재 지원이 안 되면, 그냥 가서 찍을 수밖에 없다"라고 강조했습니다. 대변인실에서 판단을 내려야 할 상황이었습니다. 취재 지원을 해줄 것이냐, 말 것이냐. 뉴스는 시의성(timeliness)이 매우 중요하기 때문에 '며칠 두고 생각해 보자' 이렇게 할 수가 없습니다. 당장 결정을 해야 했습니다. 방송사 기자들과 방송팀 직원들이 모여 긴급회의를 했습니다. 서로의 입장을 설명하고 해결 방안을 모색했습니다. 심도 있게 의견을 교환한 끝에 취재를 적극 지원해 주는 것으로 결론을 내렸습니다. 방송사들이 서울동물원의 입장을 충분히 감안해 뉴스를 만드는 쪽으로 취재 방향을 잡았습니다. 동물원 관계자에게도 설명하고 취재에 협조할 것을 요청했습니다. 그렇게 조율을 하고 그날 오후에 서울동물원으로 가서 동물원 출입 차량의 소독 장면, 동물 축사에 대한 방역 활동을 촬영했습니다. 동물원장 인터뷰도 하고 별 탈 없이 취재를 마쳤습니다.

중요한 뉴스거리인지라 그날 KBS, SBS, YTN, MBN의 메인 뉴스로 보도가 되었습니다. 방송보도가 나가고 그 주 주말에 서울대공원 방문객이 정말 줄어들면 어떡하나 걱정을 많이 했는데, 다행히 벚꽃도 만개하고, 날씨도 화창한 데다 '아프리카 대축제'도 시작되어, 방문객이 아주 많았다고 합니다.

48

뉴스거리를 찾아내야 하는 압박감

출입기자 취재 지원을 강화하기 위해 대변인실은 사업 부서에서 제출하는 보도자료에만 의존하지 않고 자체적으로 보도될 만한 뉴스거리들을 찾습니다. 이런 아이템 발굴은 쉬운 것 같으면서도 어렵습니다. 굵직굵직한 뉴스거리는 이미 사업 부서에서 보도할 계획이기 때문에 대변인실에서는 기획뉴스 아이템, 생활밀착형 아이템, 재미있는 아이템 등 일종의 틈새시장을 공략해야 합니다.

방송팀에서 근무할 때 MBC 9시 메인 뉴스에 제가 발굴한 아이템이 보도된 적이 있습니다. '도심에서 즐기는 이색캠핑'이라는 제목으로 노을공원 캠핑장과 서울대공원 자연캠핑장을 소개한 뉴스였습니다. 이 뉴스에는 새로운 것이 거의 없었습니다. 과거에 산발적으로 보도되었던 뉴스들을 재미있게 하나로 묶어 적절한 시점에 제공한 것이 주효했습니다. 달리 말해 새로운 내용이 부족하더라도 기존 것에 흥미로운 이야기를 넣어 소개한다든지, 비슷비슷한 것을 묶어 기자에게 알려주면 보도가 될 수 있습니다. 기자들이 말하는 일종의 '기획' 아이템입니다. 이런 기획 아이템은 모든 언론사에 주면 보도될 확률이 낮습니다. 왜냐하면 기자들이 서울시홍보로 받아

2009년 9월, 서울 상암동 노을공원에서 열린 '2009 서울캠핑페스티벌' 모습(사진: 서울시 대변인실 이용섭)

드리거나 새로울 것이 없기 때문입니다. 서울시 입장에서는 시민에게 유익한 정보를 제공한다고 하지만, 기자들은 단순하게 생각하지 않고 다양한 시각에서 판단합니다. 그렇기 때문에 이런 기획보도 아이템은 특정 언론사에 먼저 의사 타진을 해봅니다. 제가 생각한 캠핑장 아이템은 처음부터 방송을 겨냥해 발굴한 사례였습니다. 앞에서 말씀드린 대로 기자들이 좀 친하다 싶으면 열에 아홉은 "주무관님, (보도) 아이템 없어요?" 이렇게 물어봅니다.

그 당시 모 방송기자가 "아이템 없냐"라고 물어보기에 이 캠핑장 아이템을 이야기해 줬습니다. "서울을 떠나지 않고도 도심에서 캠핑을 즐길 수 있는 곳이 많다. 노을공원캠핑장, 난지캠핑장, 강동그린웨이캠핑장, 서울대공원캠핑장, 또 곧 개장할 중랑숲캠핑장. 또 캠핑장마다 특색이 있으니 주말 아이템으로 방송하면 어떨까 싶다." 그때 캠핑이 인기를 끌기에 제안한 것이었는데 아쉽게도 호응이 없었습니다. 본인이 별로라고 생각했거나 데스크 회의에서 채택이 안 된 모양이었습니다. 며칠을 기다렸다가 그 기자에게 양해를 구하고 MBC 기자에게 이야기를 했는데 뜻밖에도 "아주 좋은 아이템"이라고 고맙다고 하더군요. 저도 의외였습니다. 뉴스를 보는 관점이 언론사마다 기자마다 차이가 있다는 것을 새삼 느꼈습니다.

새로울 것이 별로 없는 아이템이 때를 잘 만나 지상파 메인 뉴스가 되었습니다. 보도가 나오기로 한 그날 저는 혹시 큰 사건이 터져 캠핑장 뉴스가 안 나오면 어쩌나 은근히 걱정했습니다. 조금 긴장된 마음으로 뉴스를 시청했는데 방송 시간도 9시 10분쯤으로 앞부분에 편성이 되었습니다. 대변인실에 와서 가장 큰 보람을 느낀 순간이었습니다. 기분이 아주 좋았습니다. 뉴스를 보고 취재기자에게 바로 문자를 보내 고맙다는 뜻을 전했습니다. 기자도 "덕분에 좋은 뉴스 방송했다"라며 고맙다고 하더군요. 몇 번 말씀드린 대로 이걸 피드백이라고 합니다. 별로 어려운 일이 아닙니다.

고민을 하고 정성을 모으면 돈 한 푼 드리지 않고 지상파 메인 뉴스로 자신의 업무를 전국에 알릴 수 있습니다. 대변인실 직원은 출입기자를 도와줘서 좋고, 담당 부서는 사업이 홍보되어서 좋고, 기자는 좋은 뉴스 만들어서 좋고, 일타삼피가 아닐까요?

49

카메라에 잡히지 마라

공공기관이 개최하는 행사 중에서 VIP나 세계적 인사, 또는 유명 연예인이 참석하거나, 보기 드문 이벤트, 대규모 관중이 운집하는 행사는 방송사들이 관심을 보이는 아이템입니다. 방송팀 근무 시절 서울시청에서 연예인들이 참석한 행사 취재를 지원하다가 생긴 일입니다.

2010년 8월 26일, 서울시청에서는 '서울 사랑의 열매'와 연예인 봉사단이 함께 하는 "함께해요, 사랑의 입맞춤 캠페인"이라는 행사가 열렸습니다. 이 행사에는 sidusHQ라는 연예기획사 소속의 유명 연예인들이 대거 참석했습니다. 김수로, 장혁, 김사랑, 장희진, 채림, 박재범, 데니안, 방은희 등 무려 17명. 시청에서 그렇게 많은 연예인이 한꺼번에 모인 행사는 처음이었습니다. 그 덕분에 TV에서만 보던 연예인들을 가까이서 보는 행운을 누렸습니다. 이런 것을 조금 어려운 말로 '반사적 이익'이라고 하지요. 내게 주어진 권리가 아니고 우연하게 자기가 얻는 이익을 말합니다. 대표적인 예로 집 앞에 도로가 생겨 집값이 올라간 경우가 해당되겠습니다.

이렇게 유명 연예인이 참석하는 행사의 취재 지원은 더욱 신경을 써야 합니다. 언론사 연예부 취재기자, 사진기자, 영상(촬영)기자 등 취재진이 어

제가 김수로 씨에게 "이 패널 옆에 서시기 바랍니다"라고 말하는 장면입니다. 그런데 패널 옆에 그냥 서는 것이 아니라 패널을 한 손으로 번쩍 들어 올리고 포효하는 듯한 과장된 포즈를 잡는 바람에 사람들이 한바탕 크게 웃었습니다(사진: 서울시 대변인실 김현기)

마어마하기 때문입니다. 대부분의 경우 행사는 원만하게 진행되는데 사진 촬영 순서에서 매끄럽지 못해 저 같은 홍보 부서 직원이 투입되는 경우가 종종 있습니다. 그런데 카메라에 잡히지 않도록 요령껏 행동해야 합니다. 행사 진행 요원이 들어가면 사진을 망치거든요. 그날 행사장에서 영화배우 김수로 씨가 패널(panel)에 키스 마크를 찍고 포즈를 잡는 장면이 있었는데 재미있게도 진행을 돕던 제 모습이 카메라에 잡혔습니다. 보도된 사진은 아니고, 행사장에 함께 있었던 사진 전담 주무관이 찍은 사진입니다.

현장에서 중요한 장면은 어김없이 카메라에 찍히기 때문에, 행사 진행 요원은 주요 인사(VIP)만 앵글에 잡히도록 안내하고 신속히 자리를 피해야 합니다. 아무 생각 없이 옆에 있다가는 사진기자와 영상기자들로부터 비키라는 핀잔을 듣게 됩니다. 기자들끼리도 더 좋은 앵글을 잡으려다 엉키고

서로에게 방해가 되어 얼굴을 붉히는 경우도 있습니다. 특히 사진 촬영은 순간을 포착하는 것이기 때문에 현장 요원은 이 점을 꼭 유의해야 합니다. 또 대부분의 행사에는 단체 기념 촬영 순서가 있는데 홍보 부서 직원이 도와주면 좋습니다. 보통 기념 촬영은 행사의 마지막 순서라 행사장이 좀 어수선하기 마련입니다. 촬영 인원이 많을 경우 신속하게 자리 배치를 유도하고, "하나, 둘, 셋!"을 외치면서 사진이 잘 나오도록 신호를 주는 것이 좋겠죠. 또 차렷 자세의 사진은 밋밋하니, 역시 신호를 보내 "파이팅!" 하는 장면이나 손가락으로 작은 하트를 만들도록 도와주면 사진 촬영이 매끄럽게 진행될 수 있습니다.

그날 행사에 참여한 연예인들은 서울사회복지공동모금회와 함께 이날 찍은 키스 마크와 사인, 캐리커처를 활용한 상품을 판매한 후 서울희망드림 프로젝트에 기부한다고 했습니다. 워낙 오래된 일이지만 좋은 일을 개최해 주신 행사 관계자 여러분께 진심으로 감사드립니다.

50

하루살이 인생에 식어가는 열정

서울시의 경우 저 같은 행정직 공무원은 보통 2년을 주기로 부서를 옮기며 일을 합니다. 한 부서에서 근무 기간은 어느 정도가 적당할까요? 부서마다 자리마다 차이가 있겠지만 대변인실의 경우는 2년은 너무 길고, 1년이나 1년 6월이 적당하다고 생각합니다. 앞에서 언론 부서 직원은 '을'로 살아야 하기 때문에 힘들다고 말씀을 드렸는데요, 수많은 기자들을 매일 상대하며 취재 지원을 해주는 것이 결코 쉬운 일은 아닙니다. 군대에 가면 고참 이름을 다 외워야 하듯 대변인실에 오면 출입기자들의 이름을 외우는 것이 좋습니다. 이름은 기본이고 기자의 입사 연도, 출신 학교, 출신 지역, 나이, 자녀가 있을 경우 자녀의 이름도 알아놓으면 친분을 쌓고 소통하는 데 수월합니다. 몇 명 안 되면 쉽겠으나, 대변인실에 처음 왔을 때 고정으로 출입하는 기자가 80명 정도였고, 나중에는 100명이 넘었습니다.

기자들이 서울시에 와서 오래 있으면 그나마 나을 텐데 수시로 들락날락합니다. 보통 10~12개월 있다가 다른 출입처로 옮깁니다. 연말연시는 언론사 인사 시즌이라 10~20여 명의 기자가 갑자기 바뀌어 혼란스럽기도 했습니다. 대략 계산해 보니 매달 여섯 명의 기자가 바뀌었습니다. 출입기자 교체가 빈번하니 이름을 외우고 친분을 쌓기가 어려웠습니다. 점심 몇 번 먹고 좀 친해졌구나 싶으면 전출을 가버립니다.

대변인실에서는 언론친화력이 강한 직원이 유능하고 일 잘하는 직원으로 평가받습니다. 그러려면 무엇보다 출입기자들과 소통을 잘해야 합니다. 수시로 업무나 뉴스거리를 이야기하고, 필요한 자료나 정보를 알려주고, 밥도 함께 먹고, 술자리도 같이 하고…….[1] 이 모든 것이 짧은 시간에 이루어지는 것이 아닙니다. 어느 정도 꾸준히 공을 들여야 비로소 기자와 통(通)하고 서로에 대한 신뢰 관계가 형성되는 것이죠. 이렇게 통하는 기자가 가버리면 새로 오는 기자와 다시 관계를 쌓아야 합니다. 대변인실에서 1년쯤 시간이 지나니 기자와의 이런 만남과 친분 유지, 헤어짐, 또 다른 만남이 귀찮고 힘들어졌습니다. 처음에는 기자가 바뀌었다고 하면 새로운 만남에 대한 설렘으로 찾아가 반갑게 인사를 했는데, 시간이 지나자 수시로 바뀌는 기자와의 소통이 버거워졌습니다. 일이 재미있었을 땐 기자들이 원하는 자료를 적극적으로 찾아주고, 비공식적인 민원도 마다하지 않았는데 3년째로 접어들었을 때는 힘들다고 느낄 때가 많았습니다. 그 당시 대변인실 동료 직원들과 술자리에서 만나면 다들 힘들다는 푸념을 하곤 했습니다. 처음에는 '아, 언론이란 이런 것이구나' 재미를 느끼면서 더 알고 싶어 언론홍보 관련 책도 많이 읽고 기자들과의 어떤 만남도 흔쾌히 받아드렸는데, 2년이 넘어가자 지치고 때로는 일에 대한 열정도 식었던 기억이 납니다. 다행히 대변인실 내에서 자리를 옮긴 뒤로는 심기일전해 의욕적으로 맡은 소임을 다했습니다.

1 「김영란법」 시행 후로는 서울시뿐만 아니라 모든 공공기관 및 민간기업 홍보 부서 직원들과 기자들이 함께 어울려 밥 먹고 술 마시는 문화가 크게 바뀌었다고 합니다.

51

기자에서 공무원으로, 취재에서 홍보로

성균관대학교 신문방송학과 학사
서강대학교 언론대학원 디지털 미디어 석사
1996년 세계일보 사회부 경제부 기자
2000년 한겨레신문사 · 인터넷한겨레 뉴스팀장, 편집팀장, 기획팀장, 이슈팀장, 토론팀장
2006년 엠파스(현재는 네이트와 통합) 뉴스팀장
2007년 오마이뉴스 E판(웹2.0 버전) 편집장
2008년 11월~현재 서울특별시 미디어팀장(인터넷 뉴스팀장)

한겨레신문 근무 시절의 김은국 인터넷뉴스팀장(사진: 김은국)

과거에 중앙 일간지 신문기자였다가 임기제 공무원이 된 대변인실 인터넷뉴스팀장을 인터뷰 형식으로 소개하겠습니다. 태한 김은국 팀장은 언론홍보 분야 전문가로 2010년에는 '서울시 공무원 블로그 콘테스트'에서 입상을 하고, 언론과 SNS에 관한 세 권의 저서를 출판했습니다. 인생 모토는 "수처작주 입처개진(隨處作主 立處皆眞)". "'따스한 인간미'를 지니고 싶다"는 김은국 팀장과의 인터뷰입니다.

Q1 언론계에 있다가 서울시 공무원이 되신 지 10년이 넘었습니다. 공무원이 되기 전에는 무슨 일을 하셨고, 어떻게 공직사회에 들어오게 되셨습니까?

공무원이 되기 전에는 언론계에 있었습니다. 좁혀 얘기하자면 온라인 미디어업계라고 해야겠지요. 서울시에 들어오게 된 결정적 계기는 '광우병 사태로 인한 촛불시위'가 아닐까 싶습니다. 2008년 당시 촛불시위로 온 나라가 들썩였습니다. 하루가 멀다 하고 촛불은 대한민국의 심장 광화문을 밝혔습니다. 청와대와 주요 중앙 부처, 지방자치단체는 새삼 온라인미디어의 영향력을 절감했습니다. 그 결과(제 해석으로는) 앞서거니 뒤서거니 온라인 홍보팀을 강화했습니다. 청와대는 다음의 부사장을 지낸 김철균 소통비서관을 채용했고, 기획재정부는 네이트뉴스부장을 지낸 황순구 서기관을 발탁했습니다.

Q2 기자를 '갑'으로 칭한다고 하면, 기자를 상대하는 대변인실 직원들은 '을'의 입장에 가깝습니다. 갑으로 지내다가 을로 입장이 바뀐 새 환경에 적응은 잘하셨나요?

매체 환경 측면에서 예전에 기자가 '갑'이었고, 물론 아직까지는 '갑'입니다. 하지만 인터넷매체의 등장, SNS 미디어의 확산, 유튜브 플랫폼 권력의 공고화 등 기존 언론을 둘러싼 매체 환경이 급변하면서 기자가 '갑'인 시대는 서서히 저물고 있습니다. 즉, 대변인실 직원은 주로 '기자'를 상대하지만, 향후 기자와의 접점은 인터넷매체뿐만 아니라 플랫폼까지 확대되는 추세입니다. 이런 환경에 적응하기 위해서는 신규 미디어에 대한 학습과 경험이 필수적입니다. 부단한 노력만이 환경 적응을 잘하는 비결이겠지요. 구체적인 비결은 신문 지면의 열독, 언론계 소식지 확인, 전·현직 기사 및 언론학계 관련 서적의 구독입니다. 기자와의 꾸준한 네트워크 구축 및 소통은 '갑'을 대하는 '을'로서 당연한 역할입니다. 조직 환경 측면에서 기자와 공무원 사회는 '계급 서열사회'라는 공통점도 있습니다. 계급 사회의 특징은 외부 환경 변화에 대한 속도 대응은 느리지만 명령에 의한 위기 상황 대처에는 신속하고 정확하다는 것입니다. 장점은 취하고 단점은 극복하는 것이 적응의 핵심이겠지요.

Q3 직함이 '인터넷뉴스팀장'인데 대변인실에서 구체적으로 어떤 일을 하시나요?

위기관리와 대응입니다. 구체적으로 시정 관련 인터넷기사 모니터링(일평균 6만여 건), 시정 관련 홍보자료 배포(기자 744명), 사실과 다른 기사에 대한 신속한 수정(해명·설명 자료 수시 배포)입니다. 국내 등록된 정기간행물은 1만 9603개(인터넷매체 약 7000개 포함, 문화체육관광부 2017년 말 기준)입니다. 포털 및 검색서비스를 통한 뉴스 소비는 77%로 세계 1위입니다. 이를 위해 인터넷 매체 기자들과의 지속적인 소통, 매체 성격 성향에 대한 이해 등이 선행되어야겠지요. 특히 콘텐츠 원본 식별을 확인할 수 없거나 작성 주체가 불명확한 가짜뉴스가 급격히 확산되고 있습니다. 가짜뉴스는 루머, 거짓 정보, 허위 정보, 오보 등과 유사하지만 다른 개념입니다. 정파적 혹은 경제적 목적을 갖고 내용을 의도적으로 조작해 SNS 및 메신저 등 콘텐츠 유통 플랫폼을 통해 배포되는 뉴스입니다. 재미를 위한 유머형 가짜뉴스(예: 만우절 가짜뉴스), 수익형 가짜뉴스[예: 기사형 광고(advertorial) 등], 기만형 가짜뉴스(예: 반기문 전 유엔사무총장의 퇴주잔 논란), 봇(bot)들이 자동 작성하고 전파하는 가짜뉴스 등 이를 가려내기 위한 각별한 주의와 식별할 수 있는 팩트 체크(진위 확인) 노력이 필요한 시점입니다.

Q4 국내 언론 환경이 종이신문 뉴스 소비의 감소, 인터넷뉴스 이용도 증가, 전통미

디어와 뉴미디어 구분 불명확 등 끊임없이 변하고 있습니다. 서울시 대변인실에서 경험한 가장 큰 언론 환경 변화는 무엇인가요?

2010년 이후 미디어산업은 모바일 최우선, 집중화 전략(mobile first·centric·only)에 나서고 있습니다. 구체적으로 우리나라 2030세대의 모바일 인터넷 이용률은 99.2%, 40대는 96.0%에 달합니다. 종이신문 이용률은 16.7%에 불과하고요. 8년 전인 2011년의 종이신문 이용률은 44.6%였습니다. 라디오, 잡지 등도 이용률이 급하락 추세입니다. 전통 미디어의 하락 폭이 상대적으로 큰 것을 알 수 있습니다.

사정이 이렇다 보니 대변인실의 업무 처리 방식도 크게 변했습니다. 면대면 회의보다는 카카오 단톡방을 통한 업무 처리 방식이 자리 잡았습니다. 속보 게재, 기사의 사실 여부 확인, 설명 자료나 해명 자료 배포 업무 등이 단톡방에서 이뤄집니다. 물론 아직까지 신문, 방송 등 전통미디어 중심의 기사 모니터링 시스템이긴 하지만, 갈수록 모바일 인터넷 맞춤 배포 등 SNS 플랫폼에 의한 업무 처리 방식이 확산될 전망입니다.

Q5 서울시 대변인실이 변화하는 언론 환경에 능동적으로 대처하고 있다고 보시나요? 서울시 대변인실의 강점과 약점 중심으로 말씀해 주세요.

언론 환경이 급변하다 보니 능동적으로 변할 수밖에 없습니다. 대변인실은 이슈 파급력이 큰 사안과 정책은 추진 단계별로 상세 자료를 제공하고, 주요 이슈에 대해서는 우호 매체 중심으로 선제적 보도를 유도하고 있습니다. 취재기자를 불친절하게 대하거나 소극적으로 대응해 '사안 본질' 외 부정보도를 초래하는 경우가 종종 발생하고 있습니다. 이에 대해 현장설명회, 기자설명회, 백브리핑(backbriefing), 보도자료 즉시 제공 등 다양한 방식으로 기자들에게 시정을 상세히 알리려는 노력을 하고 있습니다. 대책 발표 시 과거와 유사한 내용으로 '재탕' 발표를 하고 있다는 비판을 막기 위해서는 충분한 사전 검토 혹은 유관 기관 사전 협의를 통해 정보를 공개하고 있습니다.

대변인실 직원의 연령대도 갈수록 젊어지고 있는 추세입니다. 언론계가 밀레니얼 세대(Millennials)가 중심 인력으로 성장하는 환경 변화에 맞추어 대변인실도 직원의 30% 이상이 밀레니얼 세대입니다. 밀레니얼 세대는 1980년(현 40세)~2000년생(20세) 출생한 세대로 우리나라 전체 인구의 29.1%를 차지하고 있습니다.

Q6 10년 넘게 대변인실에서 겪으신 경험을 바탕으로 볼 때 유능한 홍보맨이 되기 위해서는 어떻게 해야 할까요?

대한민국의 중심은 서울입니다. 지방자치의 핵심에는 서울특별시가 있습니다. 서울시를 알릴 수 있는 유능한 홍보맨의 자질은 조직 간, 세대 간을 아우를 수 있는 '소통 능력'입니다. 또 언론의 특성을 간파해야 합니다.

언론은 독자에게 흥미를 불러일으킬 수 있는 기삿거리를 찾습니다. 서울시 자료가 기사화되기 위해서는 우리 시의 입장이 아닌 시민의 입장에서 과연 흥미로운 내용인가를 판단해야 합니다. 언론은 속보성이 생명입니다. 시기를 놓칠 경우 홍보효과를 기대하기 어려운 만큼, 우리가 제공하는 자료가 기사화되기 위해서는 반드시 사전에 정보가 제공되어야 합니다. 언론은 항상 제3자의 입장에서 비판적으로 사안을 분석합니다. 언론이 어떤 시각에서 문제를 제기할 수 있는지를 예측하고, 이에 대응할 준비 또한 되어 있어야 합니다. 언론은 우리 조직에서 발표하는 정책의 내용뿐만 아니라, 정책의 입안 배경 및 결정 과정 등 일련의 과정까지 취재하려 합니다. 입안 배경 및 투명한 의사결정 과정에 대한 자료를 충분히 제공해 주는 적극적인 자세가 필요하며, 제공하는 모든 자료는 알기 쉽고 명쾌하게 정리되어 있어야 합니다.

'홍보는 일의 절반'입니다. 특히 공공기관에서는 모든 정책의 성패가 홍보에 따라 좌우될 수 있습니다. 시민에게 정책 입안과 추진 상황을 투명하고 소상히 알려 이해와 협조를 구하고 그 과정에서 신뢰를 쌓아가는 노력이 필수적입니다. 홍보에는 전략적 마인드와 사고방식이 요구됩니다. 정책 입안 초기 단계는 물론 추진 과정, 마무리 단계에 이르기까지 치밀하고 체계적인 홍보 방안을 마련하여야 합니다. 또한 '언론홍보는 사전홍보가 기본'입니다. 언론보도가 나온 뒤 뒤늦게 정책을 입안하고, 여론에 떠밀려 관련 부서 간 조율이나 의견 수렴 없이 서둘러 정책을 발표함으로써 혼선을 빚거니와 이를 해명하느라 허둥대는 경우를 흔히 보게 됩니다. 이와 같이 사후약방문식의 홍보가 되어서는 안 됩니다. 정책 입안 초기 단계는 물론 추진 과정에서 발생할 수 있는 문제들을 예상하고 미리미리 대안을 제시하고 대처하는 한발 앞선 홍보가 기본입니다.

신문과 방송기사는 결코 돈으로 따질 수 없는 수많은 인재들의 아이디어와 고민의 결과물입니다. 시민들의 시각과 입장에서 바라본 시정의 평가라고 할 수 있습니다. 매일매일 신문과 방송 스크랩을 형광펜으로 줄 치는 이유입니다. 신문과 방송이 칼이라면, 피할 것은 'P'하고 알릴 것은 'R'리는 서울시 대변인실은 방패겠지요. 호수 위의 백조는 우아하지만 물 밑의 다리는 쉼 없이 움직입니다. 음지를 지양하고 양지를 지향하는 대변인실은 백조의 다리입니다. 현재까지 백조의 다리는 무탈하게 움직이고 있습니다. 방패도 아직 녹슬지도 않았고 흠집도 없어 보입니다.

Q7 과거에 기자이셨고, 오랫동안 서울시 출입기자들과 소통을 하고 계십니다. 언

론 환경 변화에 따라 기자들의 직업관, 사명의식 등도 바뀌었을 것 같은데 어떻게 느끼세요?

저의 주관적인 판단보다는 객관적인 수치 제시가 적절할 것 같습니다. 최근 언론진흥재단에서 국내 256개 언론사의 기자 1677명을 대상으로 설문조사를 했습니다. 많은 분들이 궁금해하시는 한국 언론사 기자의 평균적 전형은 이렇습니다. 기자들의 평균 언론계 경력은 12.2년, 평균연봉은 5031만 원입니다. 주당 기사 작성 건수는 22.4건, 직업만족도는 11점 척도에 5.99점이었습니다. 기자들의 하루 평균 근무시간은 약 10시간 5분입니다. 종편과 보도채널 기자들의 하루 평균 근무시간은 약 11시간 9분, 석간신문과 인터넷매체 기자들 중 하루 평균 12시간 근무하는 비율은 55.5%입니다. 직업만족도는 갈수록 낮아지는 추세입니다. 언론 자유 제한 요인으로는 응답자의 74.2%가 '광고주'를 꼽았습니다. 최근 2년 이내 편집·보도국 사기 변화에 대해 76.8%가 '저하됐다'고 응답했습니다. 언론 전반의 자유도 평가에 대해 5점 척도에 '2.85점'이라고 평가했습니다.

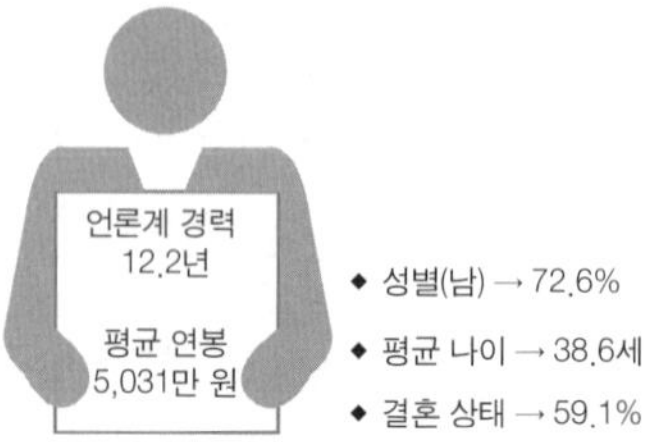

2017년 한국 언론인의 전형
자료: 한국언론진흥재단

CBS 변상욱 대기자(기자 경력 35년)는 저널리즘 다음 시대를 이렇게 전망했습니다. "끈질긴 취재와 탐사, 전문적 지식과 설명, 의견과 전망이 더해진 통찰과 지혜의 저널리즘이 다가온다. 출입처는 사라지고 자기만의 주제가 자신의 출입처가 될 것이다. 당신이 어디서 누구를 만났느냐가 저널리즘의 본질을 만들어갈 것이다." '언론사 양극화'는 '저널리스트 개인 양극화'로, 스페셜리스트의 부가가치는 갈수록 높아질 것이라고 예측했습니다.

52

언론홍보를 위해 읽어볼 만한 책

대변인실에 와서 언론을 알기 위해 언론홍보에 대한 책들을 여러 권 읽었습니다. 전문적인 이론서가 아니라 실무에서 바로 활용할 수 있는 책들이며, 민간이나 공공부문 다 적용되는 내용들입니다. 다음에 소개하는 책들은 이 책을 쓰면서 참고했습니다. 개인적으로 『기사되는 보도자료 만들기』를 가장 재미있게 읽어 추천합니다.

이경희, 『기사되는 보도자료 만들기』(루비박스, 2007)

- 현직 기자(중앙일보)가 언론홍보 초보자, 보도자료를 처음 쓰는 사람, 언론을 공부하는 사람들을 위해 쓴 책이다.
- 책 내용: '보도자료 그게 뭐야', '보도자료 쓰기의 기초', '보도자료 문장 쓰기', '보도자료 뿌리기', '기자 다루기', '분야별 보도자료 작성의 실제', '현장에서 만난 베스트 홍보인'

정병준, 『언론 활용하기』(산해, 2002)

- 현직 기자(KBS)가 시민사회운동에 참여하며 '언론을 어떻게 대해야 하는가'라는 질문에 대한 나름대로의 답변이다. 홍보 이론보다는 현장에 적용 가능한 실질적 내용을 담고 있다.
- 책 내용: '뉴스의 이해', '홍보, 이렇게 하자', '보도자료 만들기', '잘못된 보도에 대한 대처'

신동호, 『언론홍보 핸드북』(코리아뉴스와이어, 2005)

- 한국 최초의 보도자료 통신사를 설립해 편집장으로 일하고 있는 언론인이 '어떻게 하면 언론을 상대로 홍보를 잘할 수 있는지' 방법을 제시한 실무 지침서다.
- 책 내용: '왜 언론 홍보인가?', '뉴스 가치 높이기', '언론과 친해지려면', '홍보에 앞서 계획부터', '보도자료 작성법', '뉴스 발표는 이렇게'

함대진, 『유능한 홍보맨 휴지통에서 진주를 건지다』(이지출판, 2010)

- 서울시 자치구에서 홍보팀장으로 12년 근무한 현직 공무원이 홍보 일을 처음 접하는 사람들을 위해 알기 쉽게 풀어 쓴 홍보 실무서다.
- 책 내용: '홍보, 왜 해야 하나', '유능한 홍보맨이 되려면', '홍보, 이렇게 하면 된다', '비하인드 스토리에 담긴 홍보 테크닉', '베테랑 언론인이 들려주는 홍보 체크 포인트'

금석호, 『홍보 리얼리티(개정판)』(이서원, 2010)

- 언론홍보 일선에서 10여 년 근무한 민간기업 홍보팀장이 나름대로 겪은 경험과 지식을 기초로 홍보에 관해 궁금해하는 홍보 입문자들을 위해 쓴 책이다.
- 책 내용: '신문에 관한 이야기', '방송에 관한 이야기', '통신과 인터넷 매체에 관한 이야기', '기자에 관한 이야기', '광고에 관한 이야기', '접대에 관한 이야기', '그 밖의 이야기'

신동광 외, 『홍보의 신』(초록물고기, 2014)

- 코엑스, 11번가, 코오롱, 삼양그룹을 비롯한 각 기업체 홍보팀 직원들이 모여 홍보 과정에서 느꼈던 체험담을 풀어놓은 책이다.
- 책 내용: 어떻게 하면 보도자료가 기사화할 수 있었느냐에 대한 실제 경험담을 서로 다른 17명의 홍보인들이 전달하는 기업 홍보에 관한 이야기

이 외에 한국언론진흥재단에서 발행하는 각종 연구 보고서와 미디어 통계도 읽어보시길 추천합니다.

제5부

기자와의 생생 인터뷰

보도를 하면서
평소에 마음 아픈 적이 많다.
개인적인 감정은 없고
기자로서 쓴소리를 해야 하는 경우가 많다.
'내가 이승에서 업을 쌓고
다음 세상에서 보은을 하겠다'는
마음으로 자기합리화를 하기도 한다.

공무원, 기자를 인터뷰하다

대변인실에 온 지 5개월쯤 지나 문득 이런 생각을 한 적이 있습니다.

'서울시에 출입하는 기자들이 100명이 넘는다. 이 기자들이 무엇에 관심이 있는지, 어떻게 기사를 쓰는지, 어떤 사람들인지를 서울시 공무원들이 안다면 언론홍보를 하는 데 도움이 될 것이다.'

그래서 비교적 친하게 지내는 젊은 기자들에게 조심스럽게 인터뷰를 청했습니다.

기자는 직업적으로 취재원을 인터뷰하는 사람(interviewer)입니다. 그런데 인터뷰를 하는 사람이 인터뷰에 응하는 사람(interviewee)으로 바뀌었습니다. 기자에게 "인터뷰 좀 하자"라고 했더니 어떤 반응을 보였을까요? 어느 기자는 흔쾌히 인터뷰 요청을 수락했고, 어느 기자는 완곡하게 고사했으며, 어느 기자는 처음에 해준다고 했다가 차일피일 미루는 등 반응이 제각각이었습니다. 기자에 대해 되도록 많은 것을 알고 싶어, 인터뷰를 할 때마다 가능하면 다른 질문들을 했습니다. 어느 기자는 서면으로 대답을 써주었고, 어느 기자는 직접 만나 답변을 해줬습니다.

기자의 사생활에 대한 질문들도 했습니다만 이 책에서는 언론홍보와 관련된 인터뷰 내용 위주로 정리했습니다. 고맙게도 모든 기자들이 저의 질문에 진솔하고 성의 있게 대답을 해줬습니다. 여덟 명은 제가 대변인실 근무 시절에 인터뷰를 했고, 두 명은 대변인실을 떠난 후에 인터뷰했습니다. 특히 몇 달 전에 서울시 출입을 시작한 신문기자 한 명이 인터뷰 요청을 주저하지 않고 수락해 주어 오랜만에 기자와 즐거운 점심을 먹으며 유익한 담소를 나눌 수 있었습니다. 다들 좋은 말씀을 해주셨는데, 그중 SBS 박현석 기자의 "기자는 공공의 적이 아니에요"라는 대답이 가장 기억에 남습니다. 그럼 인터뷰한 날짜순으로 제가 만난 10명의 기자를 소개합니다.

01 헤럴드경제 _김수한 기자 2009년 8월 24일 인터뷰

1976년 양력 7월 13일 출생
포항남부초등학교 졸업
포항대동중학교 졸업
포항제철고등학교 졸업
고려대학교 노어노문학과
경희대학교 평화복지대학원 정치학 석사
고리아헤럴드 기자(2005)
현재 헤럴드경제 기자(전 서울시 출입)
이메일: soohan@heraldm.com

서울시청 언론담당관 사무실에서 포즈를 잡은 김수한 기자(사진: 조경익)

Q1 기자란 어떤 직업이라고 생각하십니까?

기자는 일반인과 전문가 집단 사이에 있는 사람들입니다. 전문가 집단의 이야기를 듣고 일반인에게 전달하는 역할을 합니다. 즉, 전문가 집단의 이야기를 이해할 능력을 갖추되 이를 일반인에게 쉽게 풀어 전달해 줄 능력도 있어야 합니다.

세상을 크게 나눠보면 국가, 단체, 개인이 있어요. 개개인을 전체로 보면 국민 또는 세계인이 됩니다. 언론은 국민 또는 세계인에게 단체나 국가에서 일어나는 일들을 알려주는 일을 합니다. 그럼으로써 언론은 국민들로부터 대표성을 부여받았죠. 국민들 중 전문가 집단의 이야기를 이해할 능력이 있고 이를 일반인에게 풀어 전달해 줄 능력이 있는 사람들이 언론인의 역할을 맡아 국민들의 메신저가 되는 겁니다. 메신저로서 언론인은 그 직무에 따라 특수한 위치를 얻게 되지요.

사회 중요 인사나 유명 인사, 최고위층 인사, 문제 발생 지역, 남들이 쉽게 접하기 어려운 특이한 상황이 벌어지는 곳 등을 직접 찾아갈 수 있는 위치를 얻는 겁니다. 거기에 직접 가서 그 경험, 소식, 정보를 국민에게 알려주는 역할을 하는 건데요. 그렇기 때문에 기자들의 그런 특권은 오로지 국민들을 위한 보도일 경우에만 허용된다고 볼 수 있죠. 가끔 기자들에게 부여되는 특권 때문에 일부 기자들은 기자란 신분 자체가 하나의 특권 계급인 양 여기고, 특권의식을 가지고 말하고, 행동하는 경우가 있습니다. 그런 경우는 언론인이 언론인의 본질과 전혀 상관없는 영역으로 가게 되는 것으로 추후 심히 불행한 사태를 야기할 수 있습니다. 사회적으로든, 그 언론인 개인적으로든 말입니다. 기자가 기자로서 본업에 충실하기 위해 주어지는 특권을 본업 이외의 방면으로 사용할 때 그 기자는 당연히 기자직을 잃게 될 겁니다.

즉, 정리하자면 기자란 국민에게 새 소식을 알려주는 메신저로서 그 일을 하기 위해 여러 가지 방법으로 국민을 대표해 선발된 사람들인 것입니다. 그리고 그렇게 기자로 선발된 사람들은 사회에서 그 누구도 가질 수 없는 정보 접근 및 확산의 권한을 갖게 됩니다. 정보화 사회가 도래함과 동시에 기자들의 역할과 의무는 더욱 커지고 있지요.

그렇기 때문에 특권도 더욱 커지고요. 그래서 기자로서 업무를 수행할 경우, 그 어떤 경우에라도 국민에게 새 소식을 알려주는 메신저로서의 행위를 할 경우, 기자로서의 특권은 존중되어야 합니다. 반대로, 본업과 무관하게 특권의식에 젖은 경우, 그런 의식을 갖고 있는 언론인은 언론계의 암적인 존재로 변모합니다. 그러므로 기자 스스로 일신우일신 하는 자세가 무엇보다 중요해지는 것 같습니다.

Q2 기자라는 직업의 좋은 점과 안 좋은 점이 있을까요?

좋은 점은 시야가 넓어진다는 점을 들고 싶어요. 정치, 경제, 문화 등 다양한 방면에서 관련 핵심 인사나 중요 이슈에 대해 깊이 접해볼 수 있는 기회가 주어집니다. 세상의 다양한 면을 접하고, 배우고, 느끼고 싶은 사람이라면 기자란 참 좋은 직업입니다. 그런데 주어진 그 기회에 대해 별 관심이 없는 경우, 좋은 직업으로 여겨지던 기자라는 직업이 힘들 수가 있지요. 기자가 자신이 담당하는 분야에 대해 관심이 없는 경우, 안 좋아집니다(웃음).

Q3 사람들은 '기자들은 술 잘 먹고 담배도 많이 핀다'고 생각하는데, 사실인가요?

일단 저의 경우, 술은 폭탄주 10잔 정도 마시고, 담배는 전혀 피지 않습니다. 전체적으로 봐서는 대개 술 잘 먹고 담배도 많이 핍니다만, 그렇지 않은 경우도 많다고 대답하는 게 정답일 거 같네요.
기자들은 일단 사람을 많이 만나는 직업입니다. 한국 사회에서 처음 사람을 만나면 낮에는 차를 마시거나 식사를 같이하고, 밤에는 술도 한잔하겠지요. 담배의 경우, 마감 시간에 쫓겨 원고를 마감할 때에는 담배를 물고 연기를 길게 내뿜으며 이내 타자기를 두드리는 모습을 상상하실 겁니다. 그러나 요즘 편집국 내에서 담배를 피우는 사람은 없습니다. 비흡연자를 위해 대부분의 빌딩은 금연빌딩으로 지정되어 있으니까요. 정말 담배가 급한 분들은 달려 나가서 한 대 피우고 오시는 거 같아요. 그리고 요즘은 남자 기자들 중 많은 수가 담배를 안 피우는 데 반해 여기자들이 의외로 담배를 많이 피웁니다. 담배 피우는 모습이 남자 기자들보다 상대적으로 부각되어 보여서 여기자들이 담배 피우는 모습이 더 눈에 들어오는 건지,

담배 피우는 여기자들이 실제로 많은 건지는 잘 모르겠네요.

Q4 신입 기자들의 경우 대부분 '사슴앓이'라는 생활을 한다고 하는데, 이 말이 무슨 뜻이고 어떤 생활을 말하는 건지요?

제일 웃음이 나는 질문이네요. 기자들이 '사스마와리'라고 부르는 용어를 한국말로 잘못 알아들으셨군요. 사스마와리는 경찰기자들을 부르는 일본말입니다. 기자직에 처음 입문하면 경찰서를 출입처로 배정받습니다. 이들은 경찰기자로 사회부 소속입니다. 이들을 보통 사스마와리라고 부르는데 어원인 일본어 사스마와리의 '사스'는 경찰의 찰(察), '마와리'는 돈다는 의미의 회(廻)로 쓴다고 합니다.[1] 경찰서를 돈다는 얘기지요. 그걸 보통 사스마리 사스마리 하다 보니 사슴앓이로 잘못 들으셨네요. 이 외에도 경찰서가 아닌 각 출입처에서 취재를 위해 돌아다닌다는 말로 '마와리'라는 용어를 쓰기도 합니다. '지금 마와리 돌고 있습니다' 이런 식이지요. 이 외에도 언론계에는 유난히 일제의 잔재가 남아 있는 용어가 많습니다. 기사의 요점, 핵심 포인트를 일컫는 말로 기자들은 '야마'라는 말을 쓰지요. 야마란 어휘는 일본어로 여러 가지 음독과 훈독으로 쓰이는데 톱니바퀴나 산도 야마라고 한답니다. 그리고 여기서는 핵심, 요점, 포인트를 말합니다.

개인적으로 저는 이 일제의 잔재 용어를 무슨 전문용어인 것처럼 남발하는 현 상황이 참 의아스럽습니다. 한국 기자는 아름답고 위대한 우리 한글을 계승·발전하고 지켜나가야 하는 역사적·사회적·시대적 의무를 가진 사람들 아닌가요? 그런 그들이 사스마와리 어쩌고 하면서 일제 잔재

1 사스마와리는 주로 종합신문 소속 기자이고, 경제지 기자는 대부분 경찰기자를 하지 않습니다.

용어를 당당히 사용하고 있는 장면은 뭐가 잘못돼도 한참 잘못된 '우리들의 일그러진' 모습이라고 생각합니다. 언젠가는 청산되어야 할 구시대적 쓰레기지요. 그런 용어는 알아도 모른 체합시다.

Q5 요즘 '언론 고시'라고 해서 기자 되기가 무척 힘들다고 알려져 있습니다. 기자가 되고 싶어 하는 분들께 한 말씀 하신다면?

언론고시라는 말을 듣고 어떤 분은 냉소를 보낼 것이고, 어떤 분은 어깨를 으쓱하기도 할 겁니다. 이 말이 의미하는 바는 기자 되기가 그만큼 어렵다, 이런 거겠지요. 그런데 이 말은 요즘 회자되는 말은 아니고, 제가 대학교 1학년이던 1995년에도 들어보던 이야기입니다. 그러나 기자직에 도전하는 학생들 중에 스스로 언론 고시라고 부르는 사람들은 별로 없는 것 같아요. 다만 언론사 입사 시험일 뿐이죠.
어떤 분들은 실제로 고시 중에 언론인을 뽑는 분야가 있는 것으로 착각하는데, 언론 고시란 언론사에 입사하기 위한 시험입니다. 그런데 언론이 행정, 입법, 사법부의 3부에 이은 4부의 권력으로 불리면서 3부에 등용되기 위해 치르는 고시라는 용어를 언론계에도 갖다 붙인 거라고 풀이됩니다. 언론사 입사 시험은 각 회사에 따라 형식과 내용, 채용 진행 절차가 천차만별입니다. 기자가 되겠다는 일념을 가진 응시자들은 대개 다양한 언론사에 연속으로 지원합니다. 채용 시기가 다르다 보니 복수 지원이 가능합니다만, 가끔 특정 언론사의 입사 시험일자가 겹쳐 언론사를 선택해야 하는 운명에 직면하게 되는 경우도 많습니다. 그럴 경우, 자신의 성향, 회사의 평판, 복지 수준이나 급여 등을 고려해 선택하게 되죠. 그러나 어느 언론사에 입사할지는 실제 입사하기 전까지는 무릎팍 도사한테 물어도 답이 안 나오는 경우가 많습니다.

그래서 언론사 입사 시험의 순환선을 타고 빙빙 돌다 보면 어느 순간 자신이 특정 역에 내리게 된다는 의미에서, 언론계 입사 시험에 발을 들여놓는 순간을 "지하철 2호선을 탔다"라는 말로 표현하기도 합니다. 저도 물론 지하철 2호선을 탔고요. 2호선을 타고 빙빙 도는 가운데 함께 내렸다 탔다를 거듭하던 수많은 동승객들이 현재 언론계에서 활약하고 있는 모습을 볼 때 그 기분 참 묘해집니다.

기자가 되고 싶어 하는 분들께 한마디 하라면요. 음 ……, 이 시대 언론인의 대표 선수들 있잖아요. 그분들보다 내가 훨씬 잘할 수 있겠다는 생각이 들면 도전하세요. 포부가 커야 된다는 말입니다.

Q6 앞으로 어떤 기자가 되고 싶습니까?

(웃음) 저는 초심을 잃지 않는 기자가 되고 싶어요. '초지일관', 저의 좌우명입니다. 저는 고등학교 교지 편집부에서 편집부장을 했고, 대학교 신문사에서 편집국장을 했어요. 대학원에서는 학술지 편집장을 했고 ……, 그리고 카페 게시판에 올리는 제 글을 읽고 대학원에서 선배들이나 동기들, 후배들로부터 "기자를 한번 해봐라" 이런 말을 되게 많이 들었어요. 저도 기자가 무척 되고 싶었고요. 앞으로 제 기자 생활 동안 제가 첫 출근할 때 생각했던 기자의 모습을 30년이든, 40년이든 영원히 지켜나가고 싶어요. 영원히 수습기자처럼 매 순간 긴장하며 일에 집중하고 모든 출입처 사람들을 공손하게 대하는 첫 마음 출입기자로 남을 겁니다.

02 경향신문 _임아영 기자 2009년 10월 14일 인터뷰

1982년생

서강대학교 국어국문학과 졸업

연세대학교 교육대학원 국어교육학과 휴학 중

2008년 10월 경향신문사 입사

2009년 4월~2010년 8월 서울시 출입기자

취미: 독서와 산책, 잡담

이메일: layknt@kyunghyang.com

2011년 1월, 북한산 둘레길에서 임아영 기자(사진: 임아영)

Q1 어떻게 기자라는 직업을 선택하셨나요?

원래는 꿈이 기자가 아니었습니다. 처음에는 휴먼다큐멘터리를 만드는 PD가 되고 싶었고 PD가 되기 위해 시험을 준비했었습니다. MBC 특집 다큐 〈휴먼다큐 사랑〉, KBS 〈인간극장〉 같은 프로그램처럼 사람들이 살아가는 '맨얼굴'의 이야기를 그려 보이는 게 꿈이었습니다.

그런데 작년 촛불시위에 대한 언론보도를 보고 '촛불시위' 같은 역사적 현장을 담아낼 수 있는 '기자가 되면 좋겠다'고 생각하게 됐습니다. 또 이명박 정권이 들어서면서부터 느꼈던 불안감과 분노를 ≪경향신문≫을 읽으면서 위로(?)받았었는데 자연스럽게 대학 때부터 읽었던 경향신문의 기자가 되면 더 바랄 것이 없다고 생각했었습니다. 그리고 2008년 10월 그토록 바라던 경향신문의 기자가 되어 소원을 이뤘습니다. 막상 기자가 되고 보니 사람들이 살아가는 이야기를 담는 방식이 조금 다를 뿐, 큰 틀에서는 기자와 PD가 다르지 않다는 걸 깨달으면서 제 직업에 만족하고 있습니다.

Q2 기사를 쓰면 독자들로부터 다양한 의견을 받으실 것 같은데, 기억할 만한 독자의 의견이 있다면?

일반 독자들로부터 메일을 받거나 제 기사의 인터넷판에 댓글을 보면 피드백을 받는다는 것 자체가 매우 신기합니다. "무플보다는 악플이 낫다"는 연예인들의 심정을 이해할 것 같아요(웃음).

일반 독자들의 피드백도 고맙지만 신문사 동기들이나 선배들이 "기사 좋았다"고 말해줄 때 가장 기쁩니다. 얼마 전에 서울시의 디자인행정 비판 기사를 쓰면서 '구두 수선대'를 지적했습니다. 관에서 마음대로 디자인을 바꿔놓고 구두수선공들에게 1년마다 대부료를 받겠다는 건 문제가 있다는 내용이었습니다. 이 기사를 읽고 여러 사람들에게 "이런 사실이 있었냐?"는 질문을 받기도 했고 "기사 좋다"라는 반응을 받기도 했습니다. 또한 국회의원 보좌관으로부터 기사의 사실 여부에 대해 문의를 받았는데 '생각보다 많은 사람이 내 기사를 읽고 있구나' 싶어서 신기하기도 하고 책임감도 느꼈습니다. 앞으로 더 세심하고 꼼꼼하게 기사를 써야겠구나 생각도 했고요.

Q3 지금 출입처가 서울시인데, 기자가 보는 서울시는 어떤 조직인가요?

서울시 공무원들을 지켜보면서 "공무원은 철밥통", "노는 공무원"이라는 인식이 확 바뀌었습니다. 많은 분들이 얼마나 열심히 일하고 있는지를 직접 볼 수 있었으니까요. 그런데 결과를 추구하는 '행정'의 속성 때문에 공무원들은 계량화할 수 있는 성과를 내야 한다는 압박을 받는 것 같습니다. 그런 구조가 오히려 전체 행정을 망칠 수도 있다는 생각이 들었습니다. 또 그런 구조 속에서는 공무원들이 열심히 일한다는 것만으로는 한계가 있다는 생각을 했습니다. 공무원들이 그저 자신의 담당 업무만 열심히 하는 것이 아니라 시정 전체를 보는 눈과, 시민과 서울시의 미래를 진지하게 고민하는 철학을 가져야 하는 게 아닐까 하는 생각을 한 것입니다. 다시 말하자면, 공무원이 시정 전체를 보는 시각을 가져야 서울시의 미래를 볼 수 있는 것인데 자기 담당 업무에만 매진한다면 한계가 있을 수밖에 없다는 것입니다.

또 서울시의 경우 민선 시장이기에 시장의 철학이 전체 시정에 많은 영향을 끼칠 수밖에 없는 구조입니다. 그래서 시장이 누구이냐가 매우 중요한 문제가 됩니다. 오세훈 시장은 시대의 흐름을 잘 읽는 리더라고 생각합니다. 디자인, 창의 행정, 시민(수용자) 위주의 행정의 표본인 120다산콜센터 등 오 시장이 도입한 정책들이 그가 시대의 트렌드를 읽는 데 얼마나 훌륭한 능력을 가졌는지를 보여줍니다. 그러나 그러한 시장의 철학이 시정에 반영될 때 우리 사회의 근본적인 문제인 개발 세력들과의 결탁, 일방적 밀어붙이기 행정, 보여주기식 행정을 벗어나지 못한 점은 아쉽습니다.

Q4 경향신문은 한겨레신문과 더불어 진보성이 강한 것으로 알려져 있습니다. 경향신문 기자로서 어려운 점이 있으신가요?

경향신문 기자라고 해서 특별히 어려운 점은 아직 없습니다. 오히려 취재를 나갔을 때 경향신문 기자라고 인정해 주고 응원해 주는 분들을 많이 만나게 되는데 그럴 때마다 제 직업에 대한 책임감을 느끼면서 보람도 느낍니다.

물론 힘이 들 때도 있습니다. 취재를 하고 기사를 쓰는 과정에 '확신'이 필요하다는 생각이 들 때 그렇습니다. "야마(핵심)를 잡는다"고 말하는 과정이나 기사 아이템과 기사 등을 선택·배열하는 과정이 그렇습니다. 그런데 전 '무엇을 확신한다'는 태도를 가지기가 어렵습니다. 취재를 할수록 세상은 매우 다양한 층위 속에서 바라봐야 한다는 걸 깨닫는데, 순간순간 어떤 판단을 내려 '확신'해야 한다고 느낄 때 가장 괴롭습니다. 예를 들어 행정 절차가 잘못되었다는 걸 알고 이를 지적하기 위해 문제를 파고 들어가면, 생각지도 못한 정황 등이 발견되어 '이럴 수밖에 없었구나' 하고 심정적으로 이해를 하게 되는 경우가 있습니다. 그럴 때 어떤 판단을 해서 기사를 써야 하나 고민이 많이 됩니다. 꼼꼼하고 세심하게 굴고 싶은데 일에 쫓기다가 그러지 못할 때도 있고, 짧은 신문기사 몇 매에 전후 맥락을 다 담을 수 없을 때도 그런 생각을 하게 됩니다.

Q5 기자라는 직업이 스트레스를 많이 받아 단명한다는 얘기가 있습니다. 스트레스를 정말로 많이 받나요?

공식적인 통계는 아니고 들은 얘기인데 기자의 평균수명이 58세라고 합니다(웃음). 아마 술을 많이 마시고 기사 마감 등 때문에 스트레스를 많이 받아서 그런 것 같은데요. 저는 아직 1년 차라서 스트레스를 많이 받지는 않고 있습니다. 성격상 즐거울 때가 많아서 스트레스를 별로 안 받는 듯(웃음). 제가 스트레스를 받을 때는 비판기사를 쓸 때입니다. 전체를 보고 그 전체가 좋은 방향으로 가야 한다는 일념으로 기사를 쓰기는 하지만, 그 과정에서 누군가가 상처받거나 힘들어질 것을 아는데 기사를 쓰는 게 괴롭기도 합니다. 실제로 서울시 공무원분들이 전화해서 기사 때문에 괴

로웠다고 말씀하시면 너무 미안해지더라고요.

Q6 기자가 되려고 하는 분들을 위해 조언을 해주신다면?

기자는 정말 재미있는 직업이라고 생각합니다. 돌아다니는 것, 사람을 많이 만나는 것, 말하는 것보다 듣는 것, 주류의 옆에 서서 감시하는 것, 이런 것들을 좋아하는 사람들에게는 기자라는 직업을 추천합니다.

03 MBC _성지영 기자 2009년 11월 26일 인터뷰

1976년생

이화여자대학교 사학과 졸업

1999~2002년 경향신문

2002년~ MBC 보도국 사회2부

2008년 10월~ 2009년 12월 서울시 출입기자

이메일: leporia@mbc.co.kr

2010년, 미국 여행 중 뉴욕 월스트리트에서 성지영 기자(사진: 성지영)

기자들의 눈썰미는 무섭고 질문은 예리합니다. 어떤 기자는 풍기는 느낌이 비판 보도를 잘할 것 같고, 어떤 기자는 밝은 기사만 쓸 것 같은 인상을 줍니다. 성지영 기자는 본인이 원하는 것처럼 항상 우리 마음을 따뜻하게 해주는 뉴스만 만들 것 같은 분입니다.

Q1 방송 뉴스를 보면 기자들이 '참 말을 잘한다'라는 느낌을 받습니다. 원고 쓰기, 원고 외우기, 발음 연습 등 여러 가지 과정이 있을 것 같은데, 뉴스에 흘러나오는 기자 멘트는 어떻게 만들어지나요?

방송 뉴스는 기본적으로 '아이템 결정 - 취재 - 기사 작성 - 기사 출고 - 오디오 읽기 - 편집'이라는 과정을 거칩니다. 기자가 취재를 마친 뒤 기사를 쓰면, 그 기사를 고치고 다듬는 과정을 거친 뒤 출고를 하게 되죠. 기사는 기자가 쓰지만, 그 기사를 퇴고하는 과정을 거치면서 다시 한번 논의가 이뤄집니다. 기사를 외울 필요는 없고, 그냥 기사 원고 들고 가서 오디오 녹음실에서 읽으면 됩니다. 녹음된 테이프를 가지고 가서 거기에 인터뷰를 편집해서 붙이고 그림을 위에 덧입힙니다. 물론 중계방송할 때 몇 문장 정도 외워야 하는 상황이 있을 때도 있습니다.
상황이 급박하게 돌아가다 보면 제대로 된 기사 한 줄 못 쓰고 그냥 말을 지어내서 생방송을 해야 하는 경우도 닥칩니다(정말 상상하고 싶지 않지만 있습니다). 예를 들면, 탈레반 무장 세력에 한국인들이 단체로 피랍됐을 때에 석방 소식이 들려온 것이 9시 즈음이었습니다. 외신에 뜬 한 줄짜리 영어 기사를 들고 뛰어 올라가 석방 소식이 들어왔다고 생방송으로 알린 적도 있습니다. 오전 6시에 뉴스 시작인데 오전 5시 55분에 CNN에서 속보로 비행기가 추락했다고 해서 6시 뉴스에 전화로 연결해 상황을 보도한 적도 있습니다. 이런 경우는 원고가 제대로 갖출 수가 없는 경우죠.
신문이나 방송을 막론하고 정말 말을 잘하는 기자분들이 많습니다. 저는 그다지 말솜씨가 좋지 않아 후천적으로 노력을 기울였습니다. 예를 들어, 지하철을 타고 가다가도 혼자 '이런 상황에 방송을 해야 한다면 뭐라고 말할까' 떠올라서 혼자 연습하는데요, 소리 내어 말하다 보면 주변 사람들이 좀 의아해합니다.

Q2 방송기자들은 본사에서 9시 뉴스까지 보고 퇴근하는 것으로 알고 있습니다. 늦은 퇴근으로 인해 결혼한 여기자들이 힘들어하는 것은 없나요?

항상 본사에서 9시 뉴스를 보고 퇴근하지는 않습니다. 뉴스 제작이 기본적으로 본사에서 이뤄지는 과정이다 보니 본사로 들어가서 퇴근하는 경우가 많지만, 요즘은 DMB도 있고 꼭 회사에서 9시 뉴스를 모니터해야 하는 건 아니니까요. 물론 일반 회사보다 퇴근이 늦습니다. 야근도 잦고, 주말에도 근무하고, 빨간 날 제대로 쉬어본 적도 없고요, 오히려 빨간 날이 더 바쁘기도 합니다. 어디서 미사일이라도 쏘아 올리거나, 누가 돌아가시기라도 하면 전화받고 불려나오기 일쑤입니다. 힘들죠. 힘들지 않은 것은 아니지만, 그게 일인데요. 결혼한 남자 기자들도 힘든 건 마찬가지일 겁니다. 가족들에게는 죄송하고 미안하고 ……, 그렇지만 일이니까 이해를 구할 뿐입니다.

Q3 혹시 성지영 기자님의 방송 뉴스를 본 시청자들로부터 연락을 받은 적이 있나요?

기본적으로 기자들이 방송 뉴스에 얼굴을 내는 시간은 10~15초 정도의 짧은 순간입니다. 그 순간을 기억해 주시는 분들은 정말 감사한 일입니다. 요즘 후배님들은 정말 출중한 미모의 소유자들이 많아서 제가 봐도 멋지십니다. 10년 전에 제가 입사할 때만 해도 여기자들이 참 드문 존재였는데, 이제는 많아져서 제 입장으로는 보기가 좋습니다. 여기자가 드물었을 때는 존재 자체가 신기한 경우가 많았습니다. 그 때문에 기억해 주시는 분들도 많았고요. 예전에는 회사로 전화하시는 분도 계셨고, 이메일 보내시는 분들도 계셨습니다. 기사 피드백도 있지만, 개인적인 관심을 표현해 주시는 분들도 계십니다. 가끔 무서운 분들도 계십니다만(사주를 보내신다든가, 언제 만나자고 대뜸 그런다든가 ……), 대부분 호감을 가지고 메일 보내주시니 감사하고 있습니다. 오랜만에 얼굴 봐서 반가웠다고 메일 주셨을 때는 기뻤습니다.

물론 좋은 얘기만 있는 건 아니고 악플도 있는데요, 제가 평소에도 비염을 앓고 있어서 비음이 나는 게 평소 콤플렉스인데, 어떤 분이 인터넷 게시판에 코를 성형해서 콧소리가 난다고 하신 적이 있었습니다. 비루한 제 코를 돈 들였다고 봐주시다니, 응당 칭찬으로 받아들여야 하겠지만 그래도 좀 씁쓸했거든요. 지나고 나니 과분한 관심의 표현인 듯하여 좋은 추억으로 여기고 있습니다.

Q4 기자들은 모두 특종을 하고 싶어 하는 것으로 알고 있습니다. 가장 기억에 남는 본인의 특종을 하나 소개해 주신다면?

뭐 그다지 굵직한 특종이 없네요. 제가 지니고 있는 소소한 특종의 기억은 있습니다만, 무용담 수준이라 자랑할 만한 거리는 되지 못합니다. 기자가 경험하고 있는 취재의 순간순간은 누군가의 실수가 빚어낸 아찔한 상황이거나, 누군가에게는 기억하고 싶지 않은 순간들로 채워지기 마련입니다. 한번은 파출소장을 졸졸졸 따라다니면서 꼬치꼬치 묻고 있는데, 나이 지긋한 소장님이 갑자기 도망가시는 겁니다, 눈앞에서. "저는 뛰는 게 취미입니다"라는 말을 남기고 저도 열심히 쫓아갔는데, 이게 뭐 하는 짓인가 싶었습니다. 제대로 대답하지 못하는 그분이 측은하기도 하고, 화가 나기도 하고, 복잡한 심정이었습니다.
개인적으로 기억에 남는 기사는 〈시사매거진 2580〉에 있을 때 만났던 태호입니다. '태호의 도전.' 팔다리가 없는 선천성 장애를 가지고 태어나 미혼모 엄마에게 버림받은 태호는 세상을 정말 밝게 하는 아이였습니다. 장애인 취재를 하다 보면 얼마나 힘들고 고단하고 불쌍한지 부각하기 마련인데, 태호를 만나면서 정말 즐겁고 신나게 취재했던 기억이 납니다. 태호가 잘 살아갈 수 있도록 도움을 주고 싶었지만, 정작 도움을 받은 것은 저 스스로였습니다. 방송이 나간 뒤 많은 분들이 좋은 반응을 보여주셨습니다. 저는 제가 취재한 기사를 보면서 세상이 좀 따스해졌으면 하는 바람이 있습니다.

Q5 신문도 그렇지만 방송기자도 되기가 무척 어려운 것으로 알고 있습니다. MBC 기자는 어떻게 뽑나요?

저는 좀 특이한(?) 경우죠. 저는 경향신문 기자로 입사해 MBC에는 경력기자로 입사했습니다. 그래서 통상 신입 기자를 뽑는 과정을 거치지 않았습니다. '서류 전형 - 카메라 테스트 - 최종 면접' 과정을 거쳐 만 3년의 경력을 인정받아 입사했습니다. 방송 3사에는 이렇게 경력기자들이 약간 명씩 있습니다. 보통 신문기자 출신들이 많은 편이고요, 지방 계열사나 다른 부문에서 건너오기도 합니다. 김주하 선배의 경우, 아나운서에서 기자로 옮기신 경우죠. 지금 현재 신입 사원 채용이 진행되고 있습니다. 서류 전형 - 필기 - 합숙 훈련 - 카메라 테스트 - 최종 면접을 거쳐서 선발됩니다. 10년 전이라 구체적인 채용 절차는 가물가물하네요.

04 MBC _노재필 기자 2010년 2월 8일 인터뷰

1974년생

서울대학교 영어영문학과 졸업

2001년 MBC 입사

2009년 12월~2010년 10월 서울시 출입기자

이메일: jaepil@imbc.com

통일부 기자실에서 노재필 기자(사진: 노재필)

Q1 10년째 기자 생활을 하면서 나름대로 추구하는 직업관이나 가치, 소신 같은 것이 있다면 말씀해 주시겠습니까?

즐겁게 일하자. 기자나 다른 직업을 가져도 마찬가지겠지만, 평소에 즐겁게 일하자는 것이 제 소신(?), 생활철학(?)입니다. 즐겁게 일하자라고 자신에게 강요할 만큼 평소 즐겁지 못한 일 또한 많은 게 기자 생활입니다. 방송 시간 대느라 진땀을 흘리기도 하고, 물먹으면 선배한테 깨지고, 후배들 눈치도 보이고. 하루하루가 전쟁같이 살아야 하지만, 즐겁게 살다 보면 좋은 일도 있지 않겠습니까? 뭐 거창한 가치관 같은 건 없고요. 제 기사로 사람들이 즐거워하고, 유익한 정보도 얻고, 가슴도 따듯해지면 좋겠다는 게 바람이라면 바람이랄까요?

Q2 방송 3사 중 타사와 비교해 MBC의 차별성이나 색깔 …… 어떻게 생각하십니까?

MBC 뉴스의 차별성, 요즘은 각 방송사의 뉴스가 별로 차별화되지 않는 그런 시기입니다. 과거 MBC 뉴스는 기동성과 순발력이 매우 뛰어났습니다. 지금도 물론 그렇지만, 특히 대형 사건 등이 있을 때, 일사불란하게 움직여 뉴스를 만들어내는 모습은 제가 봐도 프로다웠던 것으로 기억납니다. 그리고 사회에 대한 비판의식이 돋보이는 뉴스였고, 지금도 그렇지요.

Q3 서울시 부서에서 보도자료를 내면서 방송에 나오게 해달라고 자주 부탁합니다. 방송기자로서 어떤 게 방송 아이템이 되는지 조언을 부탁드립니다.

저는 개인적으로 시민들에게 정보가 되는 보도자료에 관심을 갖습니다. 시민들이 이 뉴스를 보고, 정보를 접하고, 생활에 보탬이 된다면 그 이상 바랄 게 없을 것 같습니다. 보도자료를 만드실 때, 내가 '이런 일을 잘하고 있다'는 홍보 수단으로만 생각하지 마시고, 시민들에게 좋은 정보를 제공한다는 마음으로 만들어주세요. 그러면 제가 좋은 뉴스 만들어 방송해 드리겠습니다.

Q4 옆에서 보니까 기자들이 술을 자주 먹는 것 같습니다. '술과 기자' 어떤 상관관계가 있을까요?

예전에는 술과 기자가 많은 관련이 있었지만, 지금은 별로 없습니다. 술자리에서 많은 정보가 나오고 했던 적이 있었죠. 그러나 지금은 기자들, 술 별로 좋아하지 않습니다. 술 잘 먹는다고 취재가 잘되는 것도 아니고요. 개인적으로 좋아서 술을 먹기는 하겠지만, 예전처럼 회사 선배들도 술자리를 강요하거나 그렇지 않습니다. 저도 술을 좋아하고 많이 먹지만, 요즘 들어 술자리가 점점 더 무의미해진다고 느낄 때가 많습니다. 좋은 사람과 어울리면 술이 없어도 즐거운 것인데, 억지로 술에 의지해 사람을 만난다면 그 만남이 얼마나 가겠습니까?

Q5 노재필 기자님이 서울시장이라면 무슨 일을 하고 싶습니까?

선거철을 앞두고 이런 민감한 질문을 던져도 되는 건가요? 제가 서울시장이 되면, 글쎄요. 서울시 공무원분들이 너무 잘하셔서 딱히 개선해야 할 점은 없는 거 같고요. 집 걱정 안 하고 사는 서울이 됐으면 좋겠습니다. 근데 이게 서울시장이 할 수 있는 일인지는 잘 모르겠네요.

Q6 해외 취재도 많이 하셨을 것 같은데요, 해외 대도시와 비교해 서울시가 경쟁력이 약한 게 있다면 무엇일까요?

그리스 갔을 때가 참 인상적이었습니다. 아테네가 고대 유물이 많잖아요. 지하철을 타러 가는데, 지하철역이 거의 박물관이더라고요. 에스컬레이터를 타고 내려가면 벽면이 시대별 유물로 전시를 해놔서 그 짧은 시간에 역사 공부도 되고, 과거 유적을 참 잘 보존한다는 생각을 했습니다. 역사와 문화 도시로서의 서울의 이미지가 좀 약하지 않나 싶습니다. 유적을 잘 보전하고 사람들이 언제 어디서나 접할 수 있는 그런 도시로 만들면 좋지 않겠습니까?

05 KBS _우한울 기자 2010년 8월 25일 인터뷰

1976년생

대구 협성고등학교 졸업

서울대학교 서어서문학과 졸업

2006년 KBS 경력기자로 입사

2010년 3월~2011년 1월 서울시 출입기자

이메일: whw@kbs.co.kr

인터뷰 도중 휴대폰 통화를 하고 있는 우한울 기자(사진: 조경익)

Q1 방송 3사 중 KBS 뉴스의 시청률은 거의 독보적이라고 합니다. KBS 메인 뉴스의 시청률이 높은 이유가 뭐라고 생각하십니까?

잘 모르겠습니다. 학술적인 연구가 필요하다고 생각합니다. 언제부터 어떻게 높아졌는지 분석이 필요한 거죠. 다만 내부적으로는 무수한 썰(?)들이 많습니다. "고발성 뉴스가 많아서 그렇다", "현장 중심의 뉴스 제작 때문에 그렇다" 등등 ……. 과거에는 KBS 시청률이 MBC보다 낮았던 적이 있습니다. 그러다가 지금은 역전이 되었죠. 타사와 달리 KBS는 데스킹 과정에서 다양한 시각을 담으려고 합니다. 예를 들어 뉴스의 방향이 한쪽으로 쏠리게 될 경우, 진보나 보수의 의견을 조율하여 스스로 중심을 잡도록 하는 거죠.

그런데 높은 시청률에 대해서는 KBS 시청자들의 연령이 높다는 것을 지적하고 싶습니다. 시청률의 허구라고도 할 수 있습니다. 사실 나이가 많은 사람들이 선호하는 매체나 프로그램은 제한적이거든요. KBS가 젊은 연령층까지 끌어안고 있는 언론인가 하는 질문에는 글쎄요 …….

Q2 취재를 하다 보면 별의별 일을 다 겪을 것 같습니다. 기자 생활을 하면서 후회한 적이 있다면요?

보도를 하면서 평소에 마음 아픈 적이 많습니다. 개인적인 감정은 없고 기자로서 쓴소리를 해야 하는 경우가 많습니다. '내가 이승에서 업을 쌓고 다음 세상에서 보은을 하겠다'는 마음으로 자기합리화를 하기도 합니다. 남을 힘들게 하는 보도를 하고 나면 막상 마음이 편치 않는 경우가 많습니다.

2008년 말로 기억하는데, 어느 기초생활수급권자가 주민자치센터(동사무소)에서 받은 쌀 포대에서 쥐가 발견됐다는 제보를 받았습니다. 뉴스가 된다 싶어 그 쌀을 생산한 데를 찾아갔는데 어느 농촌에 있는 도정공장이었고 할아버지가 운영하고 있더군요. 보니깐 시설은 노후되어 있었는데, 할아버지는 도정공정상 쥐가 들어갈 수 없다고 했습니다. 할아버지의 해명을 들었지만 저는 보도를 했습니다. 보도 후에 그 도정공장은 문을 닫을 처지가 되었다고 들었습니다. 그 보도 후 다른 건으로 인터뷰를 하게 되었는데 뜬금없이 인터뷰할 사람이 저를 안다고 하는 거예요. 저는 생판 모르는 사람인데 말입니다. 그분 하는 말이 "저 때문에 장인이 호되게 당했다"고 하더군요. 자초지종을 들어보니 그분의 장인이 바로 도정공장을 하시는 그 할아버지였습니다. 그분을 통해 뉴스 후 뒷얘기를 들으니 정부에서 수십억 원에 이르는 시설 개선 투자를 하라고 해서 거의 폐업할 지경이 됐다는 것입니다.

지금 생각해 보면 제가 그 보도를 안 했어야 맞다고 생각됩니다. 그때 쌀

포대에 어떻게 쥐가 들어갔는지 원인도 밝혀내지 못했거든요. 보도를 하다 보면 '뭐 그렇게 될 수도 있겠지' 하는 생각이나 조금 안이한 판단으로 뉴스를 만드는 경우도 있습니다. 찝찝한 경우죠.

Q3 방송사마다 색깔이 있고, 기자마다 스타일이 있습니다. 본인의 소신이나 철학은요?

이렇게 말씀드리는 게 적절할지 잘 모르겠는데, 저는 잡범 취재를 자주하지 말자는 생각입니다. 솔직히 잡범은 취재가 쉽습니다. 대항할 힘이 없기 때문이지요. 잡범만 취재를 하면 제가 나중에 잡범이 됩니다. 요즘 나쁜 사람들이 많나요? 저는 개인의 문제보다 그 사람을 나쁘게 만드는 시스템이 문제라고 봅니다. 그래서 그런 시스템을 개선하는 쪽으로 많이 취재를 합니다.

또 탐사보도(investigative reporting)를 배우고 구현하고 싶습니다. 미국과 같은 선진국에서는 과학적인 취재 방식을 이용하고 있습니다. 문서나 기록을 취재하고 데이터를 분석하는 등 거의 연구 수준의 취재를 합니다. 6개월도 좋고 1년까지 걸리는 경우가 많죠. 지금 우리가 하는 전통적인 취재 방식은 인맥 중심의 취재라고 할 수 있습니다. 사람을 은밀하게 만나 정보를 빼내는 거죠. 하지만 이런 방식은 한계가 있습니다. 정보를 주는 사람의 의도가 무엇이겠습니까? 또 요즘은 내부 보안이 철저해져서 정보를 빼내는 것도 많이 힘들어졌습니다.

Q4 얼마 전에 KBS 새 노조의 파업이 있었습니다. 파업에 참여해 얻은 것이나 잃은 것이 있었다면?

파업에 참여한 것에 대해 후회는 없고, 잃은 것도 미미합니다. 기자가 주위의 것들에 대해 문제를 제기하고 비판해 왔지만, 자기 자신에 대한 반성이나 비판의 기회는 가져본 적이 거의 없습니다. 그런 의미에서 지난 KBS 새 노조의 파업은 자기반성의 중요한 기회였다고 평가합니다.

KBS는 정부에서 선임한 사장에 의해 운영되는 국영방송이 아니라, 국민이 내는 시청료로 운영되는 공영방송이어야 한다고 믿습니다. 특정 인사를 대변하거나 특정 이익을 옹호하는 방송이 아니라 주인인 시청자를 섬기는 방송이 되어야 한다고 생각합니다. 그런 지향점에서 볼 때 내부적으로 일부 기자들은 이번 새 노조의 파업을 숙명으로 받아들였고, 당연히 겪어야 할 진통이라고 생각했습니다. 그리고 그런 과정에서 중심을 찾아야 한다고 젊은 기자들 사이에 공감대가 형성되었습니다.

Q5 끝으로 본인이 서울시장이라면 무슨 일을 하고 싶나요?

교통정책을 개선해 보겠습니다. 구체적으로 최소한 4대문 안에 들어오는 자동차에는 혼잡통행료를 부과해서 사람들이 도심에 차 가지고 나오는 것을 부담스럽게 만들겠습니다. 도로를 계속 만든다고 도심 교통 문제가 해결된다고 생각하지 않습니다. 대중교통 체계를 보다 튼실히 하면 혼잡통행료 부과 정책이 효과가 있을 것으로 생각합니다. 이렇게 도심 내 교통 수요를 줄이면 대기질 개선 등 환경문제도 좋아지지 않겠습니까?

06 YTN _홍석근 기자 2010년 9월 6일 인터뷰

1982년생

국민대학교 행정언론학과 졸업

2008년 YTN 입사

2010년 4월~2011년 5월 서울시 출입기자

스포츠부에서 일할 때 첫 해외 출장으로 도쿄 '동아시아 축구대회'를 취재하러 간 홍석근 기자(사진: 홍석근)

홍석근 기자의 인터뷰 답변을 읽다가 "시민의 불편에는 눈 하나 깜짝 안 하면서, 기자가 쓴 부정기사 한 줄에는 전전긍긍하는" 공무원들이 안타깝다는 쓴소리에서 한참을 머뭇거렸습니다. 인터뷰 답변을 하면서 인생을 또 한번 되돌아볼 수 있는 기회를 갖게 되었다는 홍석근 기자의 편안한 이야기입니다.

Q1 YTN은 보도채널로 잘 알려져 있습니다. 그래도 YTN을 잘 모르는 사람들이 있는데요, 간략히 회사 소개와 자랑을 좀 해주신다면?

미국에 CNN이 있다면, 대한민국에는 YTN이 있다고 할까요? 24시간 뉴스만을 방송하는 뉴스 전문 채널(그래서 케이블 채널 24번)입니다. 전 세계 웬만한 호텔 가면 다 볼 수 있습니다. 짚고 넘어갈 것 하나, 시청자분들이

YTN 하면 'Your True Network'를 생각하시는데 이것은 회사의 모토라고 할 수 있고, YTN은 Yonhap Television News의 약자로 알고 있습니다. 1993년 9월 14일 설립됐고, 1995년 3월 1일 첫 전파를 타면서 2010년 올해 15살이 됐네요. 현재는 서울역 앞에 본사가 자리 잡고 있고, YTN DMB와 사이언스 TV, FM 라디오 등 동생들을 거느리고 있습니다.

Q2 세상에 직업이 참 많습니다. 어떻게 기자가 되셨나요?

기자가 돼야겠다고 마음먹은 시기는 군대를 제대할 무렵이었습니다. 아마 2003년 말쯤이죠. 1학년 마치고 제1전공으로 행정학을 택한 뒤 입대했지만, 틀에 박힌 행정 부처 생활이 적성에 맞지 않을 것 같아 일찌감치 공무원 시험 준비는 생각을 하지 않았습니다.
그렇다면 '내 적성에 맞는 직업은 무엇일까' 생각하다가 …… 틀에 얽매이지 않으면서 변화하는 세상과 함께 호흡하고, 긴장감을 느끼며 늘 발전할 수 있는 직업, 나아가 그 긴장감이 사회에 도움이 될 수 있다면 좋겠다 싶어 고민 끝에 기자를 업으로 택했던 것 같습니다. 졸업 후 9개월 준비하다 낙방하고, 잠시 샐러리맨으로 피신해 있다가 재도전해서 2008년 2월 꿈을 이뤘죠. 지금은 '기자'라는 직업, 처음 꿈꿨던 그때 시절을 되돌아보며 '과연 그때 그 방향대로 맞게 가고 있는 걸까' 되묻고 검증하며 하루하루 살고 있습니다.

Q3 저는 젊었을 때 남에게 지기 싫어하고 불의도 참지 못하고 …… 요즘 말로 '한 성격' 했습니다. 홍석근 기자도 그런 면이 있는 것 같은데, 본인은 어떤 성격이고, 그 성격이 기자라는 직업과 잘 어울린다고 생각하세요?

글쎄요, 좋게 말해 '추진력', 나쁘게 말하면 '고집', '아집'이 될 텐데 ……

분명 저를 지탱하는 신념과 고집이 있습니다. 남들이 볼 때 세상을 좋게 좋게 돌아가려 하지 않고 정면으로 부딪치려 한다며 답답하다고 하는 그런 부분 말이죠. 하지만 그런 고집이 없다면 과연 이 험한 세상을 줏대 있게 살아갈 수 있을까요? 그래서 저는 그러한 고집이 인생을 살아가는 데 각자가 가져야 할 '필수 조건'이라 생각합니다.

'홍 기자'로서 살아갈 때 역시 고집은 적용됩니다. 논리에 맞는 기사를 쓰기 위해 필요하다고 생각되는 자료와 팩트 수집을 위해 집요하게 물고 늘어지고, 목소리 큰 사람보다 찬반 논리를 분명히 가지고 주장한다면 누가 강요하든 공평하게 들어보려 하는 노력이 제 고집에서 기인한다고 할까요. 일단은 기자를 하는 데 큰 도움이 되고 있습니다. 하지만, 양날의 칼을 가지고 있죠. 의욕이 지나치다 보면 고집을 부려 한 일들, 선의를 갖고 한 일에 대해 쓴소리만 듣는 경우가 있고. 또 상대방과 언성을 높이면서 싸우기도 하죠(사내에서 '싸움꾼'으로 유명합니다). 고집을 꺾으려는 내·외부 사람을 만나기도 하고요. 하지만, 그럼에도 저는 제 고집을 믿습니다. 고집이 있기에 제 나름의 정체성을 갖고 살아가니까요.

Q4 저는 공무원이 세 번째 직업입니다. 혹시 기자 생활을 그만두면 어떤 일을 하고 싶으세요?

대학 시절 어느 교수님이 "21세기에는 평생직장이 없습니다. 자신이 가지고 있는 능력을 바탕으로 그때그때 시대가 요구하는 직업을 찾아가는 겁니다. 그래서 젊었을 때 옮겨 다니기 위한 준비를 미리미리 해둬야 합니다"라고 말씀하셨습니다. 맞는 말씀이라 생각해서 지금껏 기억하고 있습니다. 드러내놓고 준비할 수는 없지만 제 자신의 행복과 미래, 저와 함께 가정을 꾸리게 될 배우자와 아이들의 행복을 위해, 꼭 해보고 싶은 일들이 있지요. 그것은 지금 말씀드리기 어렵고 일단 남겨두도록 하겠습니다.

Q5 취재를 위해 공무원들을 만나고 전화 통화도 하는데, 서울시 공무원들에게 언론홍보에 도움이 될 만한 얘기를 해주신다면?

행정학을 전공했기에 '공무원'이란 직업의 속성을 조금 안다고 해도 될까요? civil servant - 직역하자면 '시민의 하인'이란 뜻이죠. 시민을 위해 봉사하고 그것을 업으로 삼고 살아가는 분들이라고 생각합니다. 그 때문에 '기자'보다는 '시민의 불편함과 고충'을 더 무서워해야 한다고 봅니다. 하지만 현실에서는 좀 다른 듯합니다. 시민의 불편에는 눈 하나 깜짝 안 하지만, 기자가 쓴 부정적 기사 한 줄에는 전전긍긍하는 그런 모습을 가끔 볼 수 있죠. 다시 말해 시민을 위한 봉사에 최선을 다했다면, 한 점 부끄럼이 없다면, 자신감을 갖고 기자에게 당당해지셨으면 합니다. 전화 응대할 때도 그렇고, 취재 현장에서 기자와 만날 때도 그렇고.
또 해당 기사에 문제가 있고 해명할 게 있다면 머뭇거리지 말고 당당하게 즉시 따져 묻고 정확한 기사를 써달라고 정정기사를 요청하셨으면 합니다. 그래야 기자들도 공무원을 믿고 취재하겠죠(단, 기자들의 기사 쓰는 방식이 잘못됐다며 훈계하신다면 사양합니다). 서울시 그리고 중앙 부처에 계신 공무원들이 사실 기자 이상의 실력과 능력을 갖고 계시는 '인재'라고 생각합니다. 저 또한 국민이며 시민이기에 도움에 항상 감사하고 늘 수고하신다는 생각을 갖고 있습니다.

Q6 아버님께서 최근에 경찰공무원으로 정년퇴직을 하셨지요? 경찰로서 왕성히 일하실 때 지켜본 아버지와 이제 퇴직을 하신 아버지에 대해 자식으로서 어떤 생각이

드시는지?

무더운 여름 커다란 나무 그늘처럼 늘 제 머리 맡에 넓은 어깨를 드리워 주실 것만 같았던 아버지가 지난 6월 말 30년 경찰공무원 생활에서 물러나셨습니다. 고위직도 아니고 조그만 시골 파출소 소장을 지내셨는데요, 묵묵히 본인의 길을 걸어오셨고, 또 직업에 대한 소명의식이 많이 퇴색된 요즘 찾아보기 힘든 '정년퇴임'이라 존경스럽습니다.
사실 아버지께서 경찰로 근무하실 때 경찰서를 출입하는 사회부 기자로서 일해 다소 껄끄럽긴 했습니다. 경찰 비리 또는 비난 여론이 일 때 '경찰가족'으로서 해당 기사를 써야 할 때 난감했죠. 아버지는 일하시면서 YTN을 틀어놓고 항상 보셨고, 동료분들도 저를 알고 계셨으니 ……, 그래서 경찰 관련 부정적 여론이 일 때면 아버지께 먼저 전화를 걸어 이런 저런 이야기가 나오는데 아버지 생각은 어떠신지 여쭤보면서 나름 '충격완화' 요법을 쓰기도 했죠. 다행히 아버지는 아들의 직업을 이해해 주셨고, 자랑스럽다는 말씀 많이 해주셔서 기죽지 않고 일할 수 있었습니다.

07 SBS _박현석 기자 2010년 11월 23일 인터뷰

1979년생

연세대학교 영어영문학과 졸업

2006년 SBS 입사

2009년 1월~2011년 1월 서울시 출입기자

이메일: zest@sbs.co.kr

서울시청 내 스튜디오에서 저녁뉴스 제작을 위해 사전녹화 중인 박현석 기자(사진: SBS 태양식 카메라영상기자)

박현석 기자는 방송기자 중에서 서울시에 가장 오래 출입을 해, 서울시에 대해 속속들이 알고 있습니다. 인터뷰 마지막 질문으로 언론홍보에 대한 조언을 해달라고 했더니, 서울시에 대한 쓴소리를 거침없이 쏟아냈습니다.

Q1 인터뷰를 하시다가 이렇게 인터뷰를 당하시니까 기분이 어떻습니까?

인터뷰를 '당한다'는 것은 좀 그렇고, 응하는 입장인데 ……, 취재원이 인터뷰를 할 때 미리 준비하고 문장을 만들면 말이 엉키고 부자연스러워요. 신문은 인터뷰 내용을 듣고 그걸 정제해서 글로 옮기지만, 방송은 날것 그대로 나가기 때문에 자연스러운 게 중요하거든요. 대본대로 하면 굉장히 부자연스러워요. 인터뷰는 처음이 중요하므로 (오늘) 첫 질문을 받으면서 잘 풀어나가야겠다 그렇게 생각을 해요. 인터뷰를 하기로 했으면 되도록 이면 최선을 다해주는 것이 기자 입장에서 고맙죠. 야마로 돌아가서 기분을 물어보셨으니깐, 오늘 인터뷰는 그런 건 아니고 풍부하게 대답을 하는 게 주임님 입장에서 도움이 될 거라고 생각하기 때문에 기분은 좋아요.

Q2 기자 생활 5년 차로 알고 있습니다. 그동안 수많은 사람들을 만났는데, 그중에 특별히 기억하는 사람이 있나요? 이유는?

글쎄요. 틀림없이 많은 사람을 만났는데, 기억에 남는 사람은 물론 있지요. 사람이 좋아지는 경우는 있는데, 오래 자주 만나지 않으면서 한 번 인터뷰했다는 이유만으로 기억에 남는 사람은 없어요. 방송기자가 아이템 슈팅에 들어가면 굉장히 짧은 시간 안에 뉴스를 제작해야 하거든요, 그림도 많이 찍어야 하고. 그래서 사전에 인터뷰 대상자(interviewee)와 사전에 전화로 교감을 많이 해야 하고, 실제로 현장에서는 길어야 20분 정도밖에 못 만나기 때문에 별로 기회가 없어요.
작년 10월 정도로 기억하는데 우연찮게 한강공원의 나들목 리모델링 공사 관련 뉴스를 만들었어요. 그때 내용이 뭐였느냐 하면, 신진 건축가, 설계하시는 분들이 한강으로 가는 어두컴컴한 토끼굴을 작품 수준으로 탈바꿈시켰다는 그런 사업이었어요. 그때 리모델링한 건축가와 하루 종일 동행취재를 했는데 풍부한 시간이 주어지니까 많은 대화를 나눌 수 있었어요. 그분에게 '배울 게 많구나' 생각했어요. 대학교 선배였는데 선배라고 해서 바로 저를 하대한다는 느낌도 없었고 겸손한 분이었어요. 그러면서도 자기 작품을 얘기할 때는 자부심도 느껴지고, 제가 모르는 부분에 대해 눈을 뜰 수 있게 해줬어요. 인생 조언까지 해주셨는데, 개인적으로 호감을 가졌어요.

Q3 어렵게 공부해서 기자가 되신 분도 있고, 운이 좋아 기자 시험 한두 번 만에 기

자가 됐다는 분도 있습니다. SBS 기자가 된 과정을 말씀해 주신다면?

저는 기자 되는 게 쉽지 않았어요. 군대 상병 시절이던 2001~2002년에 여러 가지 고민을 하다가 기자가 되기로 마음먹었어요. 전역 후 2학년으로 복학했고, 3학년 때 D 신문 인턴기자를 했어요. 4학년이 돼서 웬만한 언론사 시험을 다 치렀는데 필기시험에서만 6번 떨어졌어요. 그러다가 졸업을 하고 D 신문 시험에 합격을 해서 최종 면접까지 갔어요. 그런데 떨어졌어요. 인턴을 했기 때문에 아는 분에게 "제가 왜 떨어졌는지" 물어봤더니, 기사를 못 썼대요. 쓰라린 경험을 하고 28살에 백수가 됐어요. 그 다음 C 신문 필기시험에 붙었어요. 최종 면접까지 갔는데 또 떨어졌어요. 나중에 들은 얘기로는 C 신문이 저를 순하게 본 것 같아요. 그 당시 C 신문은 독종(?) 기자를 원했을 것이라고 하더군요. 계속 공부는 했지만 회의를 느끼며 2~3달간 술만 먹었어요.

그다음에 SBS 기자 시험을 봤어요. SBS는 가장 먼저 인재를 데리고 가겠다고 언론사 중에서 매년 처음으로 기자를 뽑았어요. 저는 신문기자가 진정한 기자라고 생각해서 방송기자 시험은 준비를 안 했어요. 처음으로 카메라 테스트를 받는데 잘 모르겠더라고요. 순간적으로 '이대로 하다간 떨어지겠다'는 느낌이 들었어요. 백수 생활을 1년 했으니 전 절박했죠. 테스트 마지막 4~5분은 정말 후회 없이 할 말을 다했어요. 그렇게 해서 SBS기자가 됐어요.

Q4 최근 한국언론진흥재단에서 발표한 자료를 보면 SBS가 국내 언론사 중 가장 신뢰받고 영향력 있는 매체 중 하나라고 합니다. SBS 자랑 좀 부탁드릴까요? 보수도 꽤 괜찮을 것 같은데 …….

음, 자랑이라고 하면 낯부끄러운 건데요. 그런 건 있는 것 같아요, 우리들끼리 자위하는 것일 수 있지만, 우리는 인원이 좀 적어요. KBS의 절반? MBC보다도 적고 ……, 그러다 보니깐 물량 공세는 안 돼요. 그런데 질적으로 밀리느냐, 그건 아니라고 보거든요. 적은 인력으로 질 좋은 뉴스를 만들기 위해 더 고민하고 더 노력해요. 그만큼 고생하는 거죠, 질적으로 안 밀리기 위해. 항상 준비돼 있습니다. 언제든지 총을 맞거나 제작을 하라고 하면 순발력 있게 대응하는 능력이 있다고 봐요. 보수는 타 방송사와 큰 차이가 없어요.

Q5 이 자료에 따르면 언론매체로서의 영향력이나 신뢰도가 신문보다는 방송이 높게 나타났습니다. 어떻게 하면 방송 뉴스 아이템이 될 수 있나요?

아이템은 기본적으로 편집회의에서 결정이 되는데, 요구하는 것은 두 가지 정도인 것 같아요. 하나는 사회적인 이슈가 되거나 변화, 국방, 또는 민생 현안같이 중요한 것, 그러니까 뉴스 가치(value)를 따지는 것 같아요. 다른 하나는 뉴스 가치는 떨어질 수 있겠지만, 충분히 시청자들의 시선을 끌고, 뉴스를 보며 잠시 쉬어가는, 그러면서도 어느 정보가 전달되는 것이에요. 그 대표적인 게 서울동물원 아이템이에요, 〈동물의 세계〉가 최장수 프로그램이듯이. 동물이 놀고 있는 모습을 보면 참 좋잖아요! 많은 사람들에게 영향을 못 미칠 바에야 기본적으로 그림이 돼야 한다는 거예요. 뉴스를 보는 사람이 '우와~ 우와~' 이런 반응을 나타낼 수 있는, 또는 '저런 것도 있네!' 이렇게 느끼는 아이템이어야 해요.

그리고 방송 뉴스에서 집중하는 것은 시민들에게 기본적으로 알려줘야 하는 거예요. 천재지변이 있었다거나, 큰불이 났다거나, 폭설이 내렸다, 안개가 껴서 비행기가 결항되었다. …… 하다못해 명절 때 교통 상황, 이런 것들을 빠지지 않고 전달해야 되는 것이죠. 교통정책과 관련해서도 연말같이 항상 차가 막히는 시즌이 있다는 거예요. 술 먹고 택시 잡기 힘들다, 택시가 횡포를 부린다, 그런 것을 근절할 수 있는 시스템이 나오면 앵커멘트에 나오겠죠. "해마다 이맘때쯤이면 택시 잡기가 힘들어서 30분씩 발 동동 구르며 추위에 떨었는데, 앞으로는 그런 일이 없을 거라고 합니다." 기사로 앵커멘트가 뽑혀야 메인 뉴스감이 돼요.

Q6 서울시 출입한 지 2년 가까이 됐습니다. 기자로서 보기에 서울시가 잘하고 있는 것, 또 못하고 있는 것은 뭐가 있을까요?

음, 서울이 살기 좋은 곳이 돼가고 있다고 생각을 해요. 오세훈 시장님께서 침이 마르고 닳도록 말씀하시는 공기 질, 많이 좋아졌죠. 요즘 시커먼 매연 내뿜는 시내버스 거의 없잖아요. 지하철도 많이 뚫렸고, 대중교통 체계도 잘되어 있는 것 같아요. 사실 뉴스 아이템은 잘 안 되지만, 노인요양센터나 서울형 어린이집, 예전 같으면 신경을 안 썼던 부분들이 행정에 의해 좋아지고 있는 모습이 보여요. 이야기하자면 굉장히 많죠. 저는 아직도 (서울시) 보도자료를 보면 처음 들어보는 사업들이 많아요. 얼마 전 취재 때문에 한강에 갔는데 콘크리트 호안을 자연형으로 바꾼 게 인상적이었어요. 우리나라가, 서울이, '이젠 한 단계 뛰어넘는구나' 하는 현장이 바로 거기라고 생각했어요. 곳곳에 생기는 공원들도 그렇고, 뭐 선진국 도시들을 벤치마킹하는 부분도 있지만, 공원 속에 가면 청량감을 느낄 수 있잖아요! 캠핑장도 있고, 좋아지고 있다는 느낌은 확실히 있어요.
단점이라고 하면 그런 단계에까지 올라왔다고 생각했는데, 어느 순간에 보면 행정은 여전히 아마추어라는 느낌이 들 때가 있어요. '노땅들이 주먹구구식으로 하려고 하는구나', 그런 생각이 들 때가 종종 있어요. 보도자료를 받아보고 내용에 대해 잘 모르는 기자가 충분히 들 수 있는 궁금증을 담당하시는 분에게 물어보면 답변을 못해요. '왜 이런 부분은 이렇게 할 생각을 못했습니까?'라고 물어보면 알지를 못해요. 수준이 높아졌는데 한 단계 더 나아가려는 노력은 부족한 것이 아닌가, 그런 부분이 심각할 때는 아마추어로 보이는 거죠. 또 가끔 보면 서울시정과 구정이 따로 놀 때가 있어요, 엇박자죠. 정치적으로 그런 부분이 없지 않아 있겠지만, 행정적인 측면으로 볼 때는 그러면 안 되지요.

Q7 끝으로 저같이 언론홍보를 위해 일하는 분들께 요령이라고 할까요, 조언을 해 주신다면?

비판기사 있잖아요? 당연히 제가 그 입장이라도 피하고 싶고 변명하고 싶죠. '우리 측은 이런저런 입장이었기 때문에 그럴 수밖에 없었다', 이런 해명을 들으면 기자가 이해를 해요, 기자도 사람이니까. 납득이 가도록 해명을 해야 하는데, 말도 안 되는 변명, 눈에 보이는 거짓말을 늘어놓는 경우가 있어요. 그렇게 되면 기자를 열받게도 하지만, 그 자체가 좋은 뉴스거리가 돼요. 누가 보기에도 거짓말인데. 사실이 이건데 발뺌을 해요. 요즘 덮는다고 다 해결되는 그런 사회가 아니잖아요? 언젠가 누군가에 의해 밝혀져요. 그럴 바에는 차라리 최소한 기자가 이해할 수 있는, 납득할 수 있는 해명을 해야죠. 그리고 제일 답답한 게, 아니 공무원들은 일 터지면 무슨 회의를 하루 종일 해요? "회의 들어갔습니다, 회의 들어갔습니다" 계속 회의 중이라는 거예요. 회의를 하더라도 한 사람쯤 언론 창구는 남겨둬야 하지요, 책임을 질 수 있는 공무원을. 이렇게 통화가 안 되면 기자들은 처들어가요.

홍보기사는 뭔가를 홍보해야겠다고 마음을 먹으면 굉장히 성의가 필요해요. 단속이나 사람들이 관심을 갖는 먹을거리, 이런 아이템은 현장, 동영상이 되게 중요해요, '내가 이런 일을 하고 있다'는 것을 홍보하고 싶으면 현장에서부터 그걸 감안하고 일을 하시면 좋아요. 하고 싶은 사람 입장에서 그렇게 나와주면 기자 입장에서는 (뉴스)거리가 있는 거죠. 성의라는 게 별다른 것이 아니라, 섭외도 있어요. 사실 동영상이 없어도 현장 섭외만 잘해주면 돼요. 그런데 그런 보도자료를 서울시에서 내놓고 섭외를 못 해주겠다고 하는 경우가 가끔 있어요. 어이없는 거죠. '방송은 필요 없고, 신문만 써'라는 얘기죠. 홍보를 하겠다고 하면 최소한 현장을 어느 정도 감안하고 자료도 내고, 준비도 하면 좋겠어요. 기자설명회 때 쓰는 파워포인트(PPT) 자료, 그거 백날 예쁘게 만들어봤자 아무 소용없어요. 기자들이 'PPT 자료를 잘 만들었네!' 이렇게 생각할 것 같죠? 방송에 몇 초 나가지도 않아요.

(서울시) 보도자료 얘기를 좀 하면, 요즘 많이 좋아졌어요. 예전에는 보면 결재 문서인지, 보고서인지 분간을 못했어요. 그런 경우가 많았어요. 기자가 하루에 받아보는 보도자료가 최소한 20개는 돼요. 저만 해도 출입하는 서울시, 행정안전부, 소방방재청, 자치구의 보도자료를 다 보려고 치면 거의 30~40개 돼요. 제가 그걸 다 일일이 보겠어요? 절대 안 봐요. 신문 읽을 때랑 똑같아요. 제목부터 보고, 앞에 한 페이지 읽어요. 서울시에서도 그걸 알면, 중요한 내용, 홍보하고 싶은 내용을 앞으로 딱 뽑아서 내야 돼요, 신문기사 쓰듯이.

또 (보도자료를) 논리정연하게 써야 해요. 논리가 되게 중요하거든요. 신문이면 짧은 기사 안에, 방송이면 1분 30초나 2분 안에 사람들에게 내용을 보여주려면 논리구조가 굉장히 짜임새 있고 탄탄해야 되거든요. 그러려면 처음 단계에서 받아보는 기자들도 정리돼 있는 걸 받았을 때 훨씬 핵심을 빨리 파악하고, 판단을 쉽게 할 수 있다는 거죠. 나머지 부분은 기자가 취재하면 돼요. 불필요한 부분까지 보도자료에 줄줄줄 써가지고 ……, 그럴 필요 없다 그거죠. 또 똑같은 보도자료, 입안 단계에서 하나 내고, 착공 단계에서 하나 내고, 준공 단계에서 하나 내고, 방문객 1000명 때 한 번 내고, 만 명 때 한 번 내고, 10만 명 때 내고 그러는데(웃음), 너무 우려먹지 말았으면 좋겠어요. 물론 달력 아이템이라고 해서 때 되면 하는 아이템이 있는데, 그것도 어느 정도 것이지요.

그리고 인터뷰를 할 때 그냥 순수하고 공손하게 질문을 하는데, 약간 날카롭게 반응하는 취재원들이 꽤 있어요, 특히 공무원들 중에서. 그리고 기자를 좀 무시하는 태도도 있어요, '네가 뭘 안다고.' 사실 제가 모르거든요, 모르니까 물어보는 건데, 그것도 모르면서 어떻게 물어보냐고 얘기할 때가 있어요. 근데 그게 기자를 날카롭게 만들 수 있어요. 기자들이 기본적인 이해력을 가지고 있다고 보고 좀 더 빨리 이해를 시켜서 팩트가 잘못 나가는 게 없게 만들어야지, 그 사람을 무시하는 듯한 투로 나가면 오히려 감정적으로 변할 수가 있죠, 서로. 좋을 게 하나도 없어요. 기자는 공공의 적이 아니에요. 뭐랄까, 좋게 얘기하면 영양분이 되는 양질의 비판을 가하는 사람? 듣기 싫겠지만 분명히 적은 아닙니다(웃음).

08 한겨레신문 _송채경화 기자 2011년 4월 6일 인터뷰

1980년생

충남대학교 국어국문학과 졸업

2008년 한겨레신문 입사

2009년 5월~2010년 4월 서울시 출입기자

이메일: khsong@hani.co.kr

2008년, 터키 여행 중 괴레메 수도원을 찾은 송채경화 기자(사진: 송채경화)

송채경화 기자는 사람들을 만나면 이름에 대해 가장 많은 질문을 받는다고 합니다. 원래 이름은 '송경화'입니다. 그런데 입사하고 보니 똑같은 이름의 선배 기자가 있었답니다. 어느 송경화 기자가 쓴 기사인지 헷갈리겠죠? 그래서 후배 기자가 이름을 어쩔 수 없이 바꾸었다고 합니다.

Q1 다른 언론사와 비교해서 한겨레신문의 자랑 좀 해주세요.

한겨레는 다른 언론사와 탄생 배경부터 다릅니다. 1970~1980년대 권언유착의 풍토 속에서 국민들이 직접 투자해 만든 세계 최초의 '국민주 신문'이죠. 1988년 창간 당시 창간 주주 2만 7000여 명이 기금 50억 원을 모아 설립했습니다. "정권의 눈치를 보지 말고, 오로지 국민들의 편에서 사실을 전달해 달라"는 것이 주주들의 요구였습니다. 이 역사만 떠올리면 '한겨레신문사의 기자'로서 가슴이 뭉클해집니다. 다른 어떤 언론사가 그

간의 역사에 대해 이토록 떳떳할 수 있을까요? 한편으로는 그동안 국민들에게 내놓기 부끄러운 기사를 쓰지는 않았는지 반성하게 되기도 합니다. '정권의 눈치를 보지 않는 언론'에 대한 열망이 한겨레를 만들었기 때문에 한겨레는 20년 동안 누구의 눈치도 보지 않고 사실을 보도해 올 수 있었습니다. 3년 차 현장 기자로서 다른 권력에 의해 제 기사가 왜곡되는 경험을 해본 적이 없습니다. 정치·자본 권력이 막강한 힘을 휘두르고 있는 지금의 시대에서는 흔치 않은 일이라고 생각합니다.

한겨레 사내 분위기도 매우 좋습니다. 직책이 높은 선배들도 권위적인 모습을 보이지 않습니다. 10~20년 차 이상의 선배들이 후배에게 담뱃불을 붙여주거나, 회식 자리에서 후배들을 위해 '최신곡'을 불러주는 것이 일상적인 모습이죠. 그렇기 때문에 후배인 현장 기자들이 선배인 데스크들의 눈치를 보지 않게 되고 자연스럽게 '위에서 만들어진 기사'보다는 '아래에서 만들어진 기사'가 중심이 됩니다. 연차가 비슷한 선후배들끼리도 자주 어울리면서 끈끈한 동료애를 만들어갑니다. 다른 언론사와 비교해 더 적은 월급을 받으면서도 이직률이 낮은 것은 바로 이런 이유 때문이 아닐까요?

Q2 기삿거리는 어떻게 찾으시나요? 한겨레신문 같으면 독자들이 제보를 많이 할 것 같은데…….

부서마다 다르긴 하겠지만 제가 속한 경찰팀의 경우 하루에도 수십 개의 제보가 들어옵니다. 수많은 사람들이 노동착취, 학교폭력, 인권침해, 회사 비리 등 저마다의 사연을 전화로, 이메일로, 우편으로 쏟아내죠. 시어머니의 구박, 바람난 남편 등 개인적인 이야기를 풀어내는 이들도 많습니다. 이 가운데 사회적으로 의미가 있을 법한 사건을 추려 취재를 시작합니다. 물론 모든 취재가 다 기사로 이어지는 것은 아닙니다. 몇 날 며칠 취재했다가 명확한 근거가 나오지 않아 허탕을 치는 경우도 많습니다. 그런 경우엔 허탈감이 온 마음을 휩쓸고 지나가죠. 그러나 시간이 지나다 보면 묵혀두었던 사건이 다른 계기를 만나 빛을 발하게 되는 경험도 하게 됩니다. 제보 말고도 여기저기 돌아다니면서 사람들을 만나 얘기를 듣고 그 안에서 기삿거리를 찾아내기도 합니다. 일반인들은 아무렇지 않게 던지는 한마디도 기자가 들었을 때는 '이게 기사다'라는 생각이 들 때가 있지요. 그러니 취재원들이나 지인들이 하는 얘기를 언제나 안테나를 세우고 집중하게 됩니다. 경험이 많은 기자일수록 이런 능력이 뛰어나 술을 마시다가도 기삿거리를 찾아냅니다. 저 같은 3년 차 기자로서는 부러운 능력이죠. 또 주요 취재원들을 만나면서 기삿거리를 제공받기도 하고, 인터넷을 돌면서 화젯거리를 찾기도 합니다. 다른 언론사의 기사를 보면서 그 언론사와는 다른 초점으로 더 깊이 있는 분석이 들어 있는 기사를 내놓는 경우도 있습니다. 기삿거리를 찾는 방법은 많고 많지만, 어쩐 일인지 기자들은 언제나 아이템 압박에 시달립니다. 제보 좀 많이 해주세요.

Q3 수습기자 때 경찰 출입을 했는데, 지금 다시 경찰을 출입하고 계십니다. 경찰 출입기자의 하루를 소개해 주신다면?

경찰서 출입기자는 각자가 맡고 있는 경찰서나 관내 취재처로 출근을 합니다. 회사에 보고를 올리는 시간보다 1시간~1시간 30분 정도 일찍 출근해 조간과 간밤에 일어난 사건, 그날 예정된 관내 집회 일정 등을 체크합니다. 새로운 사건, 그날 기사 쓸 내용 등을 회사에 보고한 뒤 취재를 시작합니다.

기자들 가운데서도 가장 자유로운 게 바로 '경찰서 출입기자'입니다. 워낙 취재 현장이 다양해서 기사만 만들어낸다면 어디를 가서 무슨 취재를 하든 자유입니다. 그 때문에 기자실로 출근을 하지 않고 각자의 현장으로 가는 기자들도 많습니다. 단독 사건을 취재할 때도 다른 언론사 기자들이 많은 기자실은 피하게 되죠. 오전 취재를 마치고 점심은 주로 동료 기자들이나 친한 취재원들과 먹습니다. 기자들에겐 식사도 취재이니 될 수 있으면 취재원들과 식사 약속을 많이 잡으려고 하는 편입니다. 오후에는 취재를 계속하거나 기사를 작성합니다. 조간신문의 경우 기사 마감시간이 대략 4시 정도입니다. 신문기자들에게 전화를 해야 한다면 이 시간은 피하는 것이 좋습니다. 가장 신경이 예민해져 있을 시간이니까요. 현장 기자가 마감을 하면 회사에 있는 데스크들이 데스킹을 시작합니다. 기사의 의문점, 보충할 점 등을 다시 체크하고 기사에 포함되는 그래픽, 표, 사진 등을 챙깁니다. 데스킹이 모두 끝나고 기사가 출고되면 다음 기사를 준비합니다.

저녁에도 역시 취재원과 저녁을 먹는 경우가 많습니다. 저녁 식사는 보통 술자리로 이어집니다. '특종'은 이렇게 친해진 고급 취재원으로부터 나오는 경우가 많아서 취재원 관리가 아주 중요합니다. 상황이 이렇다 보니 기자들의 퇴근 시간은 밤 12시가 훌쩍 넘을 때가 많습니다. 최근 직업별 평균 수명이 발표됐는데 언론인이 거의 꼴찌더군요. 이유를 알 만하신가요?

Q4 저처럼 기자들을 상대하며 언론홍보 하는 사람들이 꼭 갖추어야 할 자세라 할까요, …… 어떤 게 필요하다고 보세요?

어떤 홍보인이든 자기가 속한 기관의 좋은 모습을 보여주고 싶어 합니다. 그러나 어느 기관이든 혹은 기업이든 좋은 모습만 있을 수는 없습니다. 해당 기관에 대한 비판적인 취재가 진행될 때, 혹은 이미 비판적인 보도가 나왔을 때 홍보인들이 하는 행동을 보면 그 사람의 '내공'이 보입니다.

홍보성 기사를 위한 취재를 위해서는 온갖 친절을 베푸는 등 적극성을 보이다가 비판적인 내용의 취재가 시작되면 '모른다'로 일관하는 홍보인들이 있습니다. 아예 전화를 받지 않는 경우도 있습니다. 그러나 진실 된 '해명'이 있어야 왜곡된 기사가 나가지 않게 됩니다. '무대응'은 때론 취재 내용에 대해 '사실로 인정한다'는 의미로 받아들여지기도 하기에 홍보인으로서는 최대한 적극적인 해명이 필요합니다.

09 SBS _한세현 기자 2012년 7월 11일 인터뷰

1981년생

경북대학교 수의학과 졸업

경북대학교 수의학 석 · 박사

경북대학교 수의과대학 겸임교수

한양대학교 미디어커뮤니케이션학 박사 수료

2010년 SBS 입사

2011년 4월~2012년 12월 서울시 출입기자

이메일: vetman@sbs.co.kr

방송기자연합회의 저널리즘 아카데미에서 특강하는 한세현 기자

인터뷰 중 두 가지 답변이 인상적이었습니다. 첫째, 취재하면서 만난 가장 높은 사람은 고위 정치인이나 저명인사라 아니라 평범한 시민이다. 둘째, 인생의 멘토는 몇 년 전에 돌아가신 아버지이신데 "남자의 부끄러움이 무엇이어야 하는지" 가르쳐주셨다.

Q1 기자로서 취재원을 인터뷰하다가 인터뷰에 본인이 응하고 있습니다. 어떤 느낌이세요?

어색해요. 어색하다는 말이 잘 맞는 것 같아요. 늘 질문을 하는 사람이었는데, '어, 왜 나한테 묻지? 내가 뭘 대답을 해야 하지? 기자한테 사견이라는 것이 있을 수 있는가?' 이런 생각이 들어요. 또, 미처 평소 인터뷰이(interviewee)들에 대해 생각하지 못했던 부분들, '(인터뷰를 하면) 이런 두려움이나 조심스러움이 있겠구나', 인터뷰이에 대해 한번 생각해 보는 계기가 되는 것 같아요.

Q2 특이하게 수의사 출신 기자입니다. 왜 기자가 되었는지 말씀해 주세요.

수천 번쯤 들었던 질문인데요, 결론부터 얘기하자면 한마디로 '가슴 뛰는 삶을 살고 싶었다' 이렇게 얘기드릴 수 있을 것 같아요. 지난 주말에 동물병원을 하는 (수의사) 친구를 잠깐 만났는데요, 한 달에 5300만 원을 번다고 하더라고요. 저도 돈을 벌고 싶다는 생각했다면 (임상 수의사가 돼서) 병원을 열었을 거 같아요. 아니면 (수의직) 공무원이나 기초의학자가 돼 수의사로서 갈 수 있는 (정해진) 길을 가면 좀 더 편했을 거 같아요.

하지만 기자는 전날 특종을 하더라도, 다음 날 다시 출발선에 서야 되거든요. 낙종하면 그냥 끝인 거죠. (힘들지만) 그런 가슴 뛰는, 드라마틱한 삶을 살고 싶었어요. 그리고 (기자가 되면) 다양한 경험할 수 있고, 다양한 사람을 만날 수 있다는 것도 장점이라고 생각했어요. 다양한 사람을 만나고, 가슴 뛰는 삶을 살고, 조금 더 창조적인 일을 할 수 있겠다는 생각에서 기자를 희망했어요. (수의학을 전공했지만) 무엇을 배웠냐가 중요한 게 아니라 어떻게 배워왔냐가 중요하다고 생각했기 때문에, 제가 박사과정까지 공부해 오던 과정을 생각해 보며 이렇게 (열심히) 하면 기자도 잘할 수 있지 않을까 그런 생각도 컸어요. 그리고 사족을 붙이자면 집안에 언론인들이 좀 계셨어요. 그러다 보니까 자연스럽게 이런 걸 접할 수 있었다고 해야 할까요, 기자로 산다는 게 어떤 건지, 언론인의 삶이 어떤 건지 ……, 그런 생각하다 보니 (자연스레) 기자가 된 것 같아요.

Q3 그동안 많은 뉴스를 만들었는데 가장 기억에 남는 뉴스는 무엇인가요?

지난해 말에 했던 건데, 서울시 산하에 ○○○○진흥원이라고 있어요. 서울시의 사업을 맡아서 대행하는 기관인데요, 거기서 법인카드를 함부로 잘못 쓴다든지, 하청업자로부터 대접을 받는다든지 그런 비리가 많았었거든요. 그것을 단독보도 했고, 서울시 감사 결과 그게 사실로 드러났어요. 결국, 그중에 큰 부서가 통째로 폐쇄가 됐어요. 그래서 거의 100명 가까운 사람들이 속된 말로, 잘리게 됐어요. 뉴스의 영향력도 무시할 순 없지만, 그 기사를 취재하면서 내 보도에 따라 엄청 많은 사람들이 영향을 받는다는 사실을 깨달았어요. 당장 한 가정의 가장이 해고되고, 한 조직 자체가 없어지고, 그런 상황들을 고민해 보면 내가 한 리포트가 얼마나 큰 영향력을 가져오는지 다시 생각하게 돼요. 그러기에 더 꼼꼼하고 구체적이고, 치열하게 취재를 해야 한다는 생각을 많이 하게 됐어요.

어느 선배(기자)가 그러시더라고요. 좀 거친 얘기입니다만, "남의 밥통에 손대려면, 네 목숨부터 걸어야 된다. 만약에 오보라고 나오면 어떻게 할 거냐?" 그러면서 기자로서 취재 과정, 뉴스 보도를 두고 (회사) 안에서 내부적으로 싸워야 하는 과정, 리포트의 영향력에 대해 많이 생각해 볼 수 있었어요. 또, 취재윤리, 어떻게 취재를 해야 하는지 그런 것들을 많이 고민해 볼 수 있어서 가장 큰 기억으로 남는 거 같아요.

Q4 뉴스를 보면 거리 인터뷰 말고 특정 주제와 관련해서 어느 회사 사무실이나 아파트 가정집 등을 촬영하는데 그런 곳은 어떻게 섭외하나요?

저희가 흔히 하는 얘기인데, 방송기자에게 있어 섭외가 '절반'이라고 해요. 기사를 그림으로 만들어 내려면 사례를 구해야 하는데 그게 참 어렵습니다. 어렵다 보니까 주로 인맥을 많이 동원하죠. 지인이라든지, 친구라든지, 뭐 은사님이라든지, 아니면 선배 (기자) 집이라든지. 예를 들자면, 아기가 필요하다면 선배의 아기라든지, 사무실 같으면 아는 친구의 사무실이라든지, 혹은 거기에서 소개를 받는 경우도 있고요. 가끔씩은 전혀 모르는데 무작정 들어가서 상황 말씀드리고 해결하는데 "공적인 일이고 같이 고민해야 하니까 도와주세요" 하고 설명드리고, 그렇게 맨땅에 헤딩해서 구하는 경우도 제법 있고요. 그게 약 20% 정도 되는 것 같아요. 그것도 기자의 능력이에요. 어떻게 섭외를 하느냐, 얘기를 잘하든 진정성을 보이든 그때그때 조금씩 다른 것 같아요.

Q5 지금까지 취재하면서 황당 사건이나 재미있는 일 없었나요?

매 순간이 그랬던 거 같아요. 말벌 취재하다가 말벌에 쫓긴 적도 있고, 뭐 어떤 친구(기자)들은 멧돼지 찾으러 갔다가 멧돼지가 공격해서 도망간 적도 있고. 그리고 뭐 황당한 얘기는 아니지만, 제주 강정마을 취재를 갔는데 (주민들이) 취재 내용을 보시지는 않고 'SBS는 보수적일 거야' 이런 판단으로 세게 어필(항의)하신다든지 반대하신다든지 그런 경우가 좀 있었고요. 그 외는 아직 특별한 케이스는 없고 기자로서 겪는 소소한 그 정도만 있어요.

Q6 기자는 거지부터 대통령까지 다 만날 수 있다고 하는데요, 취재하면서 만난 가장 높은 사람은?

사회통념상 직급이랄까 그걸 생각하면 대통령이 제일 높죠. 이명박 대통령이 제일 높았는데, 그런데 더 높은 분은 역시 시민이죠. 왜냐면 그분들의 평가가 저에 대한 평가거든요. 제가 얼마 전에 돼지 장기이식 관련 기사를 쓰려다가 말았어요. 저는 그게 기삿거리가 안 된다고 생각을 했어요. 국민들이 굳이 알 필요 있는 뉴스인가 생각해 보니 아니더라고요. 저 스스로가 낙종을 선택한 것이죠. 그 기준이 무엇이었냐면 (보도)자료를 낸 곳이 아니라 시청자들이었죠. 내가 이 보도를 했을 때 시청자들이 어떻게 받아드릴 거냐가 가장 중요하거든요. 그분들의 평가가 결국 저에 대한 평가이고, 저의 기자로서의 능력을 결정하는 것이거든요. (회사의) 국장, 부장이 아니에요, 시청자들에요. 국민이 제일 높은 분이죠.

Q7 뉴스의 파급력이 커졌는데 뉴스의 신뢰도는 어떤가요?

개인적으로는 신뢰도가 매우 높은 편이라고 생각해요. 시스템에 있어서 (언론사의) 팩트 체킹(fact checking: 사실 확인)은 매우 꼼꼼하고, 논조는 시청자들 생각보다 자유로워요. 취재기자와 (회사)안에 있는 데스크, 혹은 데스크와 그 위에 있는 국장급 이상이 싸우는 경우도 제법 있어요. '차라리 낙종해서 당장은 불편해지더라도 뉴스 가치가 있는 기사를 보도해 신뢰를 쌓아가자' 이런 분위기가 보도국 안에 많이 있었어요. 속보성도 고려해야 하지만, 시청자들이 뉴스를 보면서 'SBS 뉴스가 맞아'라고 반응하고, 'MBC, KBS 등 많은 언론사들이 있지만 서로의 얘기가 엇갈렸을 때 SBS를 가장 신뢰할 수 있어' 이렇게 시청자의 신뢰를 만들어가자, 이게 우리 보도국의 생각이거든요. 이런 현상이 예전에도 높았겠지만 앞으로 더 많이 높아질 거다 이렇게 생각하고 있어요.

Q8 지금까지 살아오면서 인생의 멘토가 있다면 말씀해 주세요.

음, 제가 잘 얘길 하진 않는데 돌아가신 아버지에요. 군의관 1년 차인 2007년도에 돌아가셨거든요. 최전방에서 훈련 뛰다가 마지막 임종은 지켰습니다. 임종은 지켰는데 많은 얘기를 나누지 못한 게 참 아쉬운데, 지난 시간을 돌아보면 그분께서 제게 남긴 한 단어는 '부끄럼'이더군요. 이 부끄럽다는 말을 남자가 쓰는 경우가 잦지 않거든요. 그런데 늘 부끄러워 하셨어요. "남편으로서, 아들로서, 아버지로서 내가 내 역할을 충실히 하고 있는지 늘 부끄럽다" 이런 말씀을 많이 하셨거든요. 이걸 살짝 비틀어 보면 속된 말로 '쪽팔린다'가 될 수도 있어요. 결국, 그 워딩(wording: 신중히 골라 쓴 자구)은 뭐냐, 내게 주어진 일을 얼마나 최선을 다하고 성찰하느냐에 달려 있다고 생각을 해요. 지난 시간을 돌아보지 않는다면 부끄럽다는 감정이 생기지 않거든요. 그런 점에선 아버진 늘 뒤돌아보고 자기의 삶을 반추하면서 살아오신 분인 것 같아요. 아버지가 저에게 남겨주신 부끄러움 ……, (나는) 언제까지 부끄러워야 하는가, 저도 그런 생각 많이 하거든요. 기자로서 부끄럽지 않게 살아야겠다. 아버지가 남겨주신 '부끄럽다'는 그 말씀이 인생의 가장 큰 모토고, 아버지가 멘토예요. 모든 남자가 다 그렇겠지만 아버지는 큰 산이잖아요? 아버지는 제가 부끄러움을 배운 큰 산이에요.

Q9 SBS 기자가 되기 위해 공부하고 있을 지망생들에게 조언을 하신다면?

예전에 다니엘 핑크(Daniel Pink)라는 세계적인 미래학자가 방한했을 때 이런 적이 있었어요. "젊은이들에게 한마디 해주세요" 하니까 "계획을 세우지 마라" 그랬어요. "20대의 짧은 지식과 경험으로 세운 계획이 그대로 될 리 절대 없다, 완벽한 쓰레기다, 대신에 도전하고 실패를 많이 해라. 의미 있는 실패를 통해서 가치 있는 일을 배워야 한다" 그런 얘기를 했거든요. 그런 뜻으로 보면 우선 내 틀에 가두지 말고 다양한 경험을 했으면 좋겠어요. 제가 수의사로서 기초의학을 공부한 사람으로서 기자가 돼서 보니까 하나도 도움이 안 되는 게 없더라고요. 그때 만났던 사람, 그때 했던 일, 그때 읽었던 책, 그때 익혔던 기술들이 다 도움이 돼요. 그래서 기본적으로 기자로서 가져야 할 소양, 지식 이런 거 ……, 언론 고시를 통과해야 하니까 그 공부를 소홀히 해서는 안 되지만, 그 밑바닥에는 다양한 경험이 필요하다. 그래서 많이 도전하고 많이 실패하고 그리고 또 많이 아팠으면 좋겠어요. 그러면서 배워가는 과정들이 많을 거라고 생각해요.

Q10 그러니까 '꼭 SBS만 고집하지 마라' 이런 말인가요?

조사를 해보니까 자기가 원하는 언론사를 들어간 기자들이 10명에 두세 명밖에 안 돼요. 현실적으로 그게 쉽지 않거든요. 저는 신문기자가 돼서 글을 쓰고 싶었던 사람이지 방송기자를 생각했던 건 아니었거든요. 그런데 중요한 건 어느 회사를 가건 어느 언론사를 가건 '여기를 가야겠다' 이거보다는 '여기는 나랑 아니다'는 것을 만드는 게 더 중요한 거 같아요. 이 언론사랑 나랑 논조가 다르다 그러니까 방송을 못한다. 혹은 방송보단 신문을 하겠다. 신문보단 방송을 하겠다, 뭐 그렇게 갈 수는 있지만 꼭 여기만 가야겠다, 그렇게 고집하는 거는 별로 좋은 방법이 아닌 것 같아요.

Q11 이제 3년 차 기자로서 앞으로 어떤 기자가 되고 싶으세요? 포부나 꿈이 있다면?

두 개인데요, 첫 번째는 시청자들이 신뢰할 수 있는 기자, '아 이 사람의 이야기는 신뢰할 수 있다, 이 사람의 워딩은 맞아. 그리고 설사 틀렸다 해도 그 과정에서 참 치열하게 취재를 했어' 이런 얘길 듣고 싶고요, 발바닥으로 취재하는 그래서 그 과정을 같이 고민하는 그런 기자가 개인적으로 되고 싶어요. 두 번째는 취재원들에게 신임을 얻을 수 있는 기자, 무슨 얘기냐 하면 '참 괜찮은 기자다' 그런 믿음을 주고 싶어요. 괜찮다는 것은 결국 기사의 퀄리티(quality)라고 생각을 해요. 저희 부장께서 참 좋은 말씀을 해주셨어요, "나는 내 후배가 출입처에서 단독기사 많이 쓰고, 특종 많이 하는 기자보다 취재원들이 신뢰하고 좋아하고 따르는 그런 기자가 됐으면 좋겠다. 내가 후배를 만났을 때 '그 후배 정말 좋은 기자입니다' 이런 얘기를 듣는 후배를 보고 싶다"고요. 왜냐하면 특종이라는 것은 거기서부터 나오는 것이거든요. 당장 저만 해도 제가 나름 단독기사, 특종이라 해서 상을 받았던 것도 따지고 보면 대부분이 저를 믿고 신뢰하고 '이 기자에게 제보를 하면 거침없이 사심 없이 비판을 해줄 수 있는 사람이다, 또 최선을 다해서 취재를 해줄 수 있는 사람이다'라는 신뢰를 가지고 있는 분들이 말씀을 해주신 거예요. 시청자들에게는 신뢰를 줄 수 있는 기사를 쓰고 있고, 취재원들에는 신임을 줄 수 있는 그런 기사를 쓰고 싶어요.

10 조선일보 _정지섭 기자 2019년 4월 18일 인터뷰

이메일: xanadu@chosun.com

서울시를 취재처로 두 번 출입하는 기자들이 있는데요, 2006년부터 2008년까지 시 출입기자로 있다가 2019년 1월에 다시 오신 조선일보 정지섭 기자님을 만나봤습니다. 일면식도 없이 한 번의 요청에 인터뷰를 흔쾌히 허락해 주셨습니다. 점심을 함께 하면서 부드럽게 이야기를 나눴는데 서면으로 인터뷰 답변을 받아보니 기자로서의 무거운 책무가 느껴지네요.

Q1 과거에 서울시 출입을 하셨는데 또 오셨습니다. 그때와 지금 서울시가 달라진 것이 있나요?

우선 시장님과 시청, 기자실이 모두가 바뀌었고요, 소프트웨어적인 측면에서는 뭔가 더 시스템이 정착됐다는 느낌이 듭니다. 가령 조·석간 보도자료에 번호를 매기고, 보도자료 목록을 간단히 요약한 보도 계획 자료를 별도로 뿌리고, 이걸 다시 기자들 이메일에 전날 저녁도 되기 전에 각자 보내고, 다시 오프라인 종이를 번호별로 칸칸이 분류된 선반에 넣어놓고. 이 정도로 작업이 체계화된 게 큰 변화라고 할 수 있습니다. 제가 출입했을 때는 스마트폰이 아닌 폴더폰 시대였던 만큼, 카카오톡을 통해서 실시간 소통하는 것은 꿈도 꿀 수 없었습니다. 워낙 규모가 크고 방대한 보도자료가 쏟아지니 일을 효율적으로 진행하고 있는 것 같긴 하지만, 이 시스템에 기자들이 길들여지면서 취재가 아니라 보도자료 복사해서 붙이기를 하는 게 아닌지 하는 자괴감이 들 때도 솔직히 없지는 않습니다.

Q2 언론홍보의 기본은 보도자료입니다. 보도자료가 좋아야 기사가 되는데요, 서울시 보도자료는 어떤 수준인가요? 보도자료 잘 쓰는 팁 하나만 알려주십시오.

글쎄요, 제 주제에 무슨 팁을 ……. 전 태생적으로 보도자료라는 말 자체에 대해서 그다지 좋은 느낌을 갖고 있지 않습니다. 뭔가 기자들이 아무것도 하는 것 없이 남이 만들어준 것을 그대로 따다가 쓰는 것 같은 부정적 뉘앙스가 적지 않거든요. 실제로 보도자료를 기자들이 그대로 드래그하다시피 갖다 쓰는 경우도 많이 봤습니다. 물론 저도 거기서 완전히 자유롭지는 못합니다. 경험상 간결하면서도 명확하게 알리고자 하는 의도가 앞줄에 뚜렷하게 드러나는 게 좋은 보도자료가 아닌가 생각합니다. 이 보도자료의 핵심이 무엇인지 중간 이후를 가서야 알 수 있는 경우, 기자들이 '사상 처음'이라는 말을 좋아한다는 점을 간파하신 듯 지나치게 '사상 처음'이라는 단어를 남발하는 경우 등은 좋은 보도자료라고 하기 어려울 것 같습니다. 서울시 보도자료는 그래도 다른 취재처에서 나오는 보도자료보다 양도 충실하고 질적으로도 세련되고 간결하게 처리되는 경우가 많다고 봅니다.

Q3 공무원들의 언론홍보 감각이 제각각이죠? 기자가 취재하는데 이런 대응은 정말 안 해주면 좋겠다고 경험하신 몇 가지를 말씀해 주신다면?

종종 각종 현안과 관련한 취재를 할 때, 관계 부서 담당자들에게 전화를 하면, "우선 공보관을 통해야 한다"며 직접 접촉을 회피하는 경우가 많습니다. 이분들이 귀찮아해서 그런 게 아니라, "언론 취재는 공보과(혹은 대변인실)을 거치도록 하라"는 강력한 규정 때문인 것으로 알고 있습니다. 지방자치단체보다는 정부 부처 경우가 그럴 때가 있습니다. 절차를 거치라는 것이죠. 그런데 정작 공보관실을 통하면 이런 절차 저런 절차 따지고 하다 보면서 결국 아무 취재도 하지 못하는 경우가 많습니다. 정작 공보관실에는 현안을 파악하고 있는 담당자가 있을 가능성이 거의 없습니다. 취재 협조를 한다면서 사실상 취재 통제를 하고, 자신들끼리 절차를 거치고 어쩐다 하면서 결국 아무것도 못하게 되는 경우가 적지 않았습니다. 그래서 "공보과를 거치라"는 말만 들으면 바로 기운이 빠지곤 합니다. 이런 대응은 없었으면 좋겠습니다.

Q4 조선일보는 부정적인 서울시 뉴스가 많아 대변인실 직원과 사이가 안 좋을 것 같은데 취재에 어려움은 없으신가요?

네, 없습니다. 우선 정책에 관해서 비판할 것을 비판하고, 냉정한 시각으로 보는 것은 언론의 책무이고, 그런 기자들의 직무에 대한 이해도가 높은 편입니다. 서울시가 내는 보도자료 방향대로 긍정일변도로 간다면 서울시 소식지와 다를 바가 없을 것이라고 생각합니다. 저희는 무작정 부정적으로 보려고 하는 게 아니라, 독자 입장에서 이 정책이 어떤 방향으로 쓰일지에 대해 타당성을 따져봅니다. 결국 우리 혈세가 들어가는 일이니까요. 어떤 악감정을 갖는 게 아니라, 올바르지 않은 방향으로 갈 때는 문제점을 직시하는 것이 언론의 본질입니다. 그리고 일선 공무원들 중에는 긍정적인 방향이든 부정적인 방향이든 저희 신문에서 관심을 갖고 다뤄주는 것 자체에 대해서 고마워하는 경우도 많이 접했습니다. 그렇기 때문에 더욱 철저하면서도 집요하게 취재하고 기사를 써야 한다는 의무감이 있습니다. 매체 인지도가 주는 책임감의 무게가 절대 가볍지 않습니다만 숙명으로 받아들입니다.

Q5 조선일보는 '1등 신문'을 지향하는 것으로 알고 있습니다. 1등을 하려면 끊임없이 노력해야 하는데, 타사에 비해 업무량, 취재 방식, 데스킹 등에서 큰 차이가 있나요?

그건 제가 타사에 다녀보지 않아서 모르겠습니다. 각자 언론사들이 나름의 방식과 전통이 있는데, 경험하지 않은 상황에서 섣부르게 비교하는 건 아닌 것 같네요.

Q6 종이신문 열독률은 감소하고 모바일을 통한 비주얼 중심의 뉴스 콘텐츠 소비는 상대적으로 증가하고 있습니다. 이런 언론 환경 변화를 어떻게 체감하고 계신가요?

절대적인 구독자 숫자가 줄어들고 있긴 하지만, 온갖 형태의 콘텐츠가 횡행하고, 뉴스와 뉴스 아닌 것들의 경계가 갈수록 희미해지는 상황에서 종이신문의 뉴스매체로의 가치는 더욱 빛나고 있다고 생각합니다. 온라인 시대라고는 하지만, 우리나라를 포함해 세계 각국의 유수 종이신문들이 정통 언론으로서 영향력이 쇠퇴하지 않은 것을 봐도 그렇다고 생각합니다.

끝맺는 글

이 책을 읽은 소감이 어떠신가요? 언론이 이런 것이니 조금 노력하면 여러분이 몸담고 계신 조직을 잘 홍보할 수 있겠다는 자신감이 생기시나요, 아니면 이렇게까지 정성을 드려 홍보할 필요가 있는가 의문이 드시나요. 홍보와 관련된 책 몇 권 읽고 언론홍보를 잘하기는 쉽지 않습니다. 제가 대변인실에 온 지 얼마 되지 않아 언론홍보 서적을 대여섯 권 읽고 기자들에게 이야길 했더니 "언론은 몸소 겪어봐야 한다"라고 하더군요. 그때 무슨 말인지 잘 이해가 안 갔는데, 지금 생각하니 진리였습니다. 언론홍보를 잘하기 위해서는 언론에 대한 기본적인 지식을 습득한 후 배우려는 자세로 다양한 경험을 체득해야 한다고 생각합니다.

언론 환경이 빠르게 변하고 있습니다. 종이신문을 보는 사람은 계속 줄어들고 스마트폰으로 뉴스를 보는 사람들이 빠르게 증가하고 있습니다. 몇 년 후에는 인터넷(모바일+PC)을 통한 뉴스 이용률이 TV 뉴스 이용률보다 높을 것으로 예상됩니다. 모바일, 스크린, 플랫폼 용어의 일상화와 함께 전통 미디어와 뉴미디어의 구분이 불분명해지고 있습니다. TV, 신문, 인터넷, SNS, 유튜브, 팟캐스트 등 다양한 매체를 통해 매일 수없이 많은 뉴스 기사들이 생산되고 있습니다. 뉴스의 홍수 시대에 살고 있다고 해도 과언이 아닙니다. 그런데 한국언론진흥재단의 조사 결과를 보면 사람들의 뉴스 이용

시간은 2012년부터 해마다 줄어들고 있습니다. 뉴스 소비가 줄어들었다는 것은 언론홍보가 그만큼 어려워졌다는 것을 방증합니다. 보고 싶은 기사를 찾아보는 사람보다 포털사이트 메인화면의 뉴스를 클릭하는 사람, 실시간 검색 순위에 오른 기사를 보는 사람이 더 많습니다. 기자들의 단독보도와 속보 경쟁도 심해지고 있습니다. 이러한 언론 환경의 변화에서 서울시도 예외는 아닙니다. 과거의 서울시 관련 뉴스들을 보면 보도자료 인용률이 높았는데, 시간이 흐를수록 보도자료 관련 기사는 감소하고 단독 취재한 뉴스들이 증가하고 있습니다. 이제 더는 서울시 보도자료만으로 뉴스 조회수를 올릴 수 없고, 타 언론사와 차별되는 뉴스를 만들 수 없다는 의미입니다. 서울시 대변인실은 미디어의 융·복합이라는 언론 환경 변화에 능동적으로 대처해 보도자료 콘텐츠와 작성 수준을 높이고, 시민소통기획관 조직과 협업하여 동영상 콘텐츠를 활용한 홍보를 강화하고 있습니다.

언론홍보를 어떻게 해야 할까요? 언론은 끊임없이 움직입니다. 제 경험으로 말씀드리면 그 움직임의 방향은 예측하기 어렵고, 따라가기조차 벅찹니다. 진정성 없이 언론을 이용하려 해서는 안 됩니다. 언론의 사명과 역할을 존중하면서 언론의 영향력을 최대한 활용해야 합니다. 더욱 효과적인 언론홍보를 위해서는 TV, 인터넷, 신문 등 언론매체별 영향력, 주 소비층 등의 특성을 잘 파악해야 합니다. 다음으로 언론을 통해 알리고자 하는 것이 무엇이고, 알리고자 하는 대상은 누구인지를 감안해 주효한 언론매체를 중심으로 집중 홍보할 필요가 있습니다. 모쪼록 이 책이 언론홍보 종사자들에게 도움이 되길 바랍니다. 다시 한번 저의 부족한 언론홍보 경험을 한 권의 소중한 책으로 만들어주신 한울엠플러스(주) 관계자 여러분께 심심한 감사의 말씀을 드립니다.

추천하는 글

언론홍보 현장 교과서가 필요하다면

일주일을 하루처럼 보낼 정도로 바쁜 일상 속에서도 매일 새벽마다 신문, 방송, 인터넷을 눈앞에 두고 일을 성찰할 수 있는 기쁨, 오직 대변인실에서만 누릴 수 있는 세상과의, 사람과의 즐거운 소통이 아닐까 합니다. 또 서울시의 수십 개 영역과 부서 중 언론을 다루는 일만큼 '진심과 정성을 다해야 하는 분야'가 있을까 싶습니다. 이만큼 '순발력과 창의력'을 요하는 일도 드물 것입니다. 물론 이 모든 실행 조건을 갖추기 위해선 지치지 않는 '열정'이 필수적입니다.

그런 면에서 이 책을 준비해 온 조경익 주무관은 행정직 공무원으로선 드물게 모든 요소를 골고루 갖춘 인재가 아닌가 싶습니다. 이번에 내는 『기자들도 모르는 52가지 언론홍보 비밀』은 그러한 저자 자신의 장점들을 언론홍보의 현장에서 발휘하며 쌓은 노하우를 집약해 놓은 책으로서, 철저히 현장 중심으로 쓰였다는 면에서 그동안 나왔던 언론홍보 개론서와는 달리 독자들에게 살아 있는 정보를 전달할 수 있을 것으로 기대합니다.

그동안 서울시는 '철밥통 깨기'로 전국 공직사회 변화를 주도한 바 있고, 이어서 요즘에는 행정가를 '스페셜리스트(specialist)'로 적극 양성해 더 강하고 경쟁력 있는 조직을 만들겠다고 천명한 바 있습니다. 이번에 조경익 주무관이 내는 이 한 권의 책이 공직사회 변화의 표본이 되어 선후배 동료 공무원들에게는 큰 자극이 되고, 시민들에겐 행정기관에 대한 신뢰를 돈독히 하는 계기가 될 것으로 믿습니다. 언론홍보 현장의 교과서가 필요하다면『기자들도 모르는 52가지 언론홍보 비밀』필독을 권합니다.

전 서울특별시 대변인, 현 롯데(LOTTE) 전무

이종현

추천하는 글

조경익 주무관은 흔한 홍보담당자는 아니다. 기자들이 익숙한 건 "간이라도 빼줄 듯 한없이 친절한" 유형이지만, 실제 그런 부류들은 '구밀복검(口蜜腹劍)'인 경우가 많다. 경험적으로 그렇다.

오래전 우연히 홍보담당자들이 기사 스크랩을 하면서 부정적인 내용을 쓴 기자들 실명 뒤에 ××를 붙여가며 욕을 퍼붓는 걸 들은 뒤로는 그런 신념에 확신을 가졌다. 더구나 그 당사자는 평소 '오버'라고 느낄 정도로 기자들을 과잉 환대하는 장본인이었다. 그런 '액면'만 천사인 홍보담당자에 비하면 조 주무관은 약간 까칠한 인상을 준다. 물론 항상 웃는 얼굴이지만 무작정 나긋나긋하진 않다. 어쩌면 허리가 많이 굽어지는 홍보맨만 접한 기자들에게 '좀 뻣뻣하네!'라는 느낌을 줄 수도 있다. 하지만 그에겐 진정성이 있다. 아부는 그의 전공이 아니다. 그 진정성을 떠받치는 꼼꼼한 업무파악 능력과 내부 정보 수집 감각은 금상첨화(錦上添花)다. 기자에게 가장 인정받는 홍보맨은 다른 건 다 제쳐놓고라도 몸담은 조직 돌아가는 사정과 정보를 많이 아는 사람이다. 그런 점에서 그는 인정해 줄 만하다. 무얼 물어봐도 대강이라도 답할 준비가 되어 있고, 모르면 다른 부서를 거치는 수고를 마다치 않고 성심성의껏 알려준다. 예의를 저버리지 않은 선에서 편안하게 상대를 대하고, 꼭 필요한 것과 불필요한 것을 구분할 줄 알기에 효율적인 홍보맨으로 꼽을 수 있다.

서울시라는 '관(官)'의 홍보 담당은 대개 무뚝뚝하다. 민간기업과 달리 시정(市政)을 시민에게 알려도 그만, 안 알려도 그만이란 인식이 강했다. 지금 시 대변인실에도 출입기자와 눈 한 번 마주치지 않는 직원이 수두룩하다. 소속은 대변인실이지만 기자와 대면 접촉하지 않아도 되는 직원들은 본체만체한다. 같은 공간 아래 존재한다는 것도 인연인데 아쉬울 때가 많다. 하지만 조 주무관은 달랐다. 그는 대변인실이라는 조직에 있는 동안, 기자와 소통을 하는 일을 맡건 안 맡건 늘 진심이 담긴 상냥함으로 기자들을 대했다. 막상 알고 보면 공보(公報)와 상관없는 직책일 때가 많았다. 업무에 대한 열정도 남달라 휴일에도 나와 일을 펼치는 광경을 자주 볼 수 있었다. 비교적 늦은 나이에 공무원 생활에 입문, 다니는 동안 틈틈이 열중한 영어 공부가 밑거름이 되어 미국 연수를 2년간 다녀온 점도 그를 돋보이게 한다. 행정고시 출신을 제외하고는 그런 기회를 잡기 어렵기에 의미가 있다. 조 주무관이 운영하는 블로그는 기자와 미국 생활, 가족들에 대한 애정이 진득하게 녹아 있다. 누가 보건 말건 그는 자신의 일과 꿈을 묵묵히 일궈나가기에 박수받을 자격이 있다.

이번에 펴내는 책은 그가 살아가는 동안 해보고 싶었던 일 중 하나다. 그는 책이 얼마나 팔리는가를 떠나서 자신이 가졌던 소망을 현실화했다는 것만으로 흐뭇하다고 했다. 누가 알아주지 않아도 스스로 세운 목표를 따라 성실히 나아가는 그를 우리 사회 '숨은 영웅'으로 칭한다면 너무 과장일까.

조선일보 이위재 기자(전 서울시 출입)

지은이

•

조경익

1967년 강원도 홍천에서 태어났다. 1996년 9월 서울시 7급 공무원으로 임용된 후 강동구 기획예산과, 총무과, 재무과에서 행정 업무를 익히고 2000년에 서울시로 발령을 받아 기획담당관, 국제협력담당관에서 일했다. 2006년 국외 훈련 프로그램으로 미국 노스캐롤라이나 대학(The University of North Carolina at Chapel Hill)에서 행정학 석사 학위를 받고 2008년 귀국했다. 서울시 복귀 후 기획담당관과 재정담당관에서 일했고, 2009년 3월 대변인실로 발령을 받아 신문과 방송 뉴스를 통한 시정 홍보 업무를 맡았다. 2010년 10월 대변인실 내에 신설된 언론지원담당관으로 부서를 옮긴 후 무료 신문(무가지)을 통한 서울시 홍보 업무를 맡았다. 2011년 3월 언론행정담당관으로 부서를 옮겨 2012년 2월까지 서울시 언론보도 계획 수립 업무를 담당했다. 2012년 2월 사무관 승진 후 교통정책과, 뉴욕총영사관(파견), 동남권공공개발추진단, 관광사업과 등에서 근무를 하고 2018년 1월부터 지역발전본부 동남권사업과에서 팀장으로 일했다. 2019년 7월 승진해 서울시 장애인복지정책과장으로 재직 중이다.

기자들도 모르는 52가지 언론홍보 비밀
뉴스 현장에서 발로 뛴 공무원의 생생한 기록

지은이 | **조경익**
펴낸이 | **김종수**
펴낸곳 | **한울엠플러스(주)**
편집책임 | **최진희**

초판 1쇄 발행 | 2011년 8월 26일
개정판 1쇄 발행 | 2020년 1월 10일
개정판 2쇄 발행 | 2023년 5월 10일

주소 | 10881 경기도 파주시 광인사길 153 한울시소빌딩 3층
전화 | 031-955-0655
팩스 | 031-955-0656
홈페이지 | www.hanulmplus.kr
등록 | 제406-2015-000143호

Printed in Korea.
ISBN 978-89-460-6844-5 03070

* 책값은 겉표지에 표시되어 있습니다.